北交所上市全程指引

流程+文件要求+审核重点
案例解析

崔彦军　金祥慧　著

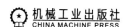

2021年9月，证监会宣布深化新三板改革，设立北京证券交易所（简称"北交所"），打造服务创新型中小企业主阵地。本书是一本帮助我国中小企业经营者、企业管理者、企业股东、资本市场中介机构、投资机构以及有意参与到北交所生态圈的人士系统学习如何在北交所上市的金融工具书，它结合监管机构颁布的全新制度文件规定，全流程解读北交所上市的各个流程节点、申报文件要求及注意事项，并辅以审核案例要点分析，提供务实、有针对性的指引和建议。

图书在版编目（CIP）数据

北交所上市全程指引：流程+文件要求+审核重点案例解析 / 崔彦军，金祥慧著. — 北京：机械工业出版社，2021.12
　　ISBN 978-7-111-69647-6

Ⅰ. ①北⋯　Ⅱ. ①崔⋯　②金⋯　Ⅲ. ①证卷交易所-概况-北京　Ⅳ. ①F832.51

中国版本图书馆CIP数据核字（2021）第239764号

机械工业出版社（北京市百万庄大街22号　邮政编码100037）
策划编辑：曹雅君　　　责任编辑：曹雅君　蔡欣欣
责任校对：黄兴伟　　　责任印制：李　昂
北京联兴盛业印刷股份有限公司印刷

2022年1月第1版第1次印刷
169mm×239mm・25.5印张・1插页・315千字
标准书号：ISBN 978-7-111-69647-6
定价：88.00元

电话服务　　　　　　　　　网络服务
客服电话：010-88361066　　机　工　官　网：www.cmpbook.com
　　　　　010-88379833　　机　工　官　博：weibo.com/cmp1952
　　　　　010-68326294　　金　书　网：www.golden-book.com
封底无防伪标均为盗版　　　机工教育服务网：www.cmpedu.com

专家推荐

本书围绕北交所上市规程，系统地对各相关操作知识分析解读，答疑解惑，是参与北交所生态圈链条上相关人士不可多得的一本工具书。

——国务院原参事，中国证监会交易部、
信息部原主任，深交所原总经理
夏斌

从科创板到创业板再到北交所，注册制改革星火燎原。我有幸亲历了中国资本市场从 1.0 版审核制向 2.0 版注册制迈进的重大变革，也有幸见证了新三板从无到有，再到设立北交所的全过程。设立北交所为中小企业打开了全新、便利的融资渠道。作者多年来为新三板的改革建言献策，研究颇深。在此历史时刻，作者倾心打造了一本全面诠释北交所上市全程指引的书，可谓是中小企业上市融资的一场及时雨。愿所有读到此书的人继续为梦想努力，共同为国家的经济发展和科技创新助推，实现从资本大国到资本强国的转变。

——中国证监会北京证监局原副局长、巡视员，
北京证券业协会原理事长
姚万义

同为新三板的长期坚守者,崔彦军先生乃于俯仰之间,成此北交所上市集大成之作。新著寓政策于案例,娓娓道来,拨云见日,尽显其长期丰厚积淀和系统研究心得,堪为各方投身北交所之实操手册和案头必备。为先锋,亦为先导。立言胜于立功,"崔班长"实有大功于北交所及资本市场之建设。

——开源证券董事长

李刚

东汉的魏伯阳在《周易参同契》中曾提到"御政之首,鼎新革故"。简单来说就是事物的发展规律必定是破旧立新的,但变革不是一蹴而就的,一切事物的发展都有其内在规律,螺旋式上升成为必然。三十年来,改革步履不停,中国多层次的资本市场正在破茧蜕变。随着北交所的设立,中国的企业有了更多的选择,对资本市场的发展有着重大的意义。本书抽丝剥茧地解读了北交所的相关制度以及上市流程,希望读此书的企业家均能得偿所愿,与中国资本市场共成长。

——经济学家、如是金融研究院院长、民生证券研究院原院长

管清友

我公司作为新三板首批创新层和精选层公司,以及首批北交所上市公司,我见证了新三板的持续深化改革,受益良多。回顾公司的发展历程,上市如同企业的二次创业,过程复杂而艰难,但也是推动公司更好、更快发展的捷径。北交所的设立对尚未踏入资本市场的企业来说是一个全新的发展路径。本书对北交所制度的解读准确,清晰地介绍了上市流程,尤其是对审核关注点的解读,定会对读者有所裨益。

——贝特瑞(北交所首批上市公司龙头)董事长

贺雪琴

回首三十年，中国资本市场从先行者"老八股""老五股"到上交所、深交所、北交所"三足鼎立"的变迁，制度的发展也是从无到有，从粗放到精细。作为一名法律人，我始终认为资本市场一定也是一个以法治和制度为基石的市场，深刻体会到了善为国者必先治其身，正确履行法规制度的前提是对法规制度有深切的理解。本书作为北交所上市解读的工具书，希望能够为中小企业上市融资指明方向、提供遵循，助力多层次资本市场建设。

——公司治理专家、深交所博士后、《资本治理的逻辑》作者

曾斌

前言
Preface

  中央经济工作会议、"十四五"规划纲要和2021年7月召开的中央政治局会议都对发展专精特新（专业化、精细化、特色化、新颖化）中小企业、深化新三板改革做出重要部署。2021年9月2日，习近平总书记指出，将继续支持中小企业创新发展，深化新三板改革，设立北京证券交易所，打造服务创新型中小企业主阵地。这是对资本市场更好服务构建新发展格局、推动高质量发展做出的新的重大战略部署，为进一步深化新三板改革、完善资本市场对中小企业的金融支持体系指明了方向、提供了遵循。

  独木不成林。为凝聚智慧、打造一本关于北交所解读的书，由笔者发起，国内多名业内知名的教授、律师、会计师、投行人士、企业家、投资人、金牌董秘参与，旨在帮助大家近距离接触并快速掌握北交所上市要求。

  这是一本帮助我国中小企业经营者、企业管理者、企业股东、资本市场中介机构、投资机构以及有意参与到北交所生态圈的人士系统学习如何在北交所上市的金融工具书。

  对于关注资本市场及资本运作的各类人群来讲，北交所是全新事物，知识点散落在各类制度中，缺乏系统性的知识总结、分析及解读，尤其是审核要点方面，市场上尚无人系统整理。本书能够解决读者的上述疑难问题。

本书明确了企业到北交所上市的核心要点、审核方法，并罗列具体依据，配以实践中的常见问题和具体处理方法，是一本企业在北交所上市过程中可参考的工具书。

全书共分为8章，主要内容如下。

第1章主要介绍了北交所推出的背景和意义、理念、规则体系及与国内多层次资本市场体系之间的关系。

第2章、第3章和第5章详细介绍了北交所上市的条件、流程及申请文件的要求。

鉴于在北交所上市的前提是在全国股转系统连续挂牌满12个月的创新层挂牌公司，故第4章对于如何申请在新三板挂牌以及如何进入和维持创新层进行了具体的介绍。

第6章和第7章对发行上市过程中与中介机构相关的事项进行了介绍。第6章主要介绍保荐机构相关的职能，包括保荐、承销、持续督导相关的内容，以及上市辅导的流程及注意事项要点。第7章主要介绍北交所上市过程涉及的保荐机构（主办券商）、会计师事务所、律师事务所、资产评估机构等其他专业机构，并对上述中介机构的执业排名情况进行了列示，供企业参考。

第8章通过精选层审核的案例，对北交所上市的审核关注点、审核标准和审核尺度进行了分析说明，主要案例以截至2021年10月31日已被全国股转公司反馈的问题为依据，从"申报及条件适用问题""财务类问题""法律类问题""业务经营类问题"四大类审查要点进行全面的解读，供拟在北交所上市的企业和相关人士参考。

感谢董明、吴根卉、李丽梅、徐晓阳、张丽、邵小鹏、薛秀媛、景海蓉、赵娟、钱光磊、杨柳，也要感谢各位领导、专家和朋友在本书写作过程中给予的帮助、指导和关心。

相信未来 3~5 年北交所将快速扩容，更好地支持中国中小企业，尤其是专精特新创新型中小企业的直接融资需求，进一步做大做强中国实体经济，同时为共同富裕提供强有力的支撑。

书中观点或者分析若有不透彻之处，欢迎读者朋友给予批评指正，积极与我们联系、交流，以求共同进步！

作者

2021 年 11 月

目录
Contents

专家推荐
前　言

第 1 章　北京证券交易所概述

1.1　北京证券交易所推出的背景和意义 / 001
1. 北京证券交易所推出的背景 / 001
2. 资本市场的发展及北交所设立历程 / 002
3. 北交所设立的意义 / 004

1.2　北交所与沪深交易所的区别 / 006

1.3　北交所理念和规则体系 / 007
1. 北交所理念 / 007
2. 北交所规则体系 / 008

1.4　中国内地多层次资本市场体系 / 018
1. 主板 / 019
2. 科创板 / 019
3. 创业板 / 020
4. 新三板 / 021
5. 区域性市场 / 021

1.5　北交所、新三板、全国股转公司的关系 / 022

第 2 章　北交所上市条件及解析

2.1　北交所上市条件 / 023
2.1.1　上市必备前提条件 / 023
2.1.2　北交所上市的市值及财务指标要求 / 027
2.1.3　北交所上市标准与其他板块的对比 / 029
2.1.4　板块的行业定位与选择 / 031
2.1.4.1　北交所 / 032
2.1.4.2　科创板 / 032
1. 科创板定位与支持行业 / 032
2. 科创板"4+5"标准与审核要点 / 034
3. 因科创属性被否或被质疑的案例分析 / 036
2.1.4.3　创业板 / 038
1. 创业板定位与支持行业 / 038
2. 因创业板行业定位被否或被质疑的案例分析 / 040

2.2　北交所的转板机制 / 043
1. 创新层公司转板到北交所上市 / 043
2. 精选层转板上市（过渡性政策）/ 044
3. 北交所上市后转板 / 045

2.3　精选层已审核企业情况 / 052

第 3 章　北交所上市流程

3.1　发行审核规则制度理念 / 054
3.2　审核与注册分工 / 055
3.3　审核与注册程序 / 056
1. 北交所上市流程 / 056
2. 问询及回复 / 057

3. 现场检查 / 058

4. 上市委审议 / 058

5. 中国证监会注册 / 058

6. 发行人发布招股意向 / 说明书 / 059

7. 发行上市 / 059

8. 各板块审核时限 / 064

3.4 审核中止、终止情形 / 066

1. 审核中止 / 066

2. 审核终止 / 068

3.5 重大事项的报告与审核 / 069

1. 重大事项及时报告与审核 / 070

2. 重大事项引起暂缓、停止发行、上市 / 070

3. 未报告重大事项的处罚 / 070

4. 关于发行人报道、传闻、投诉举报事宜 / 071

第4章 挂牌新三板以及创新层和基础层要求

4.1 如何申请新三板挂牌 073

1. 新三板挂牌的条件 / 073

2. 新三板挂牌的流程 / 075

3. 新三板挂牌的审查 / 077

4.2 如何进入和维持创新层 / 084

4.2.1 如何进入创新层 / 084

1. 挂牌公司由基础层进入创新层 / 084

2. 如何实现挂牌同时进入创新层 / 088

3. 非挂牌企业进入创新层的路径 / 091

4.4.2 如何维持创新层 / 091

1. 定期调整 / 091

2. 即时调整 / 092

第 5 章 北交所上市申请文件要求

5.1 北交所上市申请文件 / 095

1. 发行文件 / 096

2. 发行人关于本次发行上市的申请与授权文件 / 100

3. 保荐人关于本次发行的文件 / 101

4. 会计师关于本次发行的文件 / 101

5. 律师关于本次发行的文件 / 102

6. 关于本次发行募集资金运用的文件 / 102

7. 其他文件 / 103

5.2 不同板块申请文件的比较 / 104

5.3 招股说明书 / 114

1. 新三板挂牌情况的披露要求 / 114

2. 特殊投资约定的披露要求 / 116

3. 关键资源要素的披露要求 / 117

4. 募集资金运用的披露要求 / 119

5.4 预披露信息的相关要求 / 120

1. 信息预披露的内容 / 120

2. 信息预披露的更新 / 120

3. 信息预披露的禁止与声明 / 121

第 6 章 北交所上市保荐、承销与辅导

6.1 **保荐** / 122
  1. 保荐机构 / 123
  2. 保荐职责 / 124
  3. 保荐代表人 / 125

6.2 **承销** / 127
 6.2.1 承销机构的选任 / 128
 6.2.2 发行定价 / 130
  1. 定价方式 / 131
  2. 定价的披露 / 133
  3. 战略配售 / 134
  4. 超额配售选择权 / 135
 6.2.3 发行承销规范 / 136
  1. 路演推介方式 / 136
  2. 披露战略投资者专项核查文件 / 137
  3. 投资价值报告要求与科创板、创业板统一 / 138

6.3 **持续督导** / 138
  1. 持续督导机构与人员 / 138
  2. 持续督导期限 / 141

6.4 **上市辅导** / 143
  1. 辅导机构要求 / 145
  2. 辅导验收机构 / 145
  3. 辅导协议 / 145
  4. 辅导备案时间 / 146
  5. 辅导材料要求 / 146
  6. 辅导时间要求 / 146

7. 辅导对象 / 147

8. 辅导验收 / 147

9. 辅导验收材料 / 147

10. 辅导验收的主要事项 / 148

11. 辅导验收的方式 / 148

12. 验收函有效期内变更上市板块或辅导机构 / 149

第 7 章　北交所上市中介机构及收费

7.1　保荐机构（主办券商）/ 151

1. 保荐机构（主办券商）工作重点 / 151

2. 精选层挂牌保荐机构排名情况 / 152

3. 新三板主办券商职业质量评价情况 / 154

7.2　会计师事务所 / 165

1. 会计师事务所的工作重点 / 165

2. 精选层挂牌会计师事务所排名情况 / 165

7.3　律师事务所 / 167

1. 律师事务所的工作重点 / 167

2. 精选层挂牌律师事务所排名情况 / 168

7.4　其他中介机构 / 172

7.5　中介费用情况 / 172

第 8 章　北交所上市审核要点案例解析

8.1　申报及条件适用问题 / 176

1. 进层标准选择 / 176

2. 适用与变更 / 180

3. 预计市值 / 183

4. 研发投入 / 186

5. 经营稳定性 / 192

6. 独立持续经营 / 198

8.2 财务类问题 / 205

1. 财务信息披露质量 / 205

2. 业绩下滑 / 213

3. 政府补助 / 221

4. 研发支出 / 234

5. 现金交易 / 237

6. 第三方回款 / 242

7. 收入确认 / 247

8. 成本核算 / 251

9. 毛利率差异 / 254

10. 税收优惠 / 257

11. 股份支付 / 260

12. 境外收入 / 262

13. 关联方关系与关联交易 / 268

14. 销售费用 / 277

15. 现金分红 / 283

16. 招股说明书财务报告审计截止日后的信息披露 / 288

17. 转贷 / 293

8.3 法律规范类问题 / 299

1. 股份代持 / 299

2. 同业竞争 / 302

3. 关联交易 / 306

4. 公开承诺 / 310

5. 上市公司子公司 / 316

6. 对外担保 / 320

7. 资金占用 / 323

8. 重大违法行为 / 324

9. 实际控制人 / 326

10. 董监高是否发生重大变化 / 331

11. 挂牌期间信息披露 / 333

12. 劳动社保 / 337

13. 与上市公司监管规定的衔接 / 339

14. 共同投资 / 344

15. 重大事项报告 / 348

8.4　业务经营类问题 / 352

1. 行业属性 / 352

2. 核心竞争力和行业地位 / 354

3. 违法行为（生产安全、食品安全、环保等）/ 357

4. 产品质量 / 360

5. 客户集中度高 / 361

6. 大客户依赖（与主要客户的合作稳定性）/ 365

7. 商业贿赂（订单获取的合规性）/ 367

8. 供应商集中 / 370

9. 委托加工 / 372

10. 专利及核心技术是否具有先进性 / 380

11. 经营资质 / 383

12. 经销商模式 / 385

13. 国家秘密、商业秘密 / 389

第1章
北京证券交易所概述

1.1 北京证券交易所推出的背景和意义

1. 北京证券交易所推出的背景

2021年9月2日,习近平总书记指出,将继续支持中小企业创新发展,深化新三板改革,设立北京证券交易所(以下简称"北交所"),打造服务创新型中小企业主阵地。

继上海证券交易所(以下简称"上交所")、深圳证券交易所(以下简称"深交所")之后,作为我国的首都,北京也终于迎来自己的证券交易所。

设立北交所的背景有以下三个方面:

(1)党中央、国务院高度重视中小企业创新发展和新三板改革

中央经济工作会议、"十四五"规划纲要和2021年7月召开的中央政治局会议都对发展专精特新中小企业、深化新三板改革做出重要部署。设立北交所,是对资本市场更好服务构建新发展格局、推动高质量发展做出的新的重大战略部署,为进一步深化新三板改革、完善资本市场对中小企业的金融支持体系指明了方向、提供了遵循。

（2）精选层改革奠定坚实的企业基础、市场基础和制度基础

新三板自 2013 年正式运营以来，通过不断的改革探索，已发展成为资本市场服务中小企业的重要平台。2019 年以来，中国证券监督管理委员会（以下简称"中国证监会"）推出了设立精选层、建立公开发行制度、引入连续竞价和转板机制等一系列改革举措，激发了市场活力，取得了积极成效。精选层设立一年多来，总体运行平稳，各项制度创新初步经受住了市场考验，吸引了一批"小而美"的优质中小企业挂牌交易，为进一步深化改革、设立证券交易所打下了坚实的企业基础、市场基础和制度基础。

（3）新发展阶段对资本市场服务创新型中小企业提出新要求

新三板基础层、创新层与北交所将形成制度合力，延长资本市场服务链条，吸引更多创新型中小企业对接资本市场，提供更多优质投资标的。深化新三板改革，设立北京证券交易所，是实施国家创新驱动发展战略、持续培育发展新动能的重要举措，也是深化金融供给侧结构性改革、完善多层次资本市场体系的重要内容，对于更好发挥资本市场功能作用、促进科技与资本融合、支持中小企业创新发展具有重要意义。

2.资本市场的发展及北交所设立历程

纵观过去资本市场三十年的发展，建立健全的多层次资本市场一直是我国资本市场发展的重要目标，从 1990 年沪深交易所相继成立，到 2005 年股权分置改革，再到 2019 年注册制改革，中国资本市场从无到有，逐渐形成较为成熟的多层次资本市场体系。

- 1990 年 11 月 26 日，上交所成立。
- 1990 年 12 月 1 日，深交所成立。
- 2004 年 5 月 17 日，中国证监会正式批复深交所设立中小企业板（简称"中小板"）。

- 2005年4月29日，股权分置改革试点工作正式宣布启动。
- 2009年10月30日，创业板首批28家公司挂牌上市。
- 2012年9月20日，全国中小企业股份转让系统（简称"全国股转系统"，俗称"新三板"）在国家工商总局注册，2013年1月16日正式揭牌运营，是继上交所、深交所之后第三家全国性证券交易场所。
- 2019年7月22日，科创板首批25家公司挂牌上市。
- 2020年8月24日，创业板改革并试点注册制首批18家企业挂牌上市。
- 2021年4月6日，深主板与中小板正式合并为"深主板"。
- 2021年9月3日，北京证券交易所有限责任公司成立。
- 2021年9月10日，北交所官方网站试运行。北交所官方网站作为北交所上市公司信息披露平台，是全方位服务各市场参与主体的重要平台和窗口。
- 2021年10月30日，中国证监会发布北交所发行上市、再融资、持续监管三件规章以及相关的十一件规范性文件。北交所发布上市与审核四件基本业务规则及六件配套细则和指引正式稿。
- 2021年11月2日，北交所正式发布《北京证券交易所交易规则（试行）》《北京证券交易所会员管理规则（试行）》两件基本业务规则及三十一件细则指引指南。上述业务规则自2021年11月15日起施行。
- 2021年11月12日，北交所发布《北京证券交易所合格境外机构投资者和人民币合格境外机构投资者证券交易实施细则》等六件业务规则，自2021年11月15日起施行。

北交所发展重要时间节点如图1-1所示。

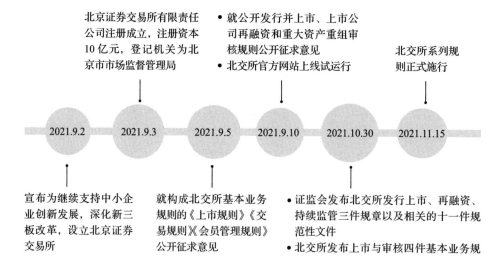

图 1-1 北交所发展重要时间节点

3. 北交所设立的意义

北交所设立进程的加速进一步破除了新三板建设的政策障碍，围绕满足专精特新中小企业发展的需求，完善中国特色多层次资本市场体系，形成科技、创新和资本的聚集效应，逐步形成服务中小企业创新发展的专业化平台。

此次改革是资本市场更好支持中小企业发展壮大的内在需要，更是对资本市场更好服务构建新发展格局、推动高质量发展的新的重大战略部署，有着重大的意义。

（1）创新发展的需要

以史为鉴，单纯依赖外部循环，难以支撑大国的可持续发展。以国内循环为主体，国内与国际双循环相互促进是必由之路。面对新的发展形势和环境，中央提出加快构建以国内大循环为主体、国内国际双循环相互促进的新发展格局，是基于当前和今后一个时期国内外环境变化做出的重大战略抉择。构建新发展格局，关键在于实现经济循环流转和产业关联畅通，根本要求是提升供给体系的创新力和关联性，解决好各类

"卡脖子"和瓶颈问题，不断推动科技创新和产业结构升级。有数据统计，民营企业贡献了70%以上的技术创新。所以，随着北交所的设立，推动广大中小企业创新发展提高到了前所未有的高度，对于善创新、搞研发的专精特新企业，将迎来一个属于他们的黄金期。

（2）有效解决中小企业融资难

中小企业融资难、融资贵是世界性难题，是所有发展中国家不得不面对的普遍问题。据国家统计局数据，截至2020年底，我国市场主体总数达到1.4亿户，其中中小企业数量占比95.68%，营业收入占比62.98%，利润总额占比53.46%。解决中小企业所面临的金融问题，是中国金融体制改革的重点。

当下，我国处于经济转型的关键时期，中小企业融资需求矛盾更加凸显。尤其是轻资产、创新型的中小企业更是难上加难。目前沪深交易所不能完全满足广大中小企业的直接融资需求，在2020年精选层试点之前，新三板的定位职能并没有充分发挥，中小企业并没有通过挂牌新三板的基础层和创新层改善直接融资困难的局面，所以增加中小企业直接融资途径非常关键。

（3）满足国民的投资诉求

由于国家定调"房子是用来住的，不是用来炒的"，以前居民热衷买房投资受到抑制，也需要新的投资方向。此时推出北交所，一方面增加了居民的投资渠道，投资产品也越来越丰富；另一方面对投资者的专业化水准要求也越来越高，做合格的市场参与者需要扎实研究公司基本面，立足长期投资，价值投资。

（4）共同富裕

中央财经委员会第十次会议指出"研究扎实促进共同富裕问题"。要实现京津冀一体化协同发展，实现南北共同富裕，均离不开资本助力。

北交所的设立有助于改变中国金融发展格局，推动区域均衡发展。北交所的设立，使得我国资本市场布局更加合理，有助于缩小南北经济的差距，助力首都完善金融市场及服务体系、提升京津冀地区甚至整个北方地区的经济活力。

1.2 北交所与沪深交易所的区别

2021年9月2日，中国证监会发布了《坚持错位发展、突出特色建设北京证券交易所更好服务创新型中小企业高质量发展》，明确表示在建设北交所的过程中，将重点处理好"两个关系"：一是北交所与沪深交易所、区域性股权市场坚持错位发展与互联互通，发挥好转板上市功能；二是北交所与新三板现有创新层、基础层坚持统筹协调与制度联动，维护市场结构平衡。

中国证监会表示建设北交所的主要思路是，严格遵循《中华人民共和国证券法》（以下简称"《证券法》"），按照分步实施、循序渐进的原则，总体平移精选层各项基础制度，坚持北交所上市公司由创新层公司产生，维持新三板基础层、创新层与北交所"层层递进"的市场结构，同步试点证券发行注册制。北交所将以现有的新三板精选层为基础组建。

从服务对象的角度来看，北交所与沪深交易所三大证券交易所的服务对象各有侧重。北交所坚持服务创新型中小企业的市场定位，而沪深市场的主板将继续为成熟的大中型企业服务，科创板为硬科技产业板块的企业服务，创业板为高新技术企业、战略新兴产业企业和成长型创新创业企业服务。

北交所成立后将与沪深交易所一起构成全国性证券交易所，并与新三板、区域性股权市场共同构成多层次资本市场，由此，在资本市场基础设施领域，逐步形成了北交所、深交所、上交所的新格局，三者相辅相成，同时北交所也能进一步激发上交所和深交所的活力，直接利好"专精特新"。

1.3 北交所理念和规则体系

1. 北交所理念

北交所以新三板精选层为基础，坚持错位发展：按照"坚守一个定位、处理好两个关系、实现三个目标"的原则，北交所将整体平移精选层各项基础制度，探索建立适合创新型中小企业特点的发行上市制度和信息披露制度安排。

（1）坚守"一个定位"

北交所牢牢坚持服务创新型中小企业的市场定位，尊重创新型中小企业发展规律和成长阶段，提升制度包容性和精准性。

（2）处理好"两个关系"

一是北交所与沪深交易所、区域性股权市场坚持错位发展与互联互通，发挥好转板功能；二是北交所与新三板现有创新层、基础层坚持统筹协调与制度联动，维护市场结构平衡。

多层次资本市场错位发展与互联互通如图1-2所示。

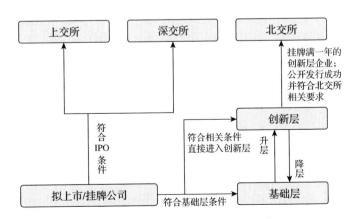

图1-2 多层次资本市场错位发展与互联互通

（3）实现"三个目标"

一是构建一套契合创新型中小企业特点的涵盖发行上市、交易、退市、持续监管、投资者适当性管理等基础制度安排，补足多层次资本市场发展普惠金融的短板。二是畅通北交所在多层次资本市场的纽带作用，形成相互补充、相互促进的中小企业直接融资成长路径。三是培育一批专精特新中小企业，形成创新创业热情高涨、合格投资者踊跃参与、中介机构归位尽责的良性市场生态。

2. 北交所规则体系

北交所总体平移精选层各项基础制度，坚持北交所上市公司由创新层公司产生，维持新三板基础层、创新层与北交所"层层递进"的市场结构。北交所设立的目的在于承接新三板目前机制，加大对中小企业的融资支持。

北交所相关基础制度的确立将加速中小企业上市，丰富退出途径，随着北交所成为服务于创新型中小企业上市的主阵地，未来中小企业将在上市融资的全流程中获得更好的支持，其上市进程将得以加快。

2021年9月3日晚，中国证监会发布《北京证券交易所向不特定合格投资者公开发行股票注册管理办法（试行）》《北京证券交易所上市公司证券发行注册管理办法（试行）》《北京证券交易所上市公司持续监管办法（试行）》《证券交易所管理办法》等征求意见稿，意见反馈截止时间为10月3日。

2021年9月5日晚，北交所发布《北京证券交易所股票上市规则（试行）》《北京证券交易所交易规则（试行）》《北京证券交易所会员管理规则（试行）》等首批业务规则征求意见稿，意见反馈截止日为9月22日。北交所整体设立思路和基础制度框架基本出炉，形成了一套契合中小企业特点的差异化制度安排，探索出一条资本市场支持服务中小企业科技创新的普惠金融之路。

2021年9月10日，北交所第二批业务规则向市场征求意见，分别为公开发行并上市、上市公司再融资和重大资产重组审核规则。上述三件业务规则吸收借鉴了科创板、创业板试点注册制经验，总结了前期新三板精选层的有关实践，形成了契合创新型中小企业发展规律和需求特点的制度安排。

2021年10月30日，中国证监会发布北交所发行上市、再融资、持续监管三件规章以及相关的十一件规范性文件。北交所发布上市与审核四件基本业务规则及六件配套细则和指引正式稿。

2021年11月2日，北交所正式发布《北京证券交易所交易规则（试行）》《北京证券交易所会员管理规则（试行）》两件基本业务规则及三十一件细则指引指南。至此，北京证券交易所七件基本业务规则已全部发布。北交所指出，11月2日发布的三十一件细则指引指南涵盖发行上市、融资并购、公司监管、证券交易、会员管理等方面。相关规则总体延续了全国股转系统精选层行之有效的制度安排，并按照试点注册制、上市公司监管和交易所职责相关的上位法进行了调整优化。北交所还将陆续发布涉及QFII和RQFII证券交易、发行上市审核标准的适用要求等相关业务规则，持续做好市场制度体系建设。

2021年11月12日，北交所发布了《北京证券交易所合格境外机构投资者和人民币合格境外机构投资者证券交易实施细则》《北京证券交易所向不特定合格投资者公开发行股票并上市业务规则适用指引第1号》等六件业务规则。上述规则连同前期发布的四十五件业务规则，涵盖发行上市、融资并购、公司监管、证券交易、会员管理以及投资者适当性等方面，形成了北交所自律规则体系。

至此，北交所的基本业务规则已全部发布。北交所的各项规则和证监会的规章、规范性文件，共同构建起一套能够与创新型中小企业特点和成长阶段相符合的北交所制度规则体系。北交所的规则体系体现出的针对性、精准性和包容性的特点，切实考虑了中小企业发展规律。北交所规则体系如图1-3所示。

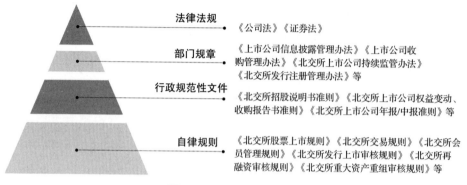

图1-3 北交所规则体系

目前，北交所相关规则体系有以下主要特点。

（1）融资准入方面

突出创新型中小企业经营特点，总体平移精选层发行条件以及有关盈利能力、成长性、市场认可度、研发能力等方面的上市条件，提升包容性和精准性。完善公开发行、定向发行融资机制，丰富市场融资工具，提供直接定价、询价、竞价等多种定价方式，进一步贴合中小企业多元化需求。

北交所的上市准入条件与科创板、创业板准入条件横向对比，北交所单独对上市公司加权平均净资产收益率、营业收入增长率做出要求，符合中小企业追求高成长性的规律。其对预计市值、累计净利润、营业收入、研发投入占比的要求都远远低于科创板、创业板，体现出新规的包容性。

（2）交易制度方面

坚持精选层较为灵活的交易制度，实行连续竞价交易，新股上市首日不设涨跌幅限制,自次日起涨跌幅限制为30%,增加了市场弹性。坚持合适的投资者适当性管理制度,促进买卖力量均衡,防范市场投机炒作。

横向对比科创板、创业板,北交所的常规涨跌幅限制为30%,而科创板、创业板仅有20%。纵向对比,基础层和创新层集中竞价交易的涨跌停幅度分别为跌幅50%、涨幅100%。同时,营业部及交易单元的公示条件也发生相应改变。交易机制上,基础层、创新层继续采用做市商交易、集合竞价交易、大宗交易,北交所采用连续竞价交易、盘后固定价格交易、大宗交易。北交所交易机制的改进有效增加了交易资产的流动性,提升定价与成交效率。

(3)持续监管方面

严格遵循上市公司监管法律框架。一方面,各项要求与《证券法》、《中华人民共和国公司法》(以下简称"《公司法》")关于上市公司的基本规定接轨,压实各方责任。另一方面,延续精选层贴合中小企业实际的市场特色,强化公司自治和市场约束,在公司治理、信息披露、股权激励、股份减持等方面形成差异化的制度安排,平衡企业融资需求和规范成本。

(4)退出安排方面

维持"有进有出""能进能出"的市场生态,构建多元化的退市指标体系,完善定期退市和即时退市制度,在尊重中小企业经营特点的基础上,强化市场出清功能。建立差异化退出安排,北交所退市公司符合条件的,可退至创新层或基础层继续交易,存在重大违法违规的,应当直接退出市场。

北交所交易类强制退市的考核周期缩短为60个交易日,横向对比,科创板及创业板均为120个交易日。在流动性充足的情况下,加速劣质公司出清有利于市场健康发展。

（5）市场连接方面

加强多层次资本市场有机联系，丰富企业成长路径。在新三板创新层、基础层培育壮大的企业，鼓励继续在北交所上市。同时坚持转板机制，培育成熟的北交所上市公司可以选择到沪深交易所继续发展。

转板机制不仅是实现互联互通，构建多层次资本市场的核心，还是防止北交所优质企业流失的关键，不仅解决了优质企业主动摘牌离场的问题，还为创新型中小企业的发展打通了直接融资的各层级通道。

截至2021年11月2日，北交所基础制度体系如表1-1所示。

表1-1 北交所基础制度体系

序号	类别	名称	发文主体	主要作用
1	法律法规	《证券法》	全国人大常委会	规范证券发行和交易行为
2		《公司法》		规定公司设立程序、组织机构活动原则及其对内外关系
3	部门规章	《北京证券交易所向不特定合格投资者公开发行股票注册管理办法（试行）》	证监会	规范北交所注册制公开发行行为
4		《北京证券交易所上市公司证券发行注册管理办法（试行）》		规范北交所上市公司证券发行行为
5		《北京证券交易所上市公司持续监管办法（试行）》		主要规范公司治理、信息披露、股份减持、股权激励、重大资产重组等
6		《证券交易所管理办法》		修订完善对公司制证券交易所的规定，为北交所运行提供上位法依据，明确有关监管安排

（续）

序号	类别	名称	发文主体	主要作用
7	部门规章	《非上市公众公司监督管理办法》	证监会	为做好制度衔接，中国证监会进行配套修订。删除"向不特定合格投资者公开发行"相关的条文内容，同时根据新《证券法》要求增加了监事会应当对证券发行文件进行审核并提出书面审核意见的要求
8		《非上市公众公司信息披露管理办法》		为做好制度衔接，中国证监会进行配套修订。将与精选层相关的条款相应删除，其余制度安排不变
9	规范性文件	《关于北京证券交易所上市公司转板的指导意见（征求意见稿）》	证监会	进一步明确转板相关安排
10		《公开发行证券的公司信息披露内容与格式准则第46号——北京证券交易所公司招股说明书》		配套信息披露、文件申报格式指引
11		《公开发行证券的公司信息披露内容与格式准则第47号——向不特定合格投资者公开发行股票并在北京证券交易所上市申请文件》		配套信息披露、文件申报格式指引
12		《公开发行证券的公司信息披露内容与格式准则第48号——北京证券交易所上市公司向不特定合格投资者公开发行股票募集说明书》		配套信息披露、文件申报格式指引
13		《公开发行证券的公司信息披露内容与格式准则第49号——北京证券交易所上市公司向特定对象发行股票募集说明书和发行情况报告书》		配套信息披露、文件申报格式指引
14		《公开发行证券的公司信息披露内容与格式准则第50号——北京证券交易所上市公司向特定对象发行可转换公司债券募集说明书和发行情况报告书》		配套信息披露、文件申报格式指引

（续）

序号	类别	名称	发文主体	主要作用
15	规范性文件	《公开发行证券的公司信息披露内容与格式准则第 51 号——北京证券交易所上市公司向特定对象发行优先股募集说明书和发行情况报告书》	证监会	配套信息披露、文件申报格式指引
16	规范性文件	《公开发行证券的公司信息披露内容与格式准则第 52 号——北京证券交易所上市公司发行证券申请文件》	证监会	配套信息披露、文件申报格式指引
17	规范性文件	《公开发行证券的公司信息披露内容与格式准则第 53 号——北京证券交易所上市公司年度报告》	证监会	配套信息披露、文件申报格式指引
18	规范性文件	《公开发行证券的公司信息披露内容与格式准则第 54 号——北京证券交易所上市公司中期报告》	证监会	配套信息披露、文件申报格式指引
19	规范性文件	《公开发行证券的公司信息披露内容与格式准则第 55 号——北京证券交易所上市公司权益变动报告书、上市公司收购报告书、要约收购报告书、被收购公司董事会报告书》	证监会	配套信息披露、文件申报格式指引
20	规范性文件	《公开发行证券的公司信息披露内容与格式准则第 56 号——北京证券交易所上市公司重大资产重组》	证监会	配套信息披露、文件申报格式指引
21	交易所自律规则	《北京证券交易所股票上市规则（试行）》	北交所	规范股票上市和持续监管事宜
22	交易所自律规则	《北京证券交易所向不特定合格投资者公开发行股票并上市审核规则（试行）》	北交所	规范向不特定合格投资者公开发行股票并上市的审核工作
23	交易所自律规则	《北京证券交易所上市公司证券发行上市审核规则（试行）》	北交所	规范北交所上市公司证券发行上市的审核工作

（续）

序号	类别	名称	发文主体	主要作用
24	交易所自律规则	《北京证券交易所向不特定合格投资者公开发行股票并上市业务规则适用指引第1号》	北交所	进一步提高发行上市审核透明度
25		《北京证券交易所证券发行上市保荐业务管理细则》		规范保荐机构在北交所证券发行上市保荐业务的开展
26		《北京证券交易所股票向不特定合格投资者公开发行与承销业务实施细则》		规范发行人向不特定合格投资者公开发行股票并在北交所上市的行为
27		《北京证券交易所交易规则（试行）》		规范北交所上市证券的交易行为
28		《北京证券交易所上市公司重大资产重组审核规则（试行）》		规范北交所上市公司重大资产重组行为
29		《北京证券交易所上市委员会管理细则》		保障北交所上市委员会规范高效运行
30		《北京证券交易所上市公司向特定对象发行优先股业务细则》		规范北交所上市公司向特定对象发行优先股业务
31		《北京证券交易所上市公司向特定对象发行可转换公司债券业务细则》		规范北交所上市公司向特定对象发行可转换公司债券业务
32		《北京证券交易所上市公司股份协议转让业务办理指引》		北交所协议转让业务规则
33		《北京证券交易所上市公司股份协议转让业务办理指南》		北交所协议转让业务规则
34		《北京证券交易所交易异常情况处理细则》		处置交易异常情况规则
35		《北京证券交易所会员管理规则（试行）》		规范会员证券交易及其相关业务活动规则
36		《北京证券交易所上市公司重大资产重组业务指引》		规范北交所上市公司重大资产重组信息披露及相关行为
37		《北京证券交易所向不特定合格投资者公开发行股票并上市业务办理指南第1号——申报与审核》		向不特定合格投资者公开发行股票并上市业务办理指南

（续）

序号	类别	名称	发文主体	主要作用
38	交易所自律规则	《北京证券交易所向不特定合格投资者公开发行股票并上市业务办理指南第2号——发行与上市》	北交所	向不特定合格投资者公开发行股票并上市业务办理指南
39		《北京证券交易所上市公司证券发行与承销业务指引》		北交所证券发行业务办理指引、指南
40		《北京证券交易所上市公司证券发行业务办理指南第1号——向不特定合格投资者公开发行股票》		北交所证券发行业务办理指引、指南
41		《北京证券交易所上市公司证券发行业务办理指南第2号——向特定对象发行股票》		北交所证券发行业务办理指引、指南
42		《北京证券交易所上市公司证券发行业务办理指南第3号——向原股东配售股份》		北交所证券发行业务办理指引、指南
43		《北京证券交易所上市公司向特定对象发行可转换公司债券业务办理指南第1号——发行与挂牌》		北交所可转债业务办理指南
44		《北京证券交易所上市公司向特定对象发行可转换公司债券业务办理指南第2号——存续期业务办理》		北交所可转债业务办理指南
45		《北京证券交易所上市公司持续监管指引第1号——独立董事》		北交所持续监管指引
46		《北京证券交易所上市公司持续监管指引第2号——季度报告》		北交所持续监管指引
47		《北京证券交易所上市公司持续监管指引第3号——股权激励和员工持股计划》		北交所持续监管指引
48		《北京证券交易所上市公司持续监管指引第4号——股份回购》		北交所持续监管指引
49		《北京证券交易所上市公司持续监管指引第5号——要约收购》		北交所持续监管指引

（续）

序号	类别	名称	发文主体	主要作用
50	交易所自律规则	《北京证券交易所上市公司持续监管指引第6号——内幕信息知情人管理及报送》	北交所	北交所持续监管指引
51		《北京证券交易所上市公司业务办理指南第1号——股票停复牌》		北交所业务办理指南
52		《北京证券交易所上市公司业务办理指南第2号——股票限售及解除限售》		北交所业务办理指南
53		《北京证券交易所上市公司业务办理指南第3号——权益分派》		北交所业务办理指南
54		《北京证券交易所上市公司业务办理指南第4号——证券简称或公司全称变更》		北交所业务办理指南
55		《北京证券交易所上市公司业务办理指南第5号——表决权差异安排》		北交所业务办理指南
56		《北京证券交易所上市公司业务办理指南第6号——定期报告相关事项》		北交所业务办理指南
57		《北京证券交易所上市公司业务办理指南第7号——信息披露业务办理》		北交所业务办理指南
58		《北京证券交易所自律监管措施和纪律处分实施细则》		自律监管规则
59		《北京证券交易所复核实施细则》		自律监管规则
60		《北京证券交易所自律管理听证实施细则》		自律监管规则
61	结算业务	《北京证券交易所上市公司股份协议转让细则》	北交所、中国证券登记结算有限责任公司	规范北交所上市公司股份协议转让行为
62		《北京证券交易所股票向不特定合格投资者公开发行与承销业务实施细则》		提高发行定价、申购、资金结算及股份登记效率

（续）

序号	类别	名称	发文主体	主要作用
63	交易单元	《北京证券交易所、全国中小企业股份转让系统交易单元管理细则》	北交所、全国中小企业股份转让系统有限责任公司	规范交易单元管理规则
64		《北京证券交易所、全国中小企业股份转让系统交易单元业务办理指南》		规范交易单元管理规则
65	交易管理	《北京证券交易所、全国中小企业股份转让系统证券代码、证券简称编制指引》		加强北交所、全国中小企业股份转让系统证券代码、证券简称的管理
66	评价管理	《北京证券交易所、全国中小企业股份转让系统证券公司执业质量评价细则》		证券公司执业质量评价
67	其他业务规则	《北京证券交易所投资者适当性管理办法（试行）》	北交所	开通北交所交易权限的投资者相关要求，引投资者理性参与北交所市场证券交易
68		《北京证券交易所投资者适当性管理业务指南》		
69		《北京证券交易所合格境外机构投资者和人民币合格境外机构投资者信息报备指南》		规范合格境外机构投资者和人民币合格境外机构投资者报备信息的行为
70		《北京证券交易所合格境外机构投资者和人民币合格境外机构投资者证券交易实施细则》		规范合格境外机构投资者和人民币合格境外机构投资者的证券交易行为
71		《北京证券交易所业务收费管理办法》		收费管理

1.4 中国内地多层次资本市场体系

北交所、沪深交易所、新三板和区域性股权市场形成错位发展和互联互通的格局，中国资本市场的多层次市场结构得到了进一步的完善，中国资本市场将更有活力和韧性。北交所的设立，补足了资本市场在支持中小民营企业方面的短板，进一步推进中国资本市场向多层次、包容性方向发展，标志着我国开启了三个市场共同服务实体经济、服务科技创新的新格局。

多层次资本市场格局如图1-4所示。

图1-4　多层次资本市场格局

1. 主板

主板市场包括上交所主板和深交所主板，是我国资本市场的主力军。沪主板主要是国民经济支柱、传统大型及基础行业的聚集上市板块，而深主板在支持各类市场化蓝筹公司成长，推动传统企业改造升级和支持中小企业发展等方面发挥了积极作用。

2. 科创板

2018年11月5日，习近平总书记在上海举行的首届中国国际进口博览会开幕式上指出，将在上海证券交易所设立科创板并试点注册制，支持上海国际金融中心和科技创新中心建设，不断完善资本市场基础制度。

2019年6月13日,在上海举行的第十一届陆家嘴论坛现场,科创板正式开板。

科创板的成功实施经历了国家提出注册制改革、证券监管部门出台法规、发行上市审核系统上线、设立上市委员会、正式开板以及后续平稳运行多个阶段。科创板的推出实实在在地助力科技创新行业加强研发投入,为中国经济新旧动能转换、经济结构转型提供有力支持,大幅提速资本市场的市场化进度,建立以信息披露为核心的发行注册制,完善多层次的资本市场,进一步提升了资本市场对于资源分配的效率。

科创板发展历程如图1-5所示。

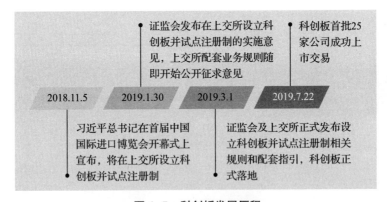

图1-5 科创板发展历程

3. 创业板

2020年4月27日,中央全面深化改革委员会第十三次会议审议通过了《创业板改革并试点注册制总体实施方案》。2020年8月24日,创业板改革并试点注册制落地实施,首批18家企业挂牌上市。创业板正式步入注册制时代,开启了不断自我更新、助力资本市场革新、服务实体经济创新的新纪元。

创业板的注册制改革积极推动了科技与资本深度融合,全力支持科技创新、服务专精特新、助力经济高质量发展,为加快构建更有活力、更有韧性的资本市场制度体系奠定了基础,为实体经济发展注入了新动能。

4. 新三板

新三板准入门槛相对较低,有利于提高公司的融资能力,有利于提高股份的流动性,完善企业的资本结构,提高企业自身抗风险的能力,促进企业规范发展,增强企业的发展后劲。

北交所的设立不仅为深化新三板改革指明了方向,标志着聚焦服务中小企业创新发展的新三板站上改革的新起点,更是对资本市场更好服务构建新发展格局、推动高质量发展的新的重大战略部署。

5. 区域性市场

区域性股权交易市场(简称"区域股权市场""区域性市场")是为特定区域内的企业提供股权、债券的转让和融资服务的私募市场,是我国多层次资本市场的重要组成部分,亦是我国多层次资本市场建设中必不可少的部分。对于促进企业特别是中小微企业股权交易和融资,鼓励科技创新和激活民间资本,加强对实体经济薄弱环节的支持,具有积极作用。

2017年2月6日,中国证监会新闻发言人邓舸就表示,为落实《国务院办公厅关于规范发展区域性股权市场的通知》要求,证监会将一方面积极协调有关部门和地方政府出台支持政策措施,另一方面在职责范围内出台相应政策措施。支持政策措施包括:一是推动全国股份转让系统与区域性股权市场建立健全合作对接机制,落实《中国证监会关于进一步推进全国中小企业股份转让系统发展的若干意见》,推进具备条件的区域性股权市场运营机构开展全国股份转让系统推荐业务试点工作;二是支持证券公司参控股运营机构,参与区域性股权市场的业务活动,督促引导证券公司为区域性股权市场的投融资活动提供优质高效服务;三是支持依法设立的私募投资基金等机构投资者参与区域性股权市场，壮大合格投资者队伍；四是支持运营机构以特别会员方式加入中国证券业协会，接受中国证券业协会的自律管理和服务。

全国股转公司、北交所董事长徐明2021年9月6日在"2020中国国际金融年度论坛"上透露，将推动建立区域性股权市场挂牌公司到新三板转板机制，构建转板通、信披通、监管通、技术通、信息通模式，研究支持特殊股权结构企业和红筹企业在新三板发行股票等。

1.5 北交所、新三板、全国股转公司的关系

新三板原来的分层包括基础层、创新层、精选层。自北交所正式开市之日起，所有精选层的公司全部平移到北交所，精选层将不复存在。新三板仅剩基础层和创新层两个层级，仍为非上市公众公司。新三板继续由全国股转公司进行管理，而北交所是全国股转公司的全资子公司。

北交所和沪深交易所及新三板是平行关系，只是北交所新增的上市公司需来自新三板的创新层公司。北交所、新三板的关系如图1-6所示。

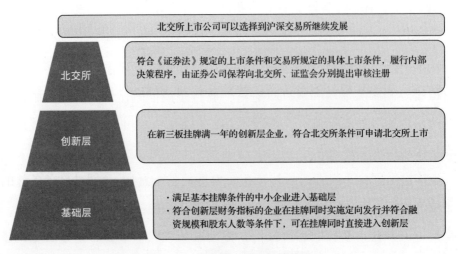

图1-6　北交所、新三板的关系

第 2 章
北交所上市条件及解析

北交所的上市条件与精选层基本一致，根据《北京证券交易所股票上市规则（试行）》，建设北交所主要思路是严格遵循《证券法》，按照分步实施、循序渐进的原则，总体平移精选层各项基础制度，坚持北交所上市公司由创新层公司产生，维持新三板基础层、创新层与北交所"层层递进"的市场格局，同步试点证券发行注册制。2021 年 9 月 3 日，中国证监会公众公司部主任周贵华在例行新闻发布会上表示，北交所设立后，精选层挂牌公司将全部转为北交所上市公司。

2021 年 10 月 30 日，北交所明确了上市公司发行上市基本条件，坚持市场化、法治化原则，对精选层现有的分层管理、公司治理、信息披露、股票停复牌等单项业务规则进行体系化整合，同时吸收借鉴主板、科创板、创业板现行上市公司监管成熟经验，形成了北交所上市公司的总体监管架构和全链条监管安排。

2.1 北交所上市条件

2.1.1 上市必备前提条件

根据中国证监会发布的《北京证券交易所向不特定合格投资者公开

发行股票注册管理办法（试行）》规定的发行条件：

（一）发行人应当为在全国股转系统连续挂牌满十二个月的创新层挂牌公司。

（二）发行人申请公开发行股票，应当符合下列规定：

1. 具备健全且运行良好的组织机构。

2. 具有持续经营能力，财务状况良好。

3. 最近三年财务会计报告无虚假记载，被出具无保留意见审计报告。

4. 依法规范经营。

（三）发行人及其控股股东、实际控制人存在下列情形之一的，发行人不得公开发行股票：

1. 最近三年内存在贪污、贿赂、侵占财产、挪用财产或者破坏社会主义市场经济秩序的刑事犯罪。

2. 最近三年内存在欺诈发行、重大信息披露违法或者其他涉及国家安全、公共安全、生态安全、生产安全、公众健康安全等领域的重大违法行为。

3. 最近一年内受到中国证监会行政处罚。

根据北交所发布的《北京证券交易所股票上市规则（试行）》（以下简称"《北交所上市规则》"）规定的发行条件：

（一）发行人为在全国股转系统连续挂牌满12个月的创新层挂牌公司。

解读： 规则要求新三板挂牌满一年，而非要求在创新层满一年。即只要在新三板连续挂牌满一年，在申报北交所上市时是创新层企业即可。申请在北交所上市的企业，准备时间理论上至少为12个月。

1. 通过挂牌直接进入创新层，北交所上市总体筹备时间中位数预计为20个月左右。

2. 先挂牌进入基础层，再通过基础层升级到创新层，北交所上市总体筹备时间在第（一）条基础上加上挂牌至创新层固定分层期（现为每年 4 月 30 日）时间。

（二）符合中国证监会规定的发行条件。

（三）最近一年期末净资产不低于 5 000 万元。

解读：指经审计后的最近一年期末净资产不低于 5 000 万元。

（四）向不特定合格投资者公开发行（以下简称"公开发行"）的股份不少于 100 万股，发行对象不少于 100 人。

（五）公开发行后，公司股本总额不少于 3 000 万元。

（六）公开发行后，公司股东人数不少于 200 人，公众股东持股比例不低于公司股本总额的 25%；公司股本总额超过 4 亿元的，公众股东持股比例不低于公司股本总额的 10%。

解读：北交所上市发行股份数量的要求，与沪深交易所有明显区别。沪深交易所上市的发行股份要求为："公开发行的股份达到公司股份总数的 25% 以上；公司股本总额超过人民币 4 亿元的，公开发行股份的比例为 10% 以上"。

北交所的要求是："公开发行后公众股东持股比例不低于公司股本总额的 25%；公司股本总额超过 4 亿元的，公众股东持股比例不低于公司股本总额的 10%"。

上述公众股东是指除以下股东之外的发行人股东：

1. 持有发行人 10% 以上股份的股东及其一致行动人。

2. 发行人董事、监事、高级管理人员及其关系密切的家庭成员，发行人董事、监事、高级管理人员直接或间接控制的法人或者其他组织。关系密切的家庭成员，包括配偶、子女及其配偶、父母及配偶的父母、兄弟姐妹及其配偶、配偶的兄弟姐妹、子女配偶的父母。"

（七）市值及财务指标符合《北交所上市规则》规定的标准。

（八）北交所规定的其他上市条件。

解读：北交所可以根据市场情况，经中国证监会批准，对上市条件和具体标准进行调整。

同时北交所规定了负面清单，根据北交所发布的《北交所上市规则》规定，发行人申请公开发行并上市，不得存在下列情形：

（一）最近36个月内，发行人及其控股股东、实际控制人，存在贪污、贿赂、侵占财产、挪用财产或者破坏社会主义市场经济秩序的刑事犯罪，存在欺诈发行、重大信息披露违法或者其他涉及国家安全、公共安全、生态安全、生产安全、公众健康安全等领域的重大违法行为。

（二）最近12个月内，发行人及其控股股东、实际控制人、董事、监事、高级管理人员受到中国证监会及其派出机构行政处罚，或因证券市场违法违规行为受到全国中小企业股份转让系统有限责任公司（以下简称全国股转公司）、证券交易所等自律监管机构公开谴责。

（三）发行人及其控股股东、实际控制人、董事、监事、高级管理人员因涉嫌犯罪正被司法机关立案侦查或涉嫌违法违规正被中国证监会及其派出机构立案调查，尚未有明确结论意见。

（四）发行人及其控股股东、实际控制人被列入失信被执行人名单且情形尚未消除。

（五）最近36个月内，未按照《证券法》和中国证监会的相关规定在每个会计年度结束之日起4个月内编制并披露年度报告，或者未在每个会计年度的上半年结束之日起2个月内编制并披露中期报告。

（六）中国证监会和北交所规定的，对发行人经营稳定性、直接面向市场独立持续经营的能力具有重大不利影响，或者存在发行人利益受到损害等其他情形。

北交所上市必备条件总结如表2-1所示。

表 2-1　北交所上市必备条件总结

主体资格	（1）在全国股转系统连续挂牌满 12 个月的创新层挂牌公司； （2）具备健全且运行良好的组织机构； （3）具有持续经营能力，财务状况良好； （4）最近 3 年财务会计报告无虚假记载，被出具无保留意见审计报告； （5）依法规范经营； （6）最近一年期末净资产 ≥ 5 000 万元
股本及公开发行比例	发行后股本总额 ≥ 3 000 万元； 发行后总股本 ≤ 4 亿股，公众股东持股比例 ≥ 25%； 发行后总股本 >4 亿股，公众股东持股比例 ≥ 10%
股东人数及发行对象人数	公开发行后，公司股东人数 ≥ 200 人； 公开发行的股份不少于 100 万股，发行对象不少于 100 人
负面清单	（1）最近 36 个月内，发行人及其控股股东、实际控制人，存在刑事犯罪或重大违法行为； （2）最近 12 个月内，发行人及其控股股东、实际控制人、董监高受行政处罚或公开谴责； （3）发行人及其控股股东、实际控制人、董监高因涉嫌犯罪正被相关机构立案调查，尚未有明确结论意见； （4）发行人及其控股股东、实际控制人被列入失信被执行人名单且情形尚未消除； （5）最近 36 个月内，未按照规定在每个会计年度结束之日起 4 个月内编制并披露年度报告，或者未在每个会计年度的上半年结束之日起 2 个月内编制并披露中期报告； （6）中国证监会和北交所规定的，对发行人经营稳定性、直接面向市场独立持续经营的能力具有重大不利影响，或者存在发行人利益受到损害等其他情形

2.1.2　北交所上市的市值及财务指标要求

根据北交所发布的《北交所上市规则》的相关规定，发行人申请在北交所公开发行并上市，市值及财务指标应当至少符合下列标准中的一项：

（1）预计市值不低于 2 亿元，最近两年净利润均不低于 1 500 万元且加权平均净资产收益率平均不低于 8%，或者最近一年净利润不低于 2 500 万元且加权平均净资产收益率不低于 8%。

解读：预计市值是指以发行人公开发行价格计算的股票市值，也即公开发行成功后的公司市值。

净利润是指归属于上市公司股东的净利润，不包括少数股东损益，并以扣除非经常性损益前后孰低者为计算依据。

净利润的要求为两年"均不低于"，即两年净利润均需大于等于1 500万元。净资产收益率为"加权平均"，即最近两年净资产收益率之和除以2。例如最近一年净资产收益率为10%，前一年净资产收益率为7%，则加权平均净资产收益率为：（10%+7%）/2=8.5%，符合标准的要求。

（2）预计市值不低于4亿元，最近两年营业收入平均不低于1亿元，且最近一年营业收入增长率不低于30%，最近一年经营活动产生的现金流量净额为正。

（3）预计市值不低于8亿元，最近一年营业收入不低于2亿元，最近两年研发投入合计占最近两年营业收入合计比例不低于8%。

（4）预计市值不低于15亿元，最近两年研发投入合计不低于5 000万元。

北交所上市的市值及财务指标要求如表2-2所示。

表2-2 北交所上市的市值及财务指标要求

标准	市值	净利润	加权平均净资产收益率	营业收入	营业收入增长率	经营性现金流	研发投入
标准一	≥2亿元	最近两年均≥1 500万元	≥8%	—	—	—	—
	≥2亿元	最近一年≥2 500万元	≥8%	—	—	—	—
标准二	≥4亿元	—	—	最近两年平均≥1亿元	最近一年≥30%	最近一年>0	—

（续）

标准	市值	净利润	加权平均净资产收益率	营业收入	营业收入增长率	经营性现金流	研发投入
标准三	≥8亿元	—	—	最近一年≥2亿元	—	—	最近两年研发投入/营业收入≥8%
标准四	≥15亿元	—	—	—	—	—	最近两年合计≥5 000万元

2.1.3 北交所上市标准与其他板块的对比

北交所上市门槛标准的设计思路是构建以市值为核心的包容性的上市条件，指标要求总体上低于科创板和创业板上市条件。

科创板指标为六选一，即"市值+净利润""市值+净利润+营业收入""市值+营业收入+研发投入占比""市值+营业收入+现金流量净额""市值+营业收入"及"市值+技术"。

创业板指标为三选一，即"净利润""市值+净利润+营业收入"及"市值+营业收入"。

北交所指标为五选一，即"市值+净利润+净资产收益率""净利润+净资产收益率""市值+营业收入+营业收入增长率+现金流量净额""市值+营业收入+研发投入占比"及"市值+研发投入"。

北交所与科创板、创业板上市标准对比如表2-3所示。

表2-3 北交所与科创板、创业板上市标准对比

上市标准	北交所	科创板	创业板
市值+净利润+(加权平均净资产收益率)	市值≥2亿元，最近两年净利润均≥1 500万元且加权平均净资产收益率平均≥8%；或市值≥2亿元，最近1年净利润≥2 500万元且加权平均净资产收益率≥8%	市值≥10亿元，最近两年净利润均为正，且累计净利润≥5 000万元	最近两年净利润均为正，且累计净利润≥5 000万元

（续）

上市标准	北交所	科创板	创业板
市值+净利润+营业收入	无对应指标	市值≥10亿元，最近一年净利润为正且营业收入≥1亿元	市值≥10亿元，最近一年净利润为正且营业收入≥1亿元
市值+营业收入+研发投入	市值≥8亿元，最近一年营业收入≥2亿元，最近两年研发投入合计占最近两年营业收入合计比例≥8%	市值≥15亿元，最近一年营业收入≥2亿元且最近三年累计研发投入占最近三年累计营业收入的比例≥15%	无对应指标
市值+营业收入+现金流	市值≥4亿元，最近两年营业收入平均≥1亿元且最近一年营业收入增长率≥30% 最近一年经营活动产生的现金流量净额为正	市值≥20亿元，最近一年营业收入≥3亿元且最近三年经营活动产生的现金流量净额累计≥1亿元	无对应指标
市值+营业收入	无对应指标	市值≥30亿元，且最近一年营业收入≥3亿元	市值≥50亿元，且最近一年营业收入≥3亿元
市值+研发投入	市值≥15亿元，最近两年研发投入合计≥5 000万元	无对应指标	无对应指标
市值+技术	无对应指标	市值≥40亿元，主要业务或产品需经国家有关部门批准，市场空间大，目前已取得阶段性成果。医药行业企业需至少有一项核心产品获准开展二期临床试验，其他符合科创板定位的企业需具备明显的技术优势并满足相应条件	无对应指标

通过表2-3对比可见：

1.从盈利标准来看，每个板块均包括了未盈利申请上市的标准，充分体现了注册制的包容性，强调了"市值"理念。

2.从市值标准来看，北交所、科创板有三个未盈利申请上市的标准，创业板仅有一个，为注册制改革下尚未盈利的企业进入资本市场创造了更多的选择条件，同时也体现了各个交易所"差异化定位"发展的制度设计理念。北交所市值要求的标准最低（2亿元、4亿元、8亿元、15亿元），对规模较小的未盈利企业更具有吸引力，创业板市值要求的标准最高（50亿元）。

3. 从研发标准来看，北交所有两个标准与研发相关，科创板有"硬科技"的要求，创业板没有强调研发标准。可见，科创板更强调企业的科创属性，北交所仅强调了研发投入，条件相对宽松。

另外，与科创板、创业板不同，《北交所上市规则》暂未对"存在差异表决安排企业"的上市指标做出专门规定，也是目前实施注册制板块中唯一未为红筹企业上市提供通道的板块，这与现行制度设计中北交所上市企业均来自于新三板的创新层或精选层企业而目前尚无红筹企业挂牌的背景相关。

2.1.4 板块的行业定位与选择

科创板聚焦"硬科技"的定位，创业板则支持具有"三创四新"的成长型创新创业企业，各有差异化定位。北交所是中国原生态的注册制板块，以前新三板挂牌一直是类注册制，经过8年多的时间已经积累了不少经验。北交所正式推出有利于更好地服务专精特新企业和中小企业发展。

北交所、创业板、科创板服务对象定位如表2-4所示。

表2-4 北交所与科创板、创业板定位对比

板块	北交所	科创板	创业板
服务对象	主要服务创新型中小企业，重点支持先进制造业和现代服务业等领域的企业	主要服务面向世界科技前沿、面向经济主战场、面向国家重大需求，优先支持符合国家战略，拥有关键核心技术，科技创新能力突出，主要依靠核心技术开展生产经营，具有稳定的商业模式，市场认可度高，社会形象良好，具有较强成长性的企业	主要服务成长型创新创业企业，支持传统产业与新技术、新产业、新业态、新模式深度融合

2.1.4.1 北交所

北交所主要服务创新型中小企业,重点支持先进制造业和现代服务业等领域的企业,尤其是专精特新企业。

根据《北京证券交易所向不特定合格投资者公开发行股票并上市业务规则适用指引第 1 号》规定,发行人属于金融业、房地产业企业的,不支持其申报在北交所发行上市。

发行人生产经营应当符合国家产业政策。发行人不得属于产能过剩行业(产能过剩行业的认定以国务院主管部门的规定为准)、《产业结构调整指导目录》中规定的淘汰类行业,以及从事学前教育、学科类培训等业务的企业。

由此可见,北交所、科创板和创业板对企业行业支持态度各有侧重,北交所主要服务创新型中小企业,重点支持先进制造业和现代服务业等领域的企业,推动传统产业转型升级。首批在北交所上市的企业,其行业主要分布于软件和信息服务、医药制造业、计算机电子设备制造业、专用设备制造业、专用技术服务业等行业。

企业应综合考虑所在行业、主营业务、业务模式、发展阶段、科技含量或创新性与各板块的匹配程度进行优选规划。

对于上市板块的选择,科创属性非常强的如芯片、半导体、生物医药等行业的企业,可以考虑申报科创板。考虑申报创业板的,需关注负面清单和企业是否属于"三创四新"。北交所包容性更强,财务指标要求更低,适合发展中的创新型中小企业。

2.1.4.2 科创板

1. 科创板定位与支持行业

科创板拟上市公司审核过程中,被问询的重点之一就是科创属性或行业定位问题。因此,对于科创板而言,硬科技是其最鲜明的特点,也是审核底线。

科创板行业定位如图 2-1 所示。

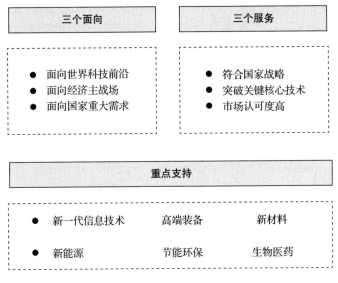

图 2-1 科创板行业定位

关于科创板定位,《上海证券交易所科创板企业发行上市申报及推荐暂行规定》(以下简称"《科创板申报及推荐暂行规定》")第四条明确规定,下列行业领域的高新技术产业和战略性新兴产业符合科创板行业定位:

(1)新一代信息技术领域,主要包括半导体和集成电路、电子信息、下一代信息网络、人工智能、大数据、云计算、软件、互联网、物联网和智能硬件等。

(2)高端装备领域,主要包括智能制造、航空航天、先进轨道交通、海洋工程装备及相关服务等。

(3)新材料领域,主要包括先进钢铁材料、先进有色金属材料、先进石化化工新材料、先进无机非金属材料、高性能复合材料、前沿新材料及相关服务等。

（4）新能源领域，主要包括先进核电、大型风电、高效光电光热、高效储能及相关服务等。

（5）节能环保领域，主要包括高效节能产品及设备、先进环保技术装备、先进环保产品、资源循环利用、新能源汽车整车、新能源汽车关键零部件、动力电池及相关服务等。

（6）生物医药领域，主要包括生物制品、高端化学药、高端医疗设备与器械及相关服务等。

（7）符合科创板定位的其他领域。

与此同时，监管部门也列出了"负面清单"：限制金融科技、模式创新企业在科创板发行上市。禁止房地产企业和主要从事金融、投资类业务的企业在科创板发行上市。

2. 科创板"4+5"标准与审核要点

关于科创属性，目前采用的是"4+5"的标准。《科创板申报及推荐暂行规定》第五条规定，支持和鼓励科创板定位规定的相关行业领域中，同时符合下列4项指标的企业申报科创板发行上市：

（一）最近3年累计研发投入占最近3年累计营业收入比例5%以上，或者最近3年研发投入金额累计在6 000万元以上；其中，软件企业最近3年累计研发投入占最近3年累计营业收入比例10%以上。

（二）研发人员占当年员工总数的比例不低于10%。

（三）形成主营业务收入的发明专利（含国防专利）5项以上，软件企业除外。

（四）最近3年营业收入复合增长率达到20%，或者最近一年营业收入金额达到3亿元。采用《上海证券交易所科创板股票发行上市审核规则》第二十二条第二款第（五）项上市标准申报科创板发行上市的发行人除外。

注：《上海证券交易所科创板股票发行上市审核规则》第二十二条第二款第（五）项，预计市值不低于人民币 40 亿元，主要业务或产品需经国家有关部门批准，市场空间大，目前已取得阶段性成果。医药行业企业需至少有一项核心产品获准开展二期临床试验，其他符合科创板定位的企业需具备明显的技术优势并满足相应条件。

如果达不到上述四项指标，但符合下列情形之一的企业也可以申报科创板发行上市：

（一）拥有的核心技术经国家主管部门认定具有国际领先、引领作用或者对于国家战略具有重大意义。

（二）作为主要参与单位或者核心技术人员作为主要参与人员，获得国家自然科学奖、国家科技进步奖、国家技术发明奖，并将相关技术运用于主营业务。

（三）独立或者牵头承担与主营业务和核心技术相关的国家重大科技专项项目。

（四）依靠核心技术形成的主要产品（服务），属于国家鼓励、支持和推动的关键设备、关键产品、关键零部件、关键材料等，并实现了进口替代。

（五）形成核心技术和主营业务收入相关的发明专利（含国防专利）合计 50 项以上。

同时，上交所对科创属性的审核也作了明确规定：在发行上市审核中，按照实质重于形式的原则，着重从以下方面关注发行人的自我评估是否客观，保荐机构的核查把关是否充分并做出综合判断：

（一）发行人是否符合科创板支持方向。

（二）发行人的行业领域是否属于《科创属性评价指引（试行）》和《科创板申报及推荐暂行规定》所列行业领域。

（三）发行人的科创属性是否符合《科创属性评价指引（试行）》和

《科创板申报及推荐暂行规定》所列相关指标要求。

（四）如发行人的科创属性未达到相关指标要求，是否符合本规定要求的科技创新能力突出情形。

（五）上交所规定的其他要求。

3. 因科创属性被否或被质疑的案例分析

（1）××生物

公司主营业务为生物制品细胞质量检测及生物安全评估，提供的主要服务为细胞检定、生产工艺病毒去除/灭活验证。根据中国证监会《上市公司行业分类指引》（2012年修订），发行人属于"M科学研究和技术服务业"下的"M73研究和试验发展""M74专业技术服务业"。

2021年4月29日，上海证券交易所科创板上市委（以下简称"上市委"）发布《科创板上市委2021年第27次审议会议结果公告》（以下简称"《公告》"），认为武汉××生物技术股份有限公司（以下简称"××生物"或"公司"）不符合发行条件、上市条件和信息披露要求。

上市委《公告》及《关于终止武汉××生物技术股份有限公司首次公开发行股票并在科创板上市审核的决定》中，主要针对××生物存在的以下问题提出问询。一是要求公司结合部分核心技术专利由外部机构受让取得、自行研发费用投入较少、技术人员较少且人数在报告期内发生过较大波动等情况，论证公司是否具有突出的创新能力；二是要求公司对比同行业检测机构，说明其所从事该项业务的主要技术壁垒、与同行业可比检测机构在检测技术上是否存在重大差异；三是要求公司结合中国药典相关描述，说明其主要从事的细胞检定业务的性质、技术通用性、相关仪器及设备在其中所起的作用。

（2）××电子

××电子目前以传统封装技术为主，主要封装系列包括SOT、TO、

SOP等，该系列以传统封测技术为主，应用开始时间主要在20世纪七八十年代。而在先进封装领域，公司目前掌握的先进封装技术较少，与龙头厂商在先进封装领域的技术水平存在较大差距。报告期内，发行人主要收入来源于传统封装产品，先进封装系列主要包括DFN及TSOT，相关封装系列收入占主营业务收入的比重仅为0.62%、1.40%、1.98%和2.41%。

2021年3月15日，中国证监会在问询函中指出："根据中国证监会《关于在上海证券交易所设立科创板并试点注册制的实施意见》第三条和《科创属性评价指引（试行）》关于'支持和鼓励硬科技企业在科创板上市'等规定，请发行人补充论证说明是否具备科创属性、符合科创板行业定位。"半个月后，中国证监会再次向××电子发出第二份问询函继续"追问"其科创属性，要求其"结合科创板分立器件可比公司，进一步对比说明发行人研发支出投入、专利数量、封测技术特点优势、传统封装与先进封装收入占比等情况，进一步说明公司以分立器件和传统封装技术收入为主，是否具有相关科创属性。"

××电子虽顺利通过了科创板上市委的审核，但在注册阶段，证监会决定对其终止发行注册。

（3）××智能

××智能公司主要从事轨道交通机车车辆检修检测设备的研发、生产和销售，致力于为轨道交通行车安全提供可靠保障，是行业内主要的轨道交通机车车辆检修检测设备提供商。主营业务收入主要来源于轨道交通机车车辆检修设备、轨道交通机车车辆检测设备、安全作业管控设备及维保服务等。

××智能最近三年一期研发投入占营业收入比重分别为7.18%、5.27%、3.59%和6.41%，低于同行业可比公司平均水平。而科创板上市规则的财务指标一项明确要求:"近三年研发投入在同期营业收入中的占比不低于15%",××智能研发投入刚过及格线。2020年12月31日,上交所在问询函中提到:根据申报材料,公司属于高端装备行业。根据《战略性新兴产业分类(2018)》,公司属于"2高端装备制造产业"中的"2.4轨道交通装备产业"。请发行人结合发行人主营业务、相关政策文件说明公司是否符合科创板行业定位,是否符合《上海证券交易所科创板企业发行上市申报及推荐暂行规定》第三条规定的相关行业领域的高新技术产业和战略性新兴产业。

××智能于2021年5月12日提交《关于撤回首次公开发行股票并在可创板上市申请文件的申请》,科创板上市委决定对其终止上市审核。

2.1.4.3 创业板

1. 创业板定位与支持行业

创业板拟上市公司IPO过程中,往往被交易所询问"创业板定位"问题。在注册制下,创业板的行业定位可以具体归纳为"三创四新",即企业符合"创新、创造、创意",或者是传统产业与"新技术、新产业、新业态、新模式"深度融合。创业板行业定位如图2-2所示。

图2-2　创业板行业定位

2017年国家统计局印发《新产业新业态新商业模式统计监测制度(试行)》,对"三新"的内容进行了定义,如表2-5所示。

表 2-5 国家统计局对"三新"的定义

名称	定义
新产业	指应用新科技成果、新兴技术而形成一定规模的新型经济活动
新业态	指顺应多元化、多样化、个性化的产品或服务需求，依托技术创新和应用，从现有产业和领域中衍生叠加出的新环节、新链条、新活动形态
新商业模式	指为实现用户价值和企业持续盈利目标，对企业经营的各种内外要素进行整合和重组，形成高效并具有独特竞争力的商业运行模式

2020年6月12日，深交所发布《深圳证券交易所创业板企业发行上市申报及推荐暂行规定》，对拟上市企业"三创四新"的定位做出更为具体的要求：

（1）成长型创新创业企业。依靠创新、创造、创意顺应发展大趋势，即符合"三创"的定义标准。

（2）业务属符合高新技术产业和战略性新兴产业发展方向的企业。

创业板设置上市推荐行业负面清单，原则上不支持以下行业的企业在创业板申报发行上市：

- 农林牧渔业。
- 采矿业。
- 酒、饮料和精制茶制造业。
- 纺织业。
- 黑色金属冶炼和压延加工业。
- 电力、热力、燃气及水生产和供应业。
- 建筑业。
- 交通运输、仓储和邮政业。
- 住宿和餐饮业。
- 金融业。
- 房地产业。
- 居民服务、修理和其他服务业。

但负面清单中与互联网、大数据、云计算、自动化、新能源、人工智能等新技术、新产业、新业态、新模式深度融合的创新创业企业仍可以在创业板申请发行上市。

对于原则上不支持在创业板上市的行业,深交所也明确指出:发行人应当结合创业板定位,就是否符合相关行业范围,依靠创新、创造、创意开展生产经营,具有成长性等事项,进行审慎评估;保荐人应当就发行人是否符合创业板定位进行专业判断,并出具专项说明。发行人及其保荐人难以判断的,可在申报前通过深交所发行上市审核业务系统进行咨询。

2. 因创业板行业定位被否或被质疑的案例分析

(1)××节能

××节能的主要业务是地基基础及既有建筑维护改造的设计和施工。

在××节能的三轮问询中,深交所均提到了创业板定位的问题。尤其是在最后一轮问询中,深交所要求××节能结合研发费用率较低,分析并披露发行人是否符合创新、创造、创意的定位;分析发行人"新技术""新业态"收入统计口径是否符合《创业板企业发行上市申报及推荐暂行规定》的相关要求;结合各年度"新技术""新业态"的销售收入及毛利额占比、变动趋势,分析并披露认定发行人业务属于传统产业与新技术、新业态深度融合支持领域的依据是否充分。

上市委员会审议认为,××节能所处行业为"土木工程建筑业",属于《深圳证券交易所创业板企业发行上市申报及推荐暂行规定》第四条规定的原则上不支持在创业板发行上市的行业。同时,招股说明书披露的新技术、新业态相关业务收入占比、毛利占比分别从2017年度的51.94%、60.24%下降到2020年1—6月的24.94%、29.30%。××节能不符合创业板定位。

2021年3月25日,创业板上市委发布××节能未通过上市委会议的结果公告。

(2)××药业

××药业专注于中药饮片的研发、生产加工和销售。财务数据显示,2018—2020年,××药业实现的营业收入分别为48 942.28万元、49 215.53万元、44 424.01万元,对应实现的归属母公司净利润分别为5 863.51万元、6 703.75万元、5 089.11万元。

××药业在二轮问询中被深交所提问有关创业板定位的问题。深交所指出,申报文件显示,××药业创新、创造、创意特征,科技创新、模式创新、业态创新和新旧产业融合情况主要体现在采用小包装饮片生产方式,在销售过程中开展"在线药房"配送模式,以及采用真空汽相置润法、黄曲霉前处理非标优化技术等。

深交所要求××药业按照《创业板首次公开发行股票注册管理办法(试行)》第三条、《深圳证券交易所创业板股票发行上市审核规则》第十九条等规定要求,披露各项主要业务在创新、创造、创意方面的具体特征;同时保荐人说明判断发行人符合《深圳证券交易所创业板企业发行上市申报及推荐暂行规定》推荐要求的具体依据。

2021年5月1日,深交所发布关于终止对××药业在创业板上市的审核。

(3)××股份

××股份主营业务为肉类休闲食品的研发、生产与销售,主要产品为肉脯、肉丸、肉肠、肉松及其他休闲食品。

××股份在上市申请的过程中历经三轮问询,其中两轮问询的问题均牵涉创业板定位。

第二轮问询中,深交所要求××股份:

（1）补充披露生产人员、销售人员、研发人员的收入均大幅低于当地平均水平及同行业可比公司的原因及合理性；员工学历、年龄构成与同行业可比公司是否存在重大差异。

（2）补充披露桑蚕资源食药用价值挖掘与高值化加工关键技术、家蚕食用品质评价与加工新技术研发项目的立项、研发、奖项申报过程及主要参与人员、研发费用等，与主营业务、未来发展战略是否密切相关；真实、客观描述在研发解冻库设备、筋膜分离机、高温热泵技术等技术项目时发挥的具体作用，相关技术在生产中的运用范围及重要程度。

（3）结合经营模式、主要产品构成、核心技术、核心技术人员履历、研发费用占比、主要经营数据变化情况等因素，分析说明××股份的"三创四新"特征，是否符合创业板定位。针对签署情形，请保荐人、××股份律师核查并发表明确意见。

在第三轮问询的"关于创业板定位"中，深交所要求××股份：

（1）结合经营模式、主要产品构成、技术水平、研发费用、成长性、员工学历、同行业可比公司等因素，分析说明是否具有"三创四新"特征，是否符合创业板定位。

（2）结合薪酬水平、年龄构成、社会保险和公积金缴纳等因素，补充说明离职率较高的原因及合理性，是否存在刻意压低员工薪酬的情形，是否可能对其日常生产经营产生重大影响；按潮州市制造业企业在岗职工人平均工资及同行业可比公司平均工资模拟测算提高员工薪酬待遇对利润的影响；在册员工是否真实在岗工作。

（3）结合产品构成、采购模式、销售模式、生产模式、生产销售人员占比等因素，补充说明同行业可比公司选取是否准确；如是，请与同行业可比公司对比分析××股份势及行业地位。

（4）分析说明主要产品的市场供求和竞争状况；比较分析与其他地区肉脯生产企业的竞争优劣势，与主要ODM客户合作是否具有可持续性，是否存在被替代的风险；是否具备开拓其他ODM客户的能力。

2021年8月23日，××股份提交撤回首次公开发行股票并在创业板上市申请文件，8月30日深交所发布终止××股份在创业板上市的审核。

2.2 北交所的转板机制

1. 创新层公司转板到北交所上市

转板上市是指非上市公众公司转板到各交易所上市。由于北交所坚持上市公司应来自创新层挂牌公司，因此新三板企业可通过"基础层—创新层—北交所"或"创新层—北交所"的路径完成在北交所的上市。

新三板企业：可以在新三板运行满12个月申请进入北交所实现上市（申请时应为创新层公司）。

非新三板企业：非新三板企业可以选择在新三板的基础层或创新层挂牌，再申请进入北交所实现上市。

北交所上市途径如图2-3所示。

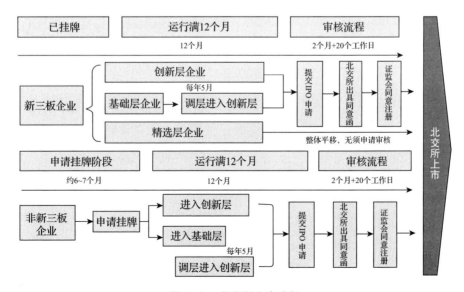

图2-3 北交所上市途径

2. 精选层转板上市（过渡性政策）

2021年2月26日，沪深交易所正式发布了《全国中小企业股份转让系统挂牌公司向上海证券交易所科创板转板上市办法（试行）》《深圳证券交易所关于全国中小企业股份转让系统挂牌公司向创业板转板上市办法（试行）》，全国股转公司同步发布实施《全国中小企业股份转让系统挂牌公司转板上市监管指引》，明确了转板条件、限售要求、转板上市审核、转板上市保荐、交易机制衔接等安排。

2021年7月23日，为保障转板上市制度平稳落地实施，顺利推进符合条件的新三板精选层挂牌向科创板、创业板转板上市，沪深两交易所分别发布了多项与转板上市相关的配套规则。

（1）转板范围

精选层连续挂牌一年以上，且最近一年内不存在调出精选层的情形。

（2）转板条件

1）科创板/创业板上市规则等法律法规所要求的发行条件。

2）转板公司及其控股股东、实际控制人不存在最近3年受到中国证监会行政处罚，因涉嫌违法违规被中国证监会立案调查，尚未有明确结论意见，或者最近12个月受到全国股转公司公开谴责等情形。

3）股本总额不低于人民币3 000万元。

4）股东人数不少于1 000人。

5）公众股东持股比例达到转板公司股份总数的25%以上；转板公司股本总额超过人民币4亿元的，公众股东持股的比例为10%以上。

6）董事会审议通过转板上市相关事宜决议公告日前连续60个交易日（不包括股票停牌日）通过精选层竞价交易方式实现的股票累计成交量不低于1 000万股。

7）市值及财务指标符合科创板/创业板上市规则所规定的标准（市

值按照转板公司提交转板上市申请日前 20 个交易日、60 个交易日、120 个交易日（不包括股票停牌日）收盘市值算术平均值的孰低值为准）。

8）交易所规定的其他转板上市条件（兜底条款）。

（3）转板程序

由于转板公司在沪深交易所上市不涉及新股发行，且在精选层小 IPO 时已经履行过证监会注册流程，所以转板程序采用的是交易所审核 + 证监会备案的方式。

基本流程为：转板公司董事会、股东大会决策——→保荐人提交转板上市申请文件及转板上市保荐书等材料——→交易所受理并披露相关材料——→交易所审核、问询，转板公司及中介机构回复——→上市委员会审议——→交易所做出同意转板上市的决定——→通报全国股转公司，并报中国证监会备案。

随着北交所的设立，精选层公司将全部平移至北交所市场交易，故上述转板上市的相关规定为临时性政策。截至 2021 年 11 月 15 日，享受上述短暂政策红利的是观典防务（832317）。观典防务分别于 2021 年 8 月 11 日和 2021 年 8 月 26 日召开第三届董事会第九次会议和 2021 年第一次临时股东大会，审议通过了《关于公司申请向上海证券交易所科创板转板上市的议案》，并已正式向上交所递交了转科创板上市申请，已受理并停牌，这也可能是唯一一家从精选层正式申请转板上市的公司。

随着北交所的开市，精选层退出历史舞台，精选层的转板上市将是一个划时代的里程碑事件。

3. 北交所上市后转板

2021 年 10 月 30 日，为进一步明确北交所的转板相关事项，中国证监会对《关于全国中小企业股份转让系统挂牌公司转板上市的指导意见》作了修订，形成《关于北京证券交易所上市公司转板的指导意见（征求意见稿）》（以下简称"《指导意见》"），向社会公开征求意见。

《指导意见》共修订15处，主要包括以下5个方面。

一是调整制定依据。删除《国务院关于全国中小企业股份转让系统有关问题的决定》（国发〔2013〕49号文）。

二是名称修订。将其中"全国股转公司""精选层公司"修改为"北交所""北交所上市公司"，将"转板上市"改为"转板"。

三是明确上市时间计算。北交所上市公司申请转板，应当已在北交所上市满一年，其在精选层挂牌时间和北交所上市时间可合并计算。

四是股份限售安排。明确北交所上市公司转板后的股份限售期，原则上可以扣除在精选层和北交所已经限售的时间。

五是对相关条文的内容作了适应性调整。

上述《指导意见》的征求意见稿基本平移了先前精选层转板上市指导意见，由于北交所已经是上市公司，只是上市地的变更而已，所以将转板上市改为转板。在上市期和限售期的时限计算方面，认可了企业在精选层的时间，保证了平移前后时间上的连续性。特别是在北交所开市前后的特殊性过渡期安排上，维持了政策的连贯性，"对于北交所开市前向沪深交易所提交申请的，适用原指导意见及配套规则。对于北交所开市后、《指导意见》及配套规则正式生效前，向沪深交易所提交转板申请的企业，沪深交易所参照原有规则进行受理和审核"，进一步保障了转板政策的无缝衔接。

北交所转板途径如图2-4所示。

北交所的转板制度与精选层转板制度基本一致，即北交所上市公司可以转板至科创板或者创业板上市。

（1）转板范围

根据《中国证监会关于北京证券交易所上市公司转板的指导意见

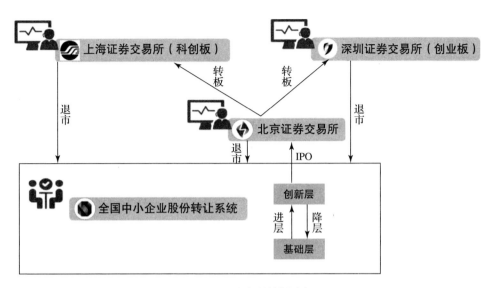

图 2-4 北交所转板途径

（征求意见稿）》，北交所上市公司申请转板，应当已在北交所连续上市满一年，且符合转入板块的上市条件。公司在北交所上市前，已在全国中小企业股份转让系统精选层挂牌的，精选层挂牌时间与北交所上市时间合并计算。试点期间，符合条件的北交所上市公司可以申请转板至上交所科创板或深交所创业板。转板条件应当与首次公开发行并在上交所、深交所上市的条件保持基本一致，上交所、深交所可以根据监管需要提出差异化要求。

（2）转板条件

转板公司应符合《创业板首次公开发行股票注册管理办法（试行）》《科创板首次公开发行股票注册管理办法（试行）》规定中的发行条件。在市值和财务指标方面，转板公司应符合《上海证券交易所科创板股票上市规则》《深圳证券交易所创业板股票上市规则》规定中的上市标准。科创板和创业板上市指标对比如表2-6、表2-7所示。

表 2-6 科创板注册制上市条件

企业类型		上市条件	市值	净利润	营业收入	研发投入	经营性现金流	行业竞争
一般企业		标准一	≥ 10 亿元	最近两年净利润均 >0 且累计净利润 ≥ 5000 万元, 或者最近一年净利润 >0 且营业收入 ≥ 1 亿元				
		标准二	≥ 15 亿元		最近一年 ≥ 2 亿元	最近 3 年累计研发投入占累计营业收入 ≥ 15%		
		标准三	≥ 20 亿元		最近一年 ≥ 3 亿元		最近 3 年累计 ≥ 1 亿元	
		标准四	≥ 30 亿元		最近一年 ≥ 3 亿元			
		标准五	≥ 40 亿元			主要业务或产品需经国家有关部门批准, 市场空间大, 目前已取得阶段性成果。医药行业企业需至少有一项核心产品获准开展二期临床试验, 其他符合科创板定位的企业需具备明显的技术优势并满足相应条件		
红筹企业	红筹企业（境外未上市）	标准一	预计 ≥ 100 亿元					
		标准二	预计 ≥ 50 亿元		最近一年 ≥ 5 亿元			
	红筹企业（境外已上市）	标准一	≥ 2 000 亿元					
		标准二	>200 亿元					拥有自主研发、国际领先技术, 科技创新能力较强, 同行业竞争中处于相对优势地位

（续）

企业类型	上市条件	市值	净利润	营业收入	研发投入	经营性现金流	行业竞争
表决权差异	标准一	≥ 100 亿元					
	标准二	≥ 50 亿元		≥ 5 亿元			
科创板属性	一、支持和鼓励科创板定位规定的相关行业领域中，同时符合下列 4 项指标的企业申报科创板上市：（1）最近三年研发投入占营业收入比例 5% 以上，或最近三年研发投入金额累计在 6 000 万元以上；（2）研发人员占当年员工总数的比例不低于 10%；（3）形成主营业收入的发明专利 5 项以上；（4）最近三年营业收入复合增长率达到 20%，或最近一年营业收入金额达到 3 亿元。采用《上海证券交易所科创板股票发行上市审核规则》第二十二条第（五）款规定的上市标准申报科创板上市的企业可不适用上述第（4）项指标中关于"营业收入"的规定；软件行业不适用上述第（3）项指标的要求，研发投入占比应在 10% 以上二、支持和鼓励科创板定位规定的相关行业领域中，虽未达到前述指标，但符合下列情形之一的企业申报科创板上市：（1）发行人拥有的核心技术经国家经主管部门认定为国家重大战略具有重要意义；（2）发行人作为主要参与单位或者发行人的核心技术人员作为主要参与人员，引领作用或者对于国家战略科技进步奖、国家自然科学奖、国家技术发明奖，国家相关科技重大专项目主要运用于公司主营业务；（3）发行人独立或牵头承担与主营业务相关的国家重大科技专项目；（4）发行人依靠核心技术形成的主要产品（服务），属于国家鼓励、支持和推动的关键领域、关键零部件、关键材料等，实现了进口替代；（5）形成核心技术和主营业务收入的发明专利（含国防专利）合计 50 项以上三、限制金融科技、模式创新企业在科创板上市。禁止房地产和主要从事金融、投资类业务的企业在科创板上市						
主体资格	依法设立且合法存续的股份有限公司						
经营年限	持续经营三年以上，有限责任公司按原账面净资产值折股整体变更为股份有限公司的，持续经营时间可以从有限责任公司成立之日起计算						
股本要求	发行后股本总额不低于 3 000 万元						

（续）

企业类型	上市条件	市值	净利润	营业收入	研发投入	经营性现金流	行业竞争
主营业务	生产经营符合法律、行政法规和公司章程的规定，符合国家产业政策；最近三年内主营业务没有发生重大变化						
规范运行	发行人已经依法建立健全股东大会、董事会、监事会、独立董事、董事会秘书制度，相关机构和人员能够依法履行职责						
控制权和管理团队	最近两年内董事、高级管理人员没有发生重大变化，实际控制人没有发生变更						

表 2-7 创业板注册制上市条件

企业类型	上市条件	市值	净利润	营业收入
一般企业	标准一		最近两年>0且累计≥5000万元	
	标准二	≥10亿元	最近一年>0	≥1亿元
	标准三	≥50亿元		≥3亿元
红筹企业	标准一	≥100亿元		快速增长
	标准二	≥50亿元		快速增长，最近1年≥5亿元
表决权差异	标准一	≥100亿元	最近一年>0	
	标准二	≥50亿元		≥5亿元
营业收入快速增长，指符合下列标准之一：（一）最近一年营业收入不低于5亿元的，最近三年营业收入复合增长率10%以上；（二）最近一年营业收入低于5亿元的，最近三年营业收入复合增长率20%以上；受行业周期性波动等因素影响，行业整体处于下行周期的，发行人最近三年营业收入复合增长率高于同期可比公司同行业平均增长水平。处于研发投入阶段的红筹企业和对国家创新驱动发展战略具有重要意义的红筹企业，不适用"营业收入快速增长"的规定				
主体资格	依法设立且合法存续的股份有限公司			

(续)

企业类型	上市条件	市值	净利润	营业收入
经营年限		持续经营三年以上，有限责任公司按原账面净资产值折股整体变更为股份有限公司的，持续经营时间可以从有限责任公司成立之日起计算		
股本要求		发行后股本总额不低于 3 000 万元		
主营业务		生产经营符合法律、行政法规和公司章程的规定，符合国家产业政策；最近三年内主营业务没有发生重大变化		
规范运行		发行人已经依法建立健全股东大会、董事会、监事会、独立董事、董事会秘书制度，相关机构和人员能够依法履行职责		
控制权和管理团队		最近两年内董事、高级管理人员没有发生重大变化，实际控制人没有发生变更		

（3）转板程序

转板属于股票上市地的变更，不涉及股票公开发行，依法无须经中国证监会核准或注册，由上交所、深交所依据上市规则进行审核并做出决定。转板程序主要包括：企业履行内部决策程序后提出转板申请，上交所、深交所审核并做出是否同意上市的决定，企业在北交所终止上市后，在上交所或深交所上市交易。

北交所转板流程如图 2-5 所示。

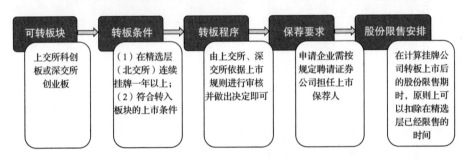

图 2-5　北交所转板流程

（4）转板股份的限售

北交所上市公司转板的，股份限售应当遵守法律法规及沪深交易所业务规则的规定。在计算北交所上市公司转板后的股份限售期时，原则上可以扣除在全国股转系统精选层和北交所已经限售的时间。沪深交易所对转板公司的控股股东、实际控制人、董监高等所持股份的限售期作出规定。

2.3 精选层已审核企业情况

截至 2021 年 11 月 5 日，精选层已核准公司家数为 82 家。已核准公司 2020 年平均营业收入为 5.99 亿元，中位数为 3.2 亿元，平均净利润为

7 056.76万元，中位数为4 942.96万元，发行市盈率为24.5倍，共计募集资金173.94亿元，平均募集资金2.12亿元，另1家公司已通过挂牌委的审核，正在核准中；审核中的公司共计50家，审核中企业平均营收为3.44亿元，中位数为2.49亿元；平均净利润为4 228.26万元，中位数为3 407.34万元。

第3章 北交所上市流程

申请在北交所上市需同时符合发行条件与上市条件，发行条件主要规定为《北京证券交易所向不特定合格投资者公开发行股票注册管理办法（试行）》（以下简称"《注册管理办法》"），上市条件主要为《北京证券交易所股票上市规则（试行）》。

北交所上市实行注册制，与科创板、创业板审核政策总体保持一致，企业上市申请由北交所审核、中国证监会注册。

3.1 发行审核规则制度理念

2021年10月30日，《北京证券交易所向不特定合格投资者公开发行股票并上市审核规则（试行）》（以下简称"《发行上市审核规则》"）经中国证监会批准，正式发布，自2021年11月15日起施行。

《发行上市审核规则》共七章六十七条，包括总则、申请与受理、审核内容与方式、审核程序、特殊情形处理、自律管理和附则，主要内容有四点。

一是交易所审核职责。重点对发行人是否符合发行条件、上市条件和信息披露要求进行审核，通过一轮或多轮的审核问询，督促发行人真实、准确、完整地披露信息。

二是具体审核程序。设立发行上市审核机构，对发行人的发行上市申请文件进行审核，出具审核报告，提请上市委员会审议。北交所出具同意发行上市的审核意见的，连同发行上市申请文件和相关审核资料报送向中国证监会履行注册程序。

三是审核时限要求。北交所自受理之日起 2 个月内出具发行人符合发行条件、上市条件和信息披露要求的审核意见或者做出终止发行上市审核的决定，发行人及中介机构回复问询的时间不计算在内，且回复时间总计不超过 3 个月，并就不计算在前述时限内的具体情形进行了规定。此外，上市委员会可以对发行人的发行上市申请暂缓审议，暂缓审议时间不超过 2 个月。

四是加强自律监管。进一步强化对发行人及中介机构等相关主体的违规责任追究，细化违规情形。对于严重违规，北交所可以采取一定期限内不接受发行上市申请文件或信息披露文件、认定为不适当人选等纪律处分，与中国证监会发行注册相关部门规章中的违规处理相衔接，总体要求与科创板、创业板保持一致。

3.2 审核与注册分工

《发行上市审核规则》明确交易所审核与中国证监会注册的衔接分工，实行"一次申报、一次受理"。规则明确了注册制下交易所的审核职能，北交所受理发行申请文件并审核通过后，报中国证监会履行注册程序即可。北交所申请上市流程如图 3-1 所示。

中国证监会与交易所职责清晰，分工明确，前后衔接，中国证监会与北交所职责划分如表 3-1 所示：

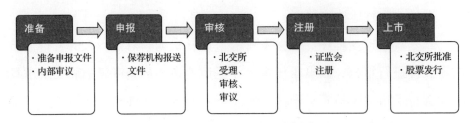

图 3-1　北交所申请上市流程

表 3-1　中国证监会与北交所职责划分

北交所审核	判断发行人是否符合发行条件、上市条件和信息披露要求
中国证监会注册	关注北交所发行上市审核内容有无遗漏，审核程序是否合规，发行人在发行条件和信息披露要求的重大方面是否合规

根据《全国中小企业股份转让系统股票向不特定合格投资者公开发行并在精选层挂牌规则（试行）》，精选层制度安排要求在全国股转公司受理材料并完成自律审查后，需代发行人向中国证监会报送核准申请文件。实际上是两次受理，股转公司受理一次，履行核准程序的时候又受理一次，而北交所无须中国证监会重复受理，因此免去了原有的二次受理环节，简化了流程，审核效率进一步优化。

根据《注册管理办法》，北交所可以设立行业咨询委员会，负责为发行上市审核提供专业咨询和政策建议。北交所设立上市委员会，负责对审核部门出具的审核报告和发行人的申请文件提出审议意见。上市委员会是北交所设立独立的审核部门，负责审核发行人公开发行并上市申请。

3.3　审核与注册程序

1. 北交所上市流程

根据《发行上市审核规则》，北交所的上市流程规定较为细致，从预沟通至启动发行工作，环环相扣，各环节中对各主体的分工与责任以及时限都做出了具体规定。

（1）预沟通

根据《发行上市审核规则》，在提交发行上市申请文件前，发行人及其保荐机构可以就重大疑难、重大无先例事项等涉及业务规则理解与适用的问题，向北交所提出书面咨询；确需当面咨询的，应当预约。

（2）申请与受理

完成准备工作后，发行人可以进行申报，北交所在5个工作日内做出是否受理的决定。

根据《北京证券交易所向不特定合格投资者公开发行股票并上市业务办理指南第1号——申报与审核》，发行人及其保荐机构、证券服务机构应当按照公开发行股票并上市相关规则准备申请文件、办理相关事项，由保荐机构通过北交所发行上市审核系统进行相关业务操作。

申请文件不符合《受理检查要点》要求的，北交所一次性告知需补正事项，补正时限最长不得超过30个工作日。多次补正的，补正时间累计计算。

2. 问询及回复

正式受理后，交易所将在20个工作日内开启首轮问询审核，北交所主要通过向发行人提出审核问询、发行人回答问题方式开展审核工作，判断发行人是否符合发行条件、上市条件和信息披露要求。发行人及保荐机构自收到审核问询之日起20个工作日内提交回复文件。

根据《北京证券交易所向不特定合格投资者公开发行股票并上市业务办理指南第1号——申报与审核》，预计难以在规定时间内回复的，保荐机构可申请延期回复，延期一般不超过20个工作日。发行人或保荐机构认为拟披露的回复信息属于国家秘密、商业秘密，披露后可能导致其违反国家有关保密的法律法规或者严重损害公司利益的，须提交脱密处理后的问询回复。北交所经审核认为豁免理由不成立的，发行人应当按照规定予以披露。

首轮审核问询后，存在下列情形之一的，北交所审核机构收到回复后 10 个工作日内可以继续提出审核问询：

（一）首轮审核问询后，发现新的需要问询事项。

（二）发行人及其保荐机构、证券服务机构的回复未能有针对性地回答北交所审核机构提出的审核问询，或者北交所就其回复需要继续审核问询。

（三）发行人的信息披露仍未满足中国证监会和北交所规定的要求。

（四）北交所认为需要继续审核问询的其他情形。

3. 现场检查

北交所根据审核需要，通过对发行人实施现场检查，要求保荐人和证券服务机构对有关事项进行专项核查等方式要求发行人补充，直到审核机构认为不需要进一步问询后，向上市委员会出具审核报告。

4. 上市委审议

上市委员会通过问询等方式进行审核并出具审核意见。自受理之日起至交易所出具审核意见不超过两个月，但其中发行人回复时间及现场检查时间（累计不超过三个月）都不计入审核时限。

根据《北京证券交易所向不特定合格投资者公开发行股票并上市业务办理指南第 1 号——申报与审核》，保荐机构应当最晚于上市委员会审议会议召开前两个工作日，通过审核系统查询现场问询问题清单，收到问题清单的，应当按照要求安排上会人员，并做好上会准备。

5. 中国证监会注册

在北交所审核通过后，由北交所将审核意见及材料报送中国证监会，由中国证监会最终做出是否准予注册的决定。

根据《北京证券交易所向不特定合格投资者公开发行股票并上市业务办理指南第 1 号——申报与审核》，中国证监会在注册过程中，如要求北交所进一步问询的，北交所将通过审核系统发出问询。保荐机构可以在审核系统模块查询。

北交所认为发行人不符合发行条件或者信息披露要求，做出终止发行上市审核决定，或者中国证监会做出不予注册决定的，自决定做出之日起 6 个月后，发行人可以再次提出公开发行股票并上市申请。

6. 发行人发布招股意向/说明书

根据《发行上市审核规则》，发行人在取得中国证监会予以注册的决定后，启动股票公开发行前，应当在北交所网站披露招股意向书或招股说明书。发行人采取询价或竞价方式发行的，发行价格确定后五个工作日内，发行人应当在北交所网站刊登招股说明书。招股说明书的有效期为六个月。

7. 发行上市

根据《北京证券交易所股票上市规则（试行）》，发行人公开发行股票经中国证监会注册并完成发行后，应向北交所提出股票上市申请。北交所收到发行人完备的上市申请文件后 5 个交易日内，做出是否同意上市的决定。发行人应当于股票上市前 3 个交易日内，在符合《证券法》规定的信息披露平台披露上市公告书、公司章程等北交所要求的其他文件。

北交所上市流程如图 3-2 所示。

另外，《发行上市审核规则》延长了财务报告的有效期，即招股说明书中引用的财务报表有效期为 6 个月不变，但特别情况下可申请延长的期限从 1 个月调整为 3 个月，即将财务报告有效期由 "6+1" 延长至

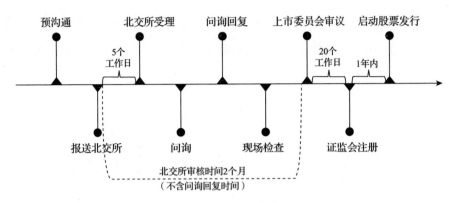

图 3-2 北交所上市流程

"6+3"。相较于精选层原有的"6+1"制度,北交所这一放宽性举措是向现行的 A 股制度看齐,其目的是降低企业因财务报告到期而受到的影响。北交所与精选层财务报表有效期对比如表 3-2 所示。

表 3-2 北交所与精选层财务报表有效期对比

	北交所	精选层
公司招股说明书中引用的财务报表有效期	6 个月	6 个月
特别情况下可申请延长的期限	3 个月	1 个月

北交所上市审核的详细流程如表 3-3 所示。

表 3-3 北交所上市审核详细流程

阶段	说明
一、北交所审核	
1. 报送文件	发行人申请公开发行股票并上市的,其保荐机构应通过审核系统报送以下文件: (1)中国证监会规定的招股说明书、发行保荐书、审计报告、法律意见书、公司章程、股东大会决议等注册申请文件; (2)上市保荐书; (3)北交所要求的其他文件。 发行上市申请文件的内容与格式应当符合中国证监会和北交所的相关规定

(续)

阶段	说明
2.审核机构受理	北交所收到上市申请文件后，对申请文件的齐备性进行核对，并在五个工作日内做出是否受理的决定。 （1）发行上市申请文件齐备的，出具受理通知； （2）发行上市申请文件不齐备的，一次性告知需要补正的事项。补正时限最长不得超过三十个工作日。多次补正的，补正时间累计计算。 （3）存在下列情形之一的，北交所不予受理： ● 发行上市申请文件不齐备且未按要求补正； ● 保荐机构、证券服务机构及其相关人员不具备相关资质；或者因证券违法违规，被采取认定为不适当人选、限制业务活动、一定期限内不接受其出具的相关文件等相关措施，尚未解除；或者因公开发行股票并上市、上市公司证券发行、并购重组业务涉嫌违法违规，或其他业务涉嫌违法违规且对市场有重大影响被立案调查、侦查，尚未结案； ● 存在尚未实施完毕的股票发行、重大资产重组、可转换为股票的公司债券发行、收购、股票回购等情形； ● 北交所规定的其他情形。 保荐机构报送的发行上市申请文件在十二个月内累计两次被不予受理的，自第二次收到北交所不予受理通知之日起三个月后，方可报送新的发行上市申请文件
3.审核机构审核	（1）首轮问询及回复： 北交所审核机构自受理之日起二十个工作日内，通过审核系统发出首轮审核问询。发行人及其保荐机构、证券服务机构在收到审核问询之日起二十个工作日内通过审核系统提交回复文件。预计难以在规定的时间内回复的，保荐机构应当及时提交延期回复申请，说明延期理由及具体回复时限，延期一般不超过二十个工作日。 （2）首轮审核问询后，存在下列情形之一的，北交所审核机构收到发行人回复后十个工作日内可以继续提出审核问询： ● 首轮审核问询后，发现新的需要问询事项； ● 发行人及其保荐机构、证券服务机构的回复未能有针对性地回答北交所审核机构提出的审核问询，或者北交所就其回复需要继续审核问询； ● 发行人的信息披露仍未满足中国证监会和北交所规定的要求； ● 北交所认为需要继续审核问询的其他情形。 （3）审核过程中，可以根据需要约见问询发行人的控股股东、实际控制人、董事、监事、高级管理人员以及保荐机构、证券服务机构及其相关人员，调阅发行人、保荐机构、证券服务机构与本次发行上市申请相关的资料。 （4）审核过程中，发现发行上市申请文件存在重大疑问且发行人及其保荐机构、证券服务机构回复中无法做出合理解释的，可以对发行人及其保荐机构、证券服务机构进行现场检查。 （5）北交所审核机构收到问询回复后，认为不需要进一步问询的，出具审核报告并提请上市委员会审议

（续）

阶段	说明
4. 上市委员会审议	上市委员会进行审议时要求对发行人及其保荐机构进行现场问询的，发行人代表及保荐代表人应当到会接受问询，回答参会委员提出的问题。 上市委员会审议时，参会委员就审核报告的内容和审核机构提出的初步审核意见发表意见，通过合议形成发行人是否符合发行条件、上市条件和信息披露要求的审议意见。 暂缓审议的审议意见：发行人存在发行条件、上市条件或者信息披露方面的重大事项有待进一步核实，无法形成审议意见的，经会议合议，上市委员会可以对该发行人的发行上市申请暂缓审议，暂缓审议时间不超过两个月。对发行人的同一发行上市申请，上市委员会只能暂缓审议一次
5. 北交所审核	北交所结合上市委员会审议意见，出具发行人符合发行条件、上市条件和信息披露要求的审核意见或做出终止发行上市审核的决定。 （1）出具发行人符合发行条件、上市条件和信息披露要求的审核意见。 （2）中止发行上市审核的情形： ● 发行人及其控股股东、实际控制人涉嫌贪污、贿赂、侵占财产、挪用财产或者破坏社会主义市场经济秩序的犯罪，或者涉嫌欺诈发行、重大信息披露违法或其他涉及国家安全、公共安全、生态安全、生产安全、公众健康安全等领域的重大违法行为，被立案调查或者被司法机关立案侦查，尚未结案； ● 发行人的保荐机构或者签字保荐代表人以及律师事务所、会计师事务所等证券服务机构或者相关签字人员因公开发行股票并上市、上市公司证券发行、并购重组业务涉嫌违法违规，或者其他业务涉嫌违法违规且对市场有重大影响，正在被中国证监会立案调查，或者正在被司法机关侦查，尚未结案； ● 发行人的保荐机构以及律师事务所、会计师事务所等证券服务机构被中国证监会依法采取限制业务活动、责令停业整顿、指定其他机构托管、接管等措施，或者被北交所实施一定期限内不接受其出具的相关文件的纪律处分，尚未解除； ● 发行人的签字保荐代表人、签字律师、签字会计师等中介机构签字人员被中国证监会依法采取认定为不适当人选等监管措施或者证券市场禁入的措施，或者被北交所实施一定期限内不接受其出具的相关文件的纪律处分，尚未解除； ● 发行上市申请文件中记载的财务资料已过有效期，需要补充提交； ● 发行人及保荐机构主动要求中止审核，理由正当并经北交所同意； ● 北交所规定的其他情形。 （3）终止发行上市审核的情形： ● 发行人撤回申请或者保荐机构撤销保荐； ● 发行人的法人资格终止； ● 发行上市申请文件被认定存在虚假记载、误导性陈述或者重大遗漏；

（续）

阶段	说明
5.北交所审核	● 发行上市申请文件内容存在重大缺陷，严重影响投资者理解和北交所审核； ● 发行人未在规定时限内回复北交所审核问询或者未对发行上市申请文件做出解释说明、补充修改； ● 《北京证券交易所向不特定合格投资者公开发行股票并上市审核规则（试行）》第五十条第一款规定的中止审核情形未能在三个月内消除，或者未能在《北京证券交易所向不特定合格投资者公开发行股票并上市审核规则（试行）》第五十一条规定的时限内完成相关事项； ● 发行人拒绝、阻碍或逃避北交所依法实施的检查、核查； ● 发行人及其关联方以不正当手段严重干扰北交所审核工作； ● 北交所审核认为发行人不符合发行条件、上市条件或信息披露要求。 北交所自受理发行上市申请文件之日起两个月内形成审核意见，但发行人及其保荐机构、证券服务机构回复北交所审核问询的时间不计算在内。发行人及其保荐机构、证券服务机构回复北交所审核问询的时间总计不超过三个月。 北交所规则规定的中止审核、请示有权机关、落实上市委员会意见、暂缓审议、处理会后事项、实施现场检查、要求进行专项核查，并要求发行人补充、修改申请文件等情形，不计算在前款规定的时限内
二、中国证监会注册	
	北交所审核通过的，向中国证监会报送发行人符合发行条件、上市条件和信息披露要求的审核意见、相关审核资料和发行人的发行上市申请文件。 中国证监会发行注册主要关注北交所发行上市审核内容有无遗漏，审核程序是否符合规定，以及发行人在发行条件和信息披露要求的重大方面是否符合相关规定。 中国证监会在二十个工作日内对发行人的注册申请做出同意注册或不予注册的决定，通过要求北交所进一步问询、要求保荐人和证券服务机构等对有关事项进行核查、对发行人现场检查等方式要求发行人补充、修改申请文件的时间不计算在内。 （1）中国证监会准予注册的决定： ● 中国证监会的予以注册决定，自做出之日起一年内有效，发行人应当在注册决定有效期内发行股票，发行时点由发行人自主选择。 ● 北交所认为发行人不符合发行条件或者信息披露要求，做出终止发行上市审核决定，或者中国证监会做出不予注册决定的，自决定做出之日起六个月后，发行人可以再次提出公开发行股票并上市申请。 （2）中国证监会继续问询：中国证监会要求北交所进一步问询的，北交所向发行人及其保荐机构、证券服务机构提出反馈问题。 （3）退回北交所补充审核：中国证监会决定退回北交所补充审核的，北交所审核机构对要求补充审核的事项重新审核，并提交上市委员会审议。 ● 北交所审核通过的，重新向中国证监会报送审核意见及相关资料，期限按照20个工作日重新计算； ● 审核不通过的，做出终止发行上市审核的决定

（续）

阶段	说明
三、股票发行上市	
1. 发布招股意向/说明书	（1）披露招股说明书：发行人在取得中国证监会予以注册决定后，启动股票公开发行前，应当在北交所网站披露招股意向书或招股说明书。发行人采取询价或竞价方式发行的，发行价格确定后五个工作日内，发行人应当在北交所网站刊登招股说明书。 （2）有效期间： ● 招股说明书的有效期为六个月，自公开发行前最后一次签署之日起算。发行人应当使用有效期内的招股说明书完成本次发行。 ● 招股说明书中引用的财务报表在其最近一期截止日后六个月内有效。特别情况下发行人可以申请适当延长，延长至多不超过三个月。财务报表应当以年度末、半年度末或者季度末为截止日
2. 发行上市	（1）发行人公开发行股票经中国证监会注册并完成发行后，应当提交下列文件，向北交所提出股票上市申请： 1）上市申请书； 2）中国证监会同意注册的决定； 3）公开发行结束后，符合《证券法》规定的会计师事务所出具的验资报告； 4）中国证券登记结算有限责任公司北京分公司出具的股票登记相关文件； 5）保荐机构关于办理完成限售登记及符合相关规定的承诺； 6）公开发行后至上市前，按规定新增的财务资料和有关重大事项的说明（如适用）； 7）北交所要求的其他文件。 （2）北交所收到发行人完备的上市申请文件后5个交易日内，做出是否同意上市的决定。 发行人发生对是否符合上市条件和信息披露要求产生重大影响的重大事项，北交所可提请上市委员会进行审议，审议时间不计入前款规定期限。 （3）发行人应当于股票上市前3个交易日内，在符合《证券法》规定的信息披露平台披露下列文件： 1）上市公告书； 2）公司章程； 3）北交所要求的其他文件

8. 各板块审核时限

根据《上海证券交易所科创板股票发行上市审核规则》《深圳证券交易所创业板股票发行上市审核规则》和《注册管理办法》等相关规定，注册制下北交所、上交所科创板、深交所创业板的审核时限具体如表

3-4 所示。

表 3-4 北交所、上交所科创板、深交所创业板审核时限对比

对比	北交所	科创板	创业板
受理时间	收到发行上市申请文件后，对申请文件的齐备性进行核对，并在五个工作日内做出是否受理的决定	收到发行上市申请文件后五个工作日内，对文件进行核对，做出是否受理的决定	收到发行上市申请文件后五个工作日内，对文件进行核对，做出是否受理的决定
问询、回复时间	自受理之日起二十个工作日内，通过审核系统发出首轮审核问询。发行人及其保荐机构、证券服务机构应当按照审核问询要求进行必要的补充调查和核查，及时、逐项回复审核问询事项，补充或者修改相应发行上市申请文件，在收到审核问询之日起二十个工作日内通过审核系统提交回复文件。预计难以在规定的时间内回复的，保荐机构应当及时提交延期回复申请，说明延期理由及具体回复时限，延期一般不超过二十个工作日。发行人及其保荐机构、证券服务机构回复北交所审核问询的时间总计不超过三个月	发行上市审核机构自受理之日起二十个工作日内，通过保荐人向发行人提出首轮审核问询。发行人及其保荐人、证券服务机构回复上交所审核问询的时间总计不超过三个月	发行上市审核机构自受理之日起二十个工作日内，通过保荐人向发行人提出首轮审核问询。发行人及其保荐人、证券服务机构回复深交所审核问询的时间总计不超过三个月
交易所审核时间	自受理发行上市申请文件之日起两个月内形成审核意见	自受理发行上市申请文件之日起，上交所审核和中国证监会注册的时间总计不超过三个月	自受理发行上市申请文件之日起，深交所审核和中国证监会注册的时间总计不超过三个月
中国证监会决定时间	中国证监会在二十个工作日内对发行人的注册申请做出同意注册或不予注册的决定	中国证监会在二十个工作日内对发行人的注册申请做出同意注册或不予注册的决定	中国证监会在二十个工作日内对发行人的注册申请做出同意注册或不予注册的决定

注册制下的北交所审核整体流程与创业板、科创板非常相似，差异主要体现在交易所审核和中国证监会注册环节，北交所是交易所两个月内形成审核意见和中国证监会二十个工作日内注册（或不予注册），而沪

深交易所是交易所审核和中国证监会注册总时间不超过三个月。

3.4 审核中止、终止情形

企业申请公开发行股票并上市是一个漫长的过程，自提交上市申请文件起，该上市项目审核状态便不断发生变化，可能会经历受理、问询、上市委审议、中止、终止、提交注册、注册生效等各种状态。其中，审核、注册程序中的"中止"与"终止"是项目审核状态中导致企业上市时间延长的两种情形。

1. 审核中止

根据《注册管理办法》及《发行上市审核规则》，存在下列情形之一的，发行人、保荐人应当及时书面报告北交所或者中国证监会，北交所或者中国证监会应当中止相应发行上市审核程序或者发行注册程序：

（一）发行人及其控股股东、实际控制人涉嫌贪污、贿赂、侵占财产、挪用财产或者破坏社会主义市场经济秩序的犯罪，或者涉嫌欺诈发行、重大信息披露违法或其他涉及国家安全、公共安全、生态安全、生产安全、公众健康安全等领域的重大违法行为，被立案调查或者被司法机关立案侦查，尚未结案。

（二）发行人的保荐人或者签字保荐代表人以及律师事务所、会计师事务所等证券服务机构或者相关签字人员因公开发行股票并上市、上市公司证券发行、并购重组业务涉嫌违法违规，或者其他业务涉嫌违法违规且对市场有重大影响，正在被中国证监会立案调查，或者正在被司法机关侦查，尚未结案。

（三）发行人的保荐人以及律师事务所、会计师事务所等证券服务机构被中国证监会依法采取限制业务活动、责令停业整顿、指定其他机构托管、接管等措施,或者被北交所实施一定期限内不接受其出具的相关文件的纪律处分,尚未解除。

(四)发行人的签字保荐代表人、签字律师、签字会计师等中介机构签字人员被中国证监会依法采取认定为不适当人选等监管措施或者证券市场禁入的措施,或者被北交所实施一定期限内不接受其出具的相关文件的纪律处分,尚未解除。

(五)发行人及保荐人主动要求中止发行上市审核程序或者发行注册程序,理由正当且经北交所或者中国证监会同意。

(六)发行人注册申请文件中记载的财务资料已过有效期,需要补充提交。

(七)中国证监会或者北交所规定的其他情形。

上述所列中止情形消失后,发行人可以提交恢复申请;因上述第(二)项规定情形中止的,保荐人以及律师事务所、会计师事务所等证券服务机构按照有关规定履行复核程序后,发行人也可以提交恢复申请。北交所或者中国证监会按照规定恢复发行上市审核程序或者发行注册程序。

因上述第(二)项至第(四)项中止审核后,发行人根据规定需要更换保荐机构或者证券服务机构的,更换后的保荐机构或者证券服务机构应当自中止审核之日起三个月内完成尽职调查,重新出具相关文件,并对原保荐机构或者证券服务机构出具的文件进行复核,出具复核意见,对差异情况做出说明。发行人根据规定无须更换保荐机构或者证券服务机构的,保荐机构或者证券服务机构应当及时向北交所出具复核报告。

因上述第(二)项至第(四)项中止审核后,发行人更换签字保荐代表人或相关签字人员,或者证券服务机构相关签字人员的,更换后的保荐代表人或者相关签字人员应当自中止审核之日起一个月内,对原保荐代表人或者相关人员签字的文件进行复核,出具复核意见,对差异情况做出说明。

因上述第（五）项、第（六）项中止审核的，发行人应当在中止审核后三个月内补充提交有效文件或者消除主动要求中止审核的相关情形。

依据规定恢复审核的，审核时限自恢复审核之日起继续计算。但发行人对其财务报告期进行调整达到一个或一个以上会计年度的，审核时限自恢复审核之日起重新起算。

根据《北京证券交易所向不特定合格投资者公开发行股票并上市业务办理指南第1号——申报与审核》，中止审核的情形消除后，保荐机构应当通过审核系统提交恢复审核申请及中止审核情形已消除的证明文件。北交所确认后，恢复审核。

2. 审核终止

根据《注册管理办法》及《发行上市审核规则》，存在下列情形之一的，北交所或者中国证监会应当终止相应发行上市审核程序或者发行注册程序，并向发行人说明理由：

（一）发行人撤回注册申请或者保荐人撤销保荐。

（二）发行人未在要求的期限内回复审核问询或者未对注册申请文件做出解释说明或者补充、修改。

（三）注册申请文件存在虚假记载、误导性陈述或者重大遗漏。

（四）发行人阻碍或者拒绝中国证监会、北交所依法对发行人实施检查、核查。

（五）发行人及其关联方以不正当手段严重干扰发行上市审核或者发行注册工作。

（六）发行人法人资格终止。

（七）注册申请文件内容存在重大缺陷，严重影响投资者理解和发行上市审核或者发行注册工作。

（八）发行人注册申请文件中记载的财务资料已过有效期且逾期三个月未更新。

（九）发行人发行上市审核程序中止超过北交所规定的时限或者发行注册程序中止超过三个月仍未恢复。

（十）北交所认为发行人不符合发行条件、上市条件或者信息披露要求。

（十一）中国证监会规定的其他情形。

发行人对北交所作出的终止发行上市审核的决定有异议的，可以在收到终止审核决定后五个工作日内，向北交所申请复审。但因发行人撤回发行上市申请或者保荐机构撤销保荐而终止审核的，发行人不得申请复审。

对北交所作出的终止发行上市审核的决定，发行人只能提出一次复审申请。复审决议做出后，发行人不得再次申请复审。

根据《北京证券交易所向不特定合格投资者公开发行股票并上市业务办理指南第1号——申报与审核》，发行人对北交所作出的终止发行上市审核的决定有异议的，可以在收到终止审核决定之日起五个工作日内，由保荐机构通过审核系统向上市委员会秘书处报送复审申请文件。

北交所认为发行人不符合发行条件或者信息披露要求，做出终止发行上市审核决定，或者中国证监会做出不予注册决定的，自决定做出之日起六个月后，发行人可以再次提出公开发行股票并上市申请。

3.5 重大事项的报告与审核

根据《发行上市审核规则》，重大事项是指可能对发行人符合发行条件、上市条件或者信息披露要求产生重大影响的事项。

1. 重大事项及时报告与审核

根据《注册管理办法》，注册申请文件受理后，未经中国证监会或者北交所同意，不得改动。发生重大事项的，发行人、保荐人、证券服务机构应当及时向北交所报告，并按要求更新注册申请文件和信息披露资料。

中国证监会收到北交所报送的审核意见、发行人注册申请文件及相关审核资料后，履行发行注册程序。发行注册主要关注北交所发行上市审核内容有无遗漏，审核程序是否符合规定，以及发行人在发行条件和信息披露要求的重大方面是否符合相关规定。中国证监会认为存在需要进一步说明或者落实事项的，可以要求北交所进一步问询。中国证监会认为北交所对影响发行条件的重大事项未予关注或者北交所的审核意见依据明显不充分的，可以退回北交所补充审核。北交所补充审核后，认为发行人符合发行条件和信息披露要求的，重新向中国证监会报送审核意见及相关资料，注册期限重新计算。

2. 重大事项引起暂缓、停止发行、上市

根据《注册管理办法》，中国证监会做出予以注册决定后、发行人股票上市交易前，发生可能影响本次发行的重大事项的，中国证监会可以要求发行人暂缓发行、上市；相关重大事项导致发行人不符合发行条件的，应当撤销注册。中国证监会撤销注册后，股票尚未发行的，发行人应当停止发行；股票已经发行尚未上市的，发行人应当按照发行价并加算银行同期存款利息返还股票持有人。

3. 未报告重大事项的处罚

根据《注册管理办法》保荐人存在下列情形之一的，中国证监会可以视情节轻重，采取暂停保荐业务资格三个月至三年的监管措施；情节特别严重的，撤销其业务资格：……(二)重大事项未报告、未披露。

发行人、保荐人、证券服务机构存在以下情形之一的，中国证监会可以视情节轻重，依法采取责令改正、监管谈话、出具警示函等监管措施：……（五）未及时报告或者未及时披露重大事项。

根据《发行上市审核规则》，发行人或者其董事、监事、高级管理人员，发行人的控股股东、实际控制人、保荐机构、证券服务机构及其相关人员，出现下列情形之一的，北交所可以视情节轻重采取口头警示、约见谈话、要求限期改正等自律监管措施，或者给予通报批评、公开谴责、三个月至一年内不接受保荐机构、证券服务机构及相关责任人员提交或签字的发行上市申请文件及信息披露文件、六个月至一年内不接受发行人提交的发行上市申请文件等纪律处分：……（六）未及时向北交所所报告相关重大事项或者未及时披露。

重大事项未向北交所报告或者未披露的，北交所对发行人给予一年至五年内不接受其提交的发行上市申请文件的纪律处分。

4. 关于发行人报道、传闻、投诉举报事宜

根据《发行上市审核规则》，北交所受理发行上市申请文件后至发行人股票上市交易前，发行人及其保荐机构应当密切关注公共媒体关于发行人的重大报道、市场传闻。相关报道、传闻与发行人信息披露存在重大差异，所涉事项可能对发行人股票上市产生重大影响，发行人及其保荐机构应当向北交所做出解释说明，并按规定履行信息披露义务；保荐机构、证券服务机构应当进行必要的核查并将核查结果向北交所报告。

在北交所受理发行上市申请文件后至发行人股票上市交易前，北交所收到与发行人发行上市相关投诉举报的，可以就投诉举报涉及的事项向发行人及其保荐机构、证券服务机构进行问询，要求发行人及其保荐机构做出解释说明，并按规定履行信息披露义务；要求保荐机构、证券服务机构进行必要核查并将核查结果向北交所报告。

第 4 章
挂牌新三板以及创新层和基础层要求

新三板从 2016 年开始实施差异化制度安排，根据《全国中小企业股份转让系统挂牌公司分层管理办法》，对挂牌公司进行分层管理，设置基础层和创新层，符合不同条件的挂牌公司分别纳入不同的市场层级管理；2019 年为了完善分层管理，优化市场层级结构，新三板又进一步增设了精选层，规定符合条件的创新层公司可以申请进入精选层。《北京证券交易所股票上市规则（试行）》中规定了"在全国股转系统连续挂牌满 12 个月的创新层挂牌公司可以申请在北交所上市"，即企业在新三板完成挂牌以后还应当进入创新层，才可拥有申请在北交所上市的资格。新三板挂牌申请北交所上市流程如图 4-1 所示。

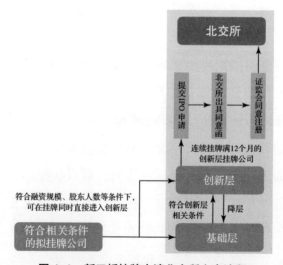

图 4-1　新三板挂牌申请北交所上市流程

4.1 如何申请新三板挂牌

自北交所成立，基础层、创新层、北交所层层递进。基础层、创新层挂牌市值及财务条件重点考核公司持续运营能力。

非新三板企业可以选择在新三板的基础层或创新层挂牌，最终再申请进入北交所实现上市。

根据《全国中小企业股份转让系统分层管理办法》（以下简称"《分层管理办法》"），当前新三板分为基础层、创新层和精选层（自北交所开市之日起，精选层成为历史），市场层级的功能定位相互衔接，各层级的融资、交易等功能逐层增强，同时，对企业的财务状况和公众化水平（投资者参与门槛）要求也逐层提高。

具体来看，基础层对企业不设盈利门槛，只需满足基本条件即可挂牌，因此该层能较好满足成长初期的企业融资需求，同时该层在投资者准入门槛和交易制度上的限制最高，这也意味着基础层挂牌公司在交易活跃度上相对最差；从创新层开始，挂牌规则初步对企业的财务指标设限，同时对投资者门槛降低，全国股转公司修改了《全国中小企业股份转让系统投资者适当性管理办法》，创新层投资者准入资金门槛由150万元调整为100万元，于2021年9月17日发布实施，为已经初具规模的中小企业提供了更好的潜在交易活跃度。

1. 新三板挂牌的条件

根据《全国中小企业股份转让系统股票挂牌条件适用基本标准指引》，全国中小企业股份转让系统有限责任公司按照"可把控、可举证、可识别"的原则，对规定的六项挂牌条件进行细化，基本标准如下：

一、依法设立且存续满两年。

（一）依法设立，是指公司依据《公司法》等法律、法规及规章的规定向公司登记机关申请登记，并已取得《企业法人营业执照》。

（二）存续两年是指存续两个完整的会计年度。

（三）有限责任公司按原账面净资产值折股整体变更为股份有限公司的，存续时间可以从有限责任公司成立之日起计算。整体变更不应改变历史成本计价原则，不应根据资产评估结果进行账务调整，应以改制基准日经审计的净资产额为依据折合为股份有限公司股本。公司申报财务报表最近一期截止日不得早于股份有限公司成立日。

二、业务明确，具有持续经营能力。

（一）业务明确，是指公司能够明确、具体地阐述其经营的业务、产品或服务、用途及其商业模式等信息。

（二）公司可同时经营一种或多种业务，每种业务应具有相应的关键资源要素，该要素组成应具有投入、处理和产出能力，能够与商业合同、收入或成本费用等相匹配。

（三）公司业务在报告期内应有持续的营运记录。营运记录包括现金流量、营业收入、交易客户、研发费用支出等。

（四）持续经营能力，是指公司在可预见的将来，有能力按照既定目标持续经营下去。

三、公司治理制度健全，合法规范经营。

（一）公司治理机制健全，是指公司按规定建立股东大会、董事会、监事会和高级管理层（以下简称"三会一层"）组成的公司治理架构，制定相应的公司治理制度，并能证明有效运行，保护股东权益。

（二）合法合规经营，是指公司及其控股股东、实际控制人、下属子公司（下属子公司是指公司的全资、控股子公司或通过其他方式纳入合并报表的公司或其他法人，下同）须依法开展经营活动，经营行为合法、合规，不存在重大违法违规行为。

四、股权明晰，股票发行和转让行为合法合规。

（一）股权明晰，是指公司的股权结构清晰，权属分明，真实确定，合法合规，股东特别是控股股东、实际控制人及其关联股东或实际支配的股东持有公司的股份不存在权属争议或潜在纠纷。

（二）股票发行和转让合法合规，是指公司及下属子公司的股票发行和转让依法履行必要内部决议、外部审批（如有）程序。

（三）公司曾在区域股权市场及其他交易市场进行融资及股权转让的，股票发行和转让等行为应合法合规；在向全国中小企业股份转让系统申请挂牌前应在区域股权市场及其他交易市场停牌或摘牌，并在全国中小企业股份转让系统挂牌前完成在区域股权市场及其他交易市场的摘牌手续。

五、主办券商推荐并持续督导。

（一）公司须经主办券商推荐，双方签署了《推荐挂牌并持续督导协议》。

（二）主办券商应完成尽职调查和内核程序，对公司是否符合挂牌条件发表独立意见，并出具推荐报告。

六、全国股份转让系统公司要求的其他条件。

2. 新三板挂牌的流程

申请新三板挂牌流程，须与主办券商签订推荐挂牌协议，作为其推荐主办券商向全国股转公司进行推荐新三板挂牌。申请新三板挂牌流程主要包括：

（1）券商及中介机构进场展开初步尽调

中介机构确定之后，一般由券商牵头，会计师先行进场，对公司财务进行前期梳理和尽调。会计师尽调之后，将发现的问题汇整，由券商项目负责人组织召开中介机构协调会，就会计师进场发现的问题进行讨论，给出草拟方案，初定股改基准日。

（2）企业按照方案股改

拟挂牌的有限责任公司进行股份制改革，整体变更为股份有限公司。申请在新三板挂牌的主体须为非上市股份有限公司，故尚处于有限责任公司阶段的拟挂牌公司首先需要启动股改程序，由有限责任公司以股改基准日经审计的净资产值整体折股变更为股份有限公司。

（3）制作申报文件

主办券商对拟上挂牌股份公司进行尽职调查，编制推荐挂牌备案文件，并承担推荐责任。主办券商推荐挂牌新三板时，应勤勉尽责地进行尽职调查，认真编制推荐挂牌备案文件，并承担推荐责任。主办券商进行尽职调查时，应针对每家拟推荐的股份公司设立专门项目小组。项目小组应与会计师事务所、律师事务所等中介机构协调配合，完成相应的审计和法律调查工作后，根据《主办券商尽职调查工作指引》，对拟新三板挂牌公司历史上存在的诸如出资瑕疵、关联交易、同业竞争等重大问题提出解决方案，制作备案文件等申报材料。

（4）主办券商内核

主办券商应设立内核机构，负责备案文件的审核。主办券商不仅应设立专门的项目小组，负责尽职调查，还应设立内核机构，负责备案文件的审核，发表审核意见。通过券商内核，正式报送全国中小企业股份转让系统。

（5）反馈及挂牌

材料报送后1个月内，监管部门会针对公司的特殊问题出具反馈意见，要求企业和各中介机构在10个工作日内完成反馈回复。需要券商负责人对时间及各机构有很强的统筹协调能力。最后，监管部门出具同意挂牌的函，由企业完成证券登记后，即可在新三板挂牌交易。新三板挂牌的流程与时间如图4-2所示。

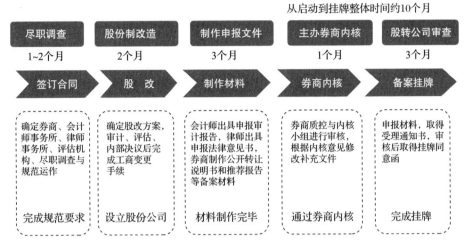

图4-2 新三板挂牌的流程与时间

3. 新三板挂牌的审查

全国股转公司审查新三板挂牌的总体理念是：严守标准底线、重在信息披露、突出中介责任、严查财务造假。

严守标准底线方面，严格遵守本章第一节明确的六项挂牌条件。重在信息披露方面，主要是拟挂牌公司的信息披露要充分反映经济实质、充分风险揭示、体现财务规范。突出中介责任方面，重点关注归位尽责、尊重职业判断、记录执业质量。严查财务造假方面，一是防范造假行为，引导和教育、充分尽调、完善内控；二是引入市场监督，信息公示、接受社会举报；三是采取监管措施，包括约谈、出具警示函、暂不受理相关中介机构材料、向中国证监会报告、与中国证监会稽查队建立联动机制等。

根据全国股转公司的要求，申请新三板挂牌的检查要点如表4-1所示，拟挂牌企业及中介机构需遵照执行。

表 4-1　申请新三板挂牌的检查要点

申请材料目录	检查要点
文件形式要求	1. 申请文件与中国证监会及全国股转公司规定的文件目录相符； 2. 文档名称与文件内容相符； 3. 申请文件不存在无法打开或读取的情形； 4. 文档字体排版等格式应符合中国证监会和全国股转公司要求； 5. 本检查要点要求提交的文件如使用黑白扫描件或复印件的，应由律师鉴证或加盖公司公章。由律师鉴证的，应加盖鉴证律师所在律所公章；如鉴证律师与申报律师不一致，需同时附律师事务所及经办律师相关资质文件； 6. 本检查要点要求签字处，均应为本人亲笔签字。如由其他人代签，应同时提交授权书；法人授权书应加盖法人公章
1-1 公开转让说明书（申报稿）	1. 标题注明"公开转让说明书（申报稿）"； 2. 材料正文后依次附以下签字盖章页： （1）申请挂牌的股份公司全体董事、监事、高级管理人员的签名，并加盖股份公司公章 （2）主办券商声明"本公司已对公开转让说明书进行了核查，确认不存在虚假记载、误导性陈述或重大遗漏，并对其真实性、准确性和完整性承担相应的法律责任"，并由主办券商法定代表人、项目负责人、项目小组成员签字，主办券商加盖公章； （3）律师事务所、会计师事务所、资产评估事务所（如有）分别发表声明："本机构及经办人员（经办律师、签字注册会计师、签字注册资产评估师）已阅读公开转让说明书，确认公开转让说明书与本机构出具的专业报告（法律意见书、审计报告、资产评估报告）无矛盾之处。本机构及经办人员对申请挂牌公司在公开转让说明书引用的专业报告的内容无异议，确认公开转让说明书不致因上述内容而出现虚假记载、误导性陈述或重大遗漏，并对其真实性、准确性和完整性承担相应的法律责任"，并由经办人员及所在机构负责人签名，加盖机构公章；如资产评估机构不出具相关声明或公司设立时、最近两年及一期未进行资产评估，应当由股份公司出具说明材料，说明资产评估机构不出具相关声明的具体原因，并加盖股份公司公章
1-2 财务报表及审计报告	1、会计师事务所出具的审计报告，必须由总所出具。报告正文结尾应当由两名经办会计师签名盖章，并加盖会计师事务所公章，注册会计师盖章应当是标准私章； 2、财务报表应有公司公章以及相关责任人的签字并盖章
1-3 法律意见书	1、律师事务所出具的"法律意见书"，总所或分所出具的均可； 2、法律意见书正文结尾应当由律师事务所负责人、两名经办律师签名盖章，并加盖律师事务所公章

（续）

申请材料目录	检查要点
1-4 公司章程	1. 股份公司挂牌后拟使用的公司章程； 2. 股份公司在章程标题处或落款处加盖公章
1-5 主办券商推荐报告	1. 标题注明"推荐报告"字样； 2. 主办券商在落款处加盖公章
1-6 定向发行说明书（如有）	1. 材料正文后依次附以下签字盖章页： （1）发行人全体董事、监事、高级管理人员声明："本公司全体董事、监事、高级管理人员承诺本定向发行说明书不存在虚假记载、误导性陈述或重大遗漏，并对其真实性、准确性、完整性承担个别和连带的法律责任。"声明应由上述人员分类分别签名后加盖发行人公章 （2）公司控股股东、实际控制人声明："本公司或本人承诺本定向发行说明书不存在虚假记载、误导性陈述或重大遗漏，并对其真实性、准确性和完整性承担个别和连带的法律责任。"声明应由控股股东、实际控制人签名后加盖发行人公章 （3）主办券商声明："本公司已对定向发行说明书进行了核查，确认不存在虚假记载、误导性陈述或重大遗漏，并对其真实性、准确性和完整性承担相应的法律责任。"声明应由主办券商法定代表人、项目负责人签名，并由主办券商加盖公章；由主办券商授权代表签字的，需补充主办券商出具的授权书，且加盖公章； （4）律师事务所、会计师事务所、评估机构（如有）等其他证券服务机构声明："本机构及经办人员（经办律师、签字注册会计师、签字注册资产评估师）已阅读定向发行说明书，确认定向发行说明书与本机构出具的专业报告（法律意见书、审计报告、资产评估报告等）无矛盾之处。本机构及经办人员对申请人在定向发行说明书中引用的专业报告的内容无异议，确认定向发行说明书不致因上述内容而出现虚假记载、误导性陈述或重大遗漏，并对其真实性、准确性和完整性承担相应的法律责任。"声明应由经办人员及所在机构负责人签名，并由机构加盖公章；各证券服务机构应分别出具声明；会计师事务所包括挂牌公司的审计机构和标的资产的审计机构（如有）； 2. 定向发行说明书引用的财务报表应当在符合《全国中小企业股份转让系统股票定向发行指南》规定的有效期内
1-7 设置表决权差异安排的股东大会决议（如有）	1. 标题注明"股东大会决议"字样； 2. 决议正文后，由参与表决的股东签字（非自然人股东应加盖公章）； 3. 股份公司加盖公章

（续）

申请材料目录	检查要点
2-1-1 向全国股份转让系统公司提交的申请股票在全国股份转让系统挂牌及定向发行（如有）的报告	1. 标题注明"挂牌及定向发行（如有）申请"字样； 2. 申请抬头是"全国中小企业股份转让系统有限责任公司"，如使用简称，应当确保准确； 3. 文件应有股份公司发文文号； 4. 股份公司在申请落款处加盖公章
2-1-2 向中国证监会提交的申请股票挂牌公开转让（或/并）股票发行的报告（如有）	1. 标题注明"股票挂牌公开转让及股票发行（如有）申请"字样； 2. 申请抬头是"中国证监会"或"中国证券监督管理委员会"； 3. 文件应有股份公司发文文号； 4. 股份公司在申请落款处加盖公章。 注：本申请文件由股票挂牌时（含挂牌同时发行后）股东人数超200人的公司提交
2-2 有关股票在全国股份转让系统公开转让及定向发行（如有）的董事会决议	1. 标题注明"董事会决议"字样； 2. 决议正文后，由参会董事签字，并由股份公司加盖公章或董事会专用章； 3. 如果股份公司在创立大会上对"挂牌公开转让及定向发行（如有）"的事项作过审议，可不提供董事会决议，只提交该股东大会决议即可
2-3 有关股票在全国股份转让系统公开转让及定向发行（如有）的股东大会决议	1. 标题注明"股东大会决议"字样； 2. 决议正文后，由参与表决的股东签字（非自然人股东应加盖公章）； 3. 股份公司加盖公章
2-4 企业法人营业执照	1. 股份公司企业法人营业执照正本或副本（复印件）； 2. 股份公司加盖公章或律师鉴证，确认复印件与原件内容一致
2-5 股东名册及股东身份证明文件	1. 股东名册至少包括股东名称、持股数量和持股比例三项内容； 2. 如果股东名册以文字描述的形式展现，股份公司应当在落款处加盖公章。如果股东名册以表格形式展现，股份公司应当在表格标题处加盖公章； 3. 股东为境内自然人的，身份证明文件为"居民身份证（复印件）"的，正反面复印在同一张纸上；股东为境内法人的，身份证明文件为"企业营业执照正本或副本（复印件）"；股东为境外自然人、法人的，应提交有效身份证明文件（复印件）。相关证明文件复印件由股份公司加盖公章或律师鉴证，确认复印件与原件内容一致
2-6 董事、监事、高级管理人员名单及持股情况	1. 内容至少包括人员姓名、任职情况、持股数量、持股比例、身份证号码信息五项内容； 2. 股份公司加盖公章

（续）

申请材料目录	检查要点
2-7 申请挂牌公司设立时和最近两年及一期的资产评估报告	申报文件提交资产评估报告的，按以下要求检查： 1. 资产评估事务所出具的资产评估报告； 2. 报告正文结尾应当由资产评估事务所负责人、两名经办资产评估师签名盖章，并加盖资产评估事务所公章
2-8 申请挂牌公司最近两年原始财务报表与申报财务报表存在差异时，需要提供差异比较表（如有）	1. 如是会计师事务所的专项报告，参照1-2审计报告的相关检查要点； 2. 如是股份公司出具的，至少应当由股份公司加盖公章
2-9 申请挂牌公司全体董事、监事和高级管理人员签署的《董事（监事、高级管理人员）声明及承诺书》	1. 董监高签字人员应与公开转让说明书签字人员情况一致； 2. 查验律师见证签字；如见证律师与申请律师不同，需附见证律师执业资格证书复印件，并加盖所在律所的公章
2-10 申请挂牌公司关于授权全国股转公司代为向中国证监会报送股票挂牌公开转让（或/并）定向发行申请文件等有关事宜的委托书（如有）	1. 股份公司加盖公章； 2. 股份公司法定代表人签字； 3. 后附股份公司营业执照及法定代表人身份证复印件
3-1 主办券商与申请挂牌公司签订的推荐挂牌并持续督导协议	1. 主办券商和股份公司作为合同双方签署《推荐挂牌并持续督导协议》，双方法定代表人或授权代表签字，加盖公章
3-2 尽职调查报告	1. 首页法律事项调查人员、财务会计事项调查人员、项目小组负责人等出具声明的签字部分，每个身份的人员应当只有1人签字； 2. 尾页落款处应有项目小组成员签字，主办券商加盖公章，并注明报告日期
3-3 尽职调查工作文件	

（续）

申请材料目录	检查要点
3-3-1 尽职调查工作底稿目录、相关工作记录和经归纳整理后的尽职调查工作表	1. 工作底稿目录应当与相关工作记录内容匹配； 2. 工作记录和尽职调查工作表，不区分检查，仅要求有相关信息即可； 3. 主办券商加盖公章
3-3-2 有关税收优惠、财政补贴的依据性文件	1. 具体形式包括：税收相关法律法规、高新技术企业证书、各级地方政府或有关部门下发的对股份公司给予税收优惠或财政补贴的文件，如法律法规文件篇幅较长，可以适当节选与此相关的条文； 2. 股份公司获得税收优惠、财政补贴的完税证明、退税证明或补贴进账凭证
3-3-3 历次验资报告	1. 从公司设立（有限公司改制为股份公司的，从有限公司设立起算）起产生的经会计师事务所审计的验资报告；没有验资报告的，应当提供资金往来的财务凭证（复印件）； 2. 验资报告应当由2名注册会计师签名盖章，并由所在会计师事务所加盖公章； 3. 如股份公司提供的验资报告是复印件，应当由股份公司加盖公章或律师鉴证，确保复印件与原件内容一致
3-3-4 对持续经营有重大影响的业务合同	1. 如所上传的合同为复印件，应当由股份公司加盖公章或律师鉴证，确保复印件与原件内容一致
3-4 内核意见	
3-4-1 内核机构成员审核工作底稿	1. 内核工作人员在相应工作底稿上签字
3-4-2 内核会议记录	1. 应当由参会人员签字
3-4-3 对内核会议反馈意见的回复	1. 应当由项目负责人、项目小组成员签字
3-4-4 内核机构对内核会议落实情况的补充审核意见	1. 主办券商设内核机构的，内核机构负责人签字；未设内核机构的，内核负责人签字。 2. 上传《内核参考要点落实情况表》，文末需由内核委员以及相关责任主体分别签字
3-5 主办券商推荐挂牌内部核查表及主办券商对申请挂牌公司风险评估表	1.《内部核查表》与《风险评估表》，至少应当由主办券商分别加盖公章。 2.《风险评估表》结尾处应用"高风险、中风险、低风险"明确揭示项目风险等级

（续）

申请材料目录	检查要点
3-6 主办券商自律说明书	1. 标题注明"自律说明书"字样； 2. 主办券商在落款处加盖公章
3-7 主办券商业务备案函复印件（加盖机构公章并说明用途）及项目小组成员任职资格说明文件	1. 全国中小企业股份转让系统有限责任公司发出的主办券商业务备案文件（复印件），主办券商加盖公章，并说明用于申报××挂牌及公开转让项目； 2. 项目小组成员任职资格说明文件包括：证券从业资格证书（复印件或网页截图）、司法执业资格证书（复印件）、保荐代表人胜任能力考试合格（复印件）或注册会计师证书（复印件），并由主办券商盖章或律师鉴证，确保复印件与原件内容一致
4-1 申请挂牌公司全体董事、主办券商及相关中介机构对申请文件真实性、准确性和完整性的承诺书	1. 股份公司董事出具的承诺书，应当由全体董事签字并加盖股份公司公章； 2. 主办券商、律师事务所、会计师事务所、资产评估事务所出具的承诺书，应当加盖各自公章。 3. 股份公司、主办券商等出具的承诺书，如果有抬头，应当至少包括"全国中小企业股份转让系统有限责任公司"
4-2 相关中介机构对纳入公开转让说明书等文件中由其出具的专业报告或意见无异议的函	1. 律师事务所、会计师事务所、资产评估事务所（如有）分别出具无异议函，且分别加盖公章。 2. 律师事务所、会计师事务所、资产评估事务所（如有）出具的无异议函，如果有抬头，应当至少包括"全国中小企业股份转让系统有限责任公司"
4-3 申请挂牌公司、主办券商对电子文件与书面文件保持一致的声明，以及律师关于电子文件与预留文件一致的鉴证意见	1. 股份公司、主办券商分别出具一致性的声明，且加盖公章； 2. 股份公司、主办券商出具的承诺书，如果有抬头，应当至少包括"全国中小企业股份转让系统有限责任公司"； 3. 律师事务所出具的"鉴证意见"，总所或分所出具的均可，应由经办人签字，并加盖律师事务所公章
4-4 律师、注册会计师及所在机构的相关执业证书复印件（加盖机构公章并说明用途）	1. 律师应当提供律师资格证或律师执业证（复印件），并加盖律师事务所公章且说明用途； 2. 会计师应当提供注册会计师证书（复印件），并加盖会计师事务所公章且说明用途； 3. 律师事务所应当提供从事相关业务的资格证明或备案文件（复印件或网页截图），并加盖公章且说明用途； 4. 会计师事务所应当提供从事相关业务的资格证明或备案文件（复印件或网页截图），并加盖公章且说明用途

（续）

申请材料目录	检查要点
4-5 国有资产管理部门出具的国有股权设置批复文件及商务主管部门出具的外资股确认文件（如有）	1. 相关文件复印件上应由股份公司加盖公章或由律师鉴证，确保复印件与原件内容一致
4-6 证券简称及证券代码申请书	1. 明确证券简称申请诉求； 2. 经办人签字，股份公司加盖公章
4-7 前次申报有关情况的专项说明（如有）	1. 应明确申请挂牌的股份公司为首次申报挂牌或再次申报挂牌； 2. 首次申报挂牌的，申请挂牌的股份公司应在落款处加盖公章； 3. 再次申报挂牌的，应明确：①《终止审查通知书》是否载明"不符合挂牌条件"、"六个月内不得重新提交挂牌申请材料"；载明前述情形的，本次申报应自《终止审查通知书》出具日起超过六个月，其他情况无时间间隔要求；②《终止审查通知书》复印件作为附件一并申报；③申请挂牌的股份公司和主办券商在落款处加盖各自公章
4-8 不予披露相关信息的原因说明或其他文件（如有）	1. 股份公司应当在提交的说明文件上加盖公章； 2. 其他文件应由相应出具机构盖公章

4.2 如何进入和维持创新层

4.2.1 如何进入创新层

1. 挂牌公司由基础层进入创新层

鉴于北交所发行人为在全国股转系统连续挂牌满 12 个月的创新层挂牌公司，所以要在北交所上市，须首先进入创新层，如图 4-3 所示。

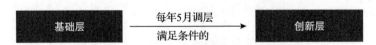

图 4-3 挂牌公司由基础层进入创新层

新三板创新层挂牌条件如表 4-2 所示。

表 4-2 新三板创新层挂牌条件

标准	指标	共同满足	共同限制
净利润+净资产收益率+股本	近两年均盈利，且净利润均 ≥ 1 000 万元，且：两年平均 ROE ≥ 8%，且：股本总额 ≥ 2 000 万元	1. 挂牌以来发行股票融资 ≥ 1 000 万元 2. 合格投资者 ≥ 50 名 3. 净资产 ≥ 0 4. 治理结构健全 5. 其他	①公司、控股股东、实控人最近 12 个月存在刑事犯罪、重大违法行为、被列入失信人被执行人名单； ②公司、控股股东、实控人、董监高最近 12 个月被股转公司等自律监管机构公开谴责、被中国证监会及证监局行政处罚或立案调查； ③未如期披露年报或半年报； ④最近两年非标准意见审计报告（成长性标准要求三年）
增长率+股本	近两年平均营业收入 ≥ 6 000 万元，年均复合增长率 ≥ 50%，股本总额 ≥ 2 000 万元		
市值+股本	最近有成交的 60 个做市或者集合竞价交易日的平均市值不低于 6 亿元，股本总额 ≥ 5 000 万股本；做市交易的，做市商家数 ≥ 6 家		

根据《分层管理办法》，挂牌公司进入创新层或者申请挂牌公司同时进入创新层，应当符合下列条件之一：

1. 最近两年净利润均不低于 1 000 万元，最近两年加权平均净资产收益率平均不低于 8%，股本总额不少于 2 000 万元；

解读：净利润指归属于挂牌公司股东的净利润，不包括少数股东损益，并以扣除非经常性损益前后孰低者为计算依据。净利润的要求为两年"均不低于"，也即两年净利润均需大于等于 1 000 万元。

净资产指归属于挂牌公司股东的净资产，不包括少数股东权益。净资产收益率为最近两年的"加权平均"。加权平均净资产收益率，以扣除非经常性损益前后孰低者为计算依据，并根据中国证监会发布的《公开发行证券的公司信息披露编报规则第 9 号——净资产收益率和每股收益的计算》规定计算。

股本总额指公司的普通股股本总额，以每年 4 月 30 日当日数据为准。

2. 最近两年营业收入平均不低于 6 000 万元，且持续增长，年均复合增长率不低于 50%，股本总额不少于 2 000 万元。

解读：持续增长的含义，是指近两年均比上年增长。年均复合增长率：年均复合增长率 = $\sqrt{\dfrac{R_n}{R_{n-2}}} - 1$，其中 R_n 代表最近一年（第 n 年）的营业收入。例如某公司 2018 年至 2020 年营业收入分别为：5 000 万元、8 000 万元、12 000 万元，年均复合增长率 = $\sqrt{\dfrac{12\,000}{5\,000}} - 1 = 54.92\%$。

企业营业收入达到一定规模后，高增长很难持续，所以这一条标准的要求其实并不低。

3. 最近有成交的 60 个做市或者集合竞价交易日的平均市值不低于 6 亿元，股本总额不少于 5 000 万元；采取做市交易方式的，做市商家数不少于 6 家；或者在挂牌时即采取做市交易方式，完成挂牌同时定向发行股票后，公司股票市值不低于 6 亿元，股本总额不少于 5 000 万元，做市商家数不少于 6 家，且做市商做市库存股均通过本次定向发行取得。

解读：最近有成交的 60 个做市或者集合竞价交易日，是指以每年的 4 月 30 日为截止日，在最长不超过 120 个做市交易日或者集合竞价交易日的期限内，最近有成交的 60 个做市交易日或者集合竞价交易日。需要说明的是，连续 60 个交易日不包括挂牌公司股票停牌日。

申请进入创新层，同时还应当符合下列条件：

1. 公司挂牌以来完成过定向发行股票（含优先股），且发行融资金额累计不低于 1 000 万元；完成挂牌同时定向发行股票，且融资金额不低于 1 000 万元。

解读：挂牌以来完成过定向发行股票，包括公司挂牌后进行的定向发行和挂牌同时定向发行。

发行融资的完成时间以全国股转公司出具新增股份登记函的时间为准（定期分层时间的截止日为每年的 4 月 30 日，最晚在 4 月 30 日拿到全国股转公司出具新增股份登记函，即可计入分层的发行融资金额）；发行融资的金额不包括非现金认购部分。

2. 符合全国股转系统基础层投资者适当性条件的合格投资者人数不少于 50 人。

解读：此处的合格投资者人数，以每年 4 月 30 日当日数据为准。挂牌同时进入创新层的，需发行完成后的合格投资者人数不少于 50 人。

3. 最近一年期末净资产不为负值。

4. 公司治理健全，制定并披露股东大会、董事会和监事会制度、对外投资管理制度、对外担保管理制度、关联交易管理制度、投资者关系管理制度、利润分配管理制度和承诺管理制度；设立董事会秘书。

5. 中国证监会和全国股转公司规定的其他条件。

同时，《分层管理办法》还列示了不得进入创新层的情形：

挂牌公司或其他相关主体最近 12 个月内或层级调整期间出现下列情形之一的，挂牌公司不得进入创新层：

（一）挂牌公司或其控股股东、实际控制人存在贪污、贿赂、侵占财产、挪用财产或者破坏社会主义市场经济秩序的刑事犯罪；存在欺诈发行、重大信息披露违法或者其他涉及国家安全、公共安全、生态安全、生产安全、公众健康安全等领域的重大违法行为。

（二）挂牌公司或其控股股东、实际控制人、董事、监事、高级管理人员被中国证监会及其派出机构采取行政处罚；或因证券市场违法违规行为受到全国股转公司等自律监管机构公开谴责。

（三）挂牌公司或其控股股东、实际控制人、董事、监事、高级管理人员因涉嫌犯罪正被司法机关立案侦查或涉嫌违法违规正被中国证监会及其派出机构立案调查，尚未有明确结论意见。

（四）挂牌公司或其控股股东、实际控制人被列入失信被执行人名单且情形尚未消除。

（五）未按照全国股转公司规定在每个会计年度结束之日起4个月内编制并披露年度报告，或者未在每个会计年度的上半年结束之日起2个月内编制并披露半年度报告。

（六）最近两年财务会计报告被会计师事务所出具非标准审计意见的审计报告；仅根据《分层管理办法》第十一条第二项规定标准进入创新层的，最近三年财务会计报告被会计师事务所出具非标准审计意见的审计报告。

注：《分层管理办法》第十一条第二项，最近两年营业收入平均不低于6 000万元，且持续增长，年均复合增长率不低于50%，股本总额不少于2 000万元。

（七）中国证监会和全国股转公司规定的其他情形。

2. 如何实现挂牌同时进入创新层

申请挂牌公司同时符合挂牌条件和下列条件的，自挂牌之日起进入创新层：

1. 满足下列条件之一：

（1）最近两年净利润均不低于1 000万元，最近两年加权平均净资产收益率平均不低于8%，股本总额不少于2 000万元。

（2）最近两年营业收入平均不低于6 000万元，且持续增长，年均复合增长率不低于50%，股本总额不少于2 000万元。

（3）在挂牌时即采取做市交易方式，完成挂牌同时定向发行股票后，公司股票市值不低于6亿元，股本总额不少于5 000万元，做市商家数不少于6家，且做市商做市库存股均通过本次定向发行取得。

2. 完成挂牌同时定向发行股票，且融资金额不低于1 000万元。

3. 完成挂牌同时定向发行股票后，符合全国股转系统基础层投资者适当性条件的合格投资者人数不少于50人。

4. 最近一年期末净资产不为负值。

5. 公司治理健全，制定并披露股东大会、董事会和监事会制度、对外投资管理制度、对外担保管理制度、关联交易管理制度、投资者关系管理制度、利润分配管理制度和承诺管理制度；设立董事会秘书。

6. 公司或其他相关主体最近12个月内不得出现下列情形之一：

（1）公司或其控股股东、实际控制人存在贪污、贿赂、侵占财产、挪用财产或者破坏社会主义市场经济秩序的刑事犯罪；存在欺诈发行、重大信息披露违法或者其他涉及国家安全、公共安全、生态安全、生产安全、公众健康安全等领域的重大违法行为。

（2）公司或其控股股东、实际控制人、董事、监事、高级管理人员被中国证监会及其派出机构采取行政处罚；或因证券市场违法违规行为受到全国股转公司等自律监管机构公开谴责。

（3）公司或其控股股东、实际控制人、董事、监事、高级管理人员因涉嫌犯罪正被司法机关立案侦查或涉嫌违法违规正被中国证监会及其派出机构立案调查，尚未有明确结论意见。

（4）公司或其控股股东、实际控制人被列入失信被执行人名单且情形尚未消除。

（5）最近两年财务会计报告被会计师事务所出具非标准审计意见的审计报告；仅根据《分层管理办法》第十一条第二项规定标准进入创新层的，最近三年财务会计报告被会计师事务所出具非标准审计意见的审计报告。

注：《分层管理办法》第十一条第二项，最近两年营业收入平均不低于6 000万元，且持续增长，年均复合增长率不低于50%，股本总额不少于2 000万元。

7. 中国证监会和全国股转公司规定的其他条件。

解读： 市值指以申请挂牌公司挂牌同时定向发行价格计算的股票市值。

> **案 例**　首家挂牌同时进入创新层的案例

四川振通检测股份有限公司（873599），是首家挂牌新三板同时进入创新层的公司。振通检测以每股2.50的价格，定向发行了518万股股票，合计募资超过1 000万元。据公司公告，发行前公司符合全国股转系统基础层投资者适当性条件的合格投资者人数为52人；这次发行投资人为15人，其中新增基础层合格投资者人数为11人。定向发行后，符合全国股转系统基础层投资者适当性条件的合格投资者人数为63人。

关于挂牌同时定向发行及申请进入创新层事项，全国股转公司的问询关注点主要有：

（1）本次发行对象与发行人、股东、董监高有无关联关系。

（2）发行后若不符合创新层进入条件的处理方式及后续安排。

（3）根据公司披露，公司符合创新层投资者适当性要求合格投资者人数为56人。请主办券商核查公司符合基础层投资者适当性要求的合格投资者人数及构成，说明核查方法，并提供相应合格投资者名单。

（4）请主办券商核查公司是否符合创新层进入条件，并在推荐报告中就申请公司是否符合创新层条件发表明确意见。

关于被要求"结合2020年财务数据补充说明是否仍然符合进入创新层条件"，公司回复称，2019年、2020年，公司归属于母公司所有者的净利润分别为1 858万元、1 672万元，扣非后归属母公司所有者的净利润分别为1 908万元、2 038万元，符合进入创新层第一套标准的财务要求。

3. 非挂牌企业进入创新层的路径

非新三板企业可以选择在新三板的基础层或创新层挂牌，最终再申请进入北交所实现上市，如图 4-4 所示。

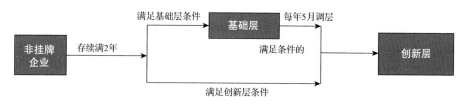

图 4-4　非挂牌企业进入创新层

4.4.2　如何维持创新层

挂牌公司进入创新层后，不是终身制，根据全国股转公司发布的《分层管理办法》，市场分层的调整分为定期调整和即时调整。

1. 定期调整

根据《分层管理办法》，创新层挂牌公司出现下列情形之一的，全国股转公司定期将其调出创新层：

（一）最近两年净利润均为负值，且营业收入均低于 3 000 万元，或者最近一年净利润为负值，且营业收入低于 1 000 万元（依据市值标准进入创新层的挂牌公司"最近有成交的 60 个做市或者集合竞价交易日的平均市值不低于 6 亿元，股本总额不少于 5 000 万元；采取做市交易方式的，做市商家数不少于 6 家"除外）。

（二）最近一年期末净资产为负值。

（三）最近一年财务会计报告被会计师事务所出具否定意见或无法表示意见的审计报告。

（四）中国证监会和全国股转公司规定的其他情形。

全国股转公司于每年 4 月 30 日启动挂牌公司所属市场层级定期调整

工作。

全国股转公司进行挂牌公司所属市场层级的定期调整前，在全国股转系统官网公示拟进行层级调整的挂牌公司名单。挂牌公司在名单公示后的 5 个交易日内，可以层级调整所依据的事实认定有误为由申请异议。

根据以往时间点，每年定期分层在 5 月底之前完成。

2. 即时调整

根据《分层管理办法》，创新层挂牌公司出现下列情形之一的，全国股转公司即时将其调出创新层：

（一）连续 60 个交易日，符合全国股转系统创新层投资者适当性条件的合格投资者人数均少于 50 人。

（二）连续 60 个交易日，股票每日收盘价均低于每股面值。

（三）未按照全国股转公司规定在每个会计年度结束之日起 4 个月内编制并披露年度报告，或者未在每个会计年度的上半年结束之日起 2 个月内编制并披露半年度报告。

（四）挂牌公司进层后，最近 24 个月内因不同事项受到中国证监会及其派出机构行政处罚或全国股转公司公开谴责的次数累计达到 2 次，或者受到刑事处罚。

（五）因更正年度报告导致进层时不符合所属市场层级进入条件，或者出现即前述定期调整的第（一）项至第（三）项规定情形。

（六）不符合所属市场层级进入条件，但依据虚假材料进入的。

（七）仅根据市值标准（最近有成交的 60 个做市或者集合竞价交易日的平均市值不低于 6 亿元；或者在挂牌时即采取做市交易方式，完成挂牌同时定向发行股票后，公司股票市值不低于 6 亿元）进入创新层的挂牌公司，连续 60 个交易日，股票交易市值均低于 2 亿元的。

（八）中国证监会和全国股转公司规定的其他情形。

出现以上情形的，全国股转公司自该情形认定之日起 5 个交易日内启动层级调整工作，自调出创新层之日起 12 个月内，不得再次进入创新层。挂牌公司因更正年度报告导致其出现前述定期调整的第（一）至第（三）向规定情形或前述即时调整第（一）项至第（三）项规定情形被调整至基础层的，且因信息披露文件存在虚假记载受到中国证监会及其派出机构行政处罚或全国股转公司公开谴责的，自调整至基础层之日起 24 个月内，不得再次进入创新层。

注： 随着改革的不断深入，预计创新层将提高分层频率，甚至会取消固定分层时间，满足条件即时进入创新层。请及时关注制度改革动向。

第 5 章
北交所上市申请文件要求

中国证监会于 2021 年 10 月 30 日发布了《公开发行证券的公司信息披露内容与格式准则第 46 号——北京证券交易所公司招股说明书》(以下简称"《北交所招股说明书准则》"或"北交所准则")等多项规范性文件,其中《公开发行证券的公司信息披露内容与格式准则第 47 号——向不特定合格投资者公开发行股票并在北京证券交易所上市申请文件》(以下简称"《格式准则》")对股份公司申请在北交所上市需要提供的文件进行了规定。根据该文件的规定,发行人申请公开发行并在北京证券交易所上市,需要提交发行文件、发行人关于本次发行上市的申请与授权文件、保荐人关于本次发行的文件、会计师关于本次发行的文件、律师关于本次发行的文件、关于本次发行募集资金运用的文件以及其他文件等七大类文件。

2021 年 11 月 2 日,北交所发布了《北京证券交易所向不特定合格投资者公开发行股票并上市业务办理指南第 1 号——申报与审核》,对公开发行股票并上市申请文件目录进行了细化。

5.1 北交所上市申请文件

为了便于发行人申报，北交所目前也仅需要发行人通过发行上市审核业务系统报送电子文件（即申报扫描件以及可编辑的文件），但报送的电子文件应和预留原件（制作完成后由发行人以及各中介机构各保存一套原件，以备现场检查或者底稿抽查）一致。公司为上市聘请的律师（以下称"发行人律师"）应对所报送电子文件与预留原件的一致性出具鉴证意见，报送的电子文件和预留原件具有同等的法律效力。对于发行人和中介机构向北交所报送的各种文件，发行人及各中介机构均应承诺相关信息的内容真实、准确、完整，并应承担相应的责任。对于文件编排的格式，北交所暂未颁布详细规定，建议发行人按照中国证监会的统一要求进行制作，即：

1. 发行人向交易所发行上市审核业务系统报送的申请文件应采用标准".doc"".docx"或".pdf"格式文件，按幅面为209毫米×295毫米规格的纸张（标准A4纸张规格）进行排版，并应采用合适的字体、字号、行距，以便于投资者阅读。

2. 申请文件的正文文字应为宋体小四，1.5倍行距。一级标题应为黑体三号，二级标题应为黑体四号，三级标题应为黑体小四号，且各级标题应分别采用一致的段落间距。

3. 申请文件章与章之间、节与节之间应有明显的分隔标识。为便于阅读，".doc"".docx"文档应根据各级标题建立文档结构图，".pdf"文档应建立书签。

4. 申请文件中的页码应与目录中的页码相符。例如，第四部分4-1的页码标注为：4-1-1，4-1-2，4-1-3，……4-1-n。

以下对各个文件中需要特别关注的问题分别进行解释说明，各文件或各章节的具体内容和要求详见《公开发行证券的公司信息披露内容与格式准则第 46 号——北京证券交易所公司招股说明书》《公开发行证券的公司信息披露内容与格式准则第 47 号——向不特定合格投资者公开发行股票并在北京证券交易所上市申请文件》及《北京证券交易所向不特定合格投资者公开发行股票并上市业务办理指南第 1 号——申报与审核》。

1. 发行文件

1-1 招股说明书（申报稿）

发行人是招股说明书的编制主体和第一责任人，在招股说明书编制过程中应该遵守以下原则：

（一）应以投资者投资需求为导向编制招股说明书，为投资者做出价值判断和投资决策提供充分且必要的信息，保证相关信息的内容真实、准确、完整，不存在虚假记载或陈述。

（二）在招股说明书中披露预测性信息及其他涉及发行人未来经营和财务状况信息，应当谨慎、合理。

（三）招股说明书的内容应当简明易懂，语言应当浅白平实，便于投资者阅读、理解，应使用事实描述性语言，尽量采用图表、图片或其他较为直观的方式披露公司及其产品、财务等情况；切记不要出现广告性用语。

（四）在引用聘请的各中介机构的专业意见或报告的时候，应当准确，保持和其他文件的一致性；引用第三方数据或结论的，应注明资料来源，确保有权威、客观、独立的依据并符合时效性要求。

（五）引用的数字应采用阿拉伯数字，有关金额的资料除特别说明之外，应指人民币金额，并以元、千元、万元或亿元为单位。

（六）可根据有关规定或其他需求，编制招股说明书外文译本，但应保证中外文文本的一致性，在对中外文本的理解上发生歧义时，以中文文本为准。

（七）如果相关信息已经在挂牌期间公开披露过，如事实未发生变化，发行人可以采用索引的方式进行披露，例如"详细内容请见发行人于【　】年【　】月【　】日在全国中小企业股份转让系统信息披露平台披露的《【　】公告》（公告编号：20XX-XX号）"。

发行人应当按照以下体例对招股说明书进行编制：

第一节　封面、书脊、扉页、目录、释义

需要在封面公司名称处加盖公章。

扉页应载明发行股票类型、发行股数等与本次发行相关的重要信息。

第二节　概览

该部分内容为后续章节的浓缩展示，应写明"本概览仅对招股说明书作扼要提示。投资者做出投资决策前，应认真阅读招股说明书全文。"

第三节　风险因素

发行人应针对自身实际情况充分描述相关风险因素，用词应当准确、具体。对于风险因素应当定量分析，无法定量分析的，应有针对性地做出定性描述，但不得采用普遍适用的模糊表述，切忌照抄其他公司的风险提示，而不针对发行人本身进行分析。有关风险因素对发行人生产经营状况和持续盈利能力有严重不利影响的，应作"重大事项提示"；风险因素中不得包含风险对策、发行人竞争优势及任何可能减轻风险因素的类似表述。

第四节　发行人基本情况

发行人应披露在全国股转系统挂牌期间的基本信息、持有发行人5%以上股份或表决权的主要股东及发行人实际控制人的基本情况、股本情况、发行人其控股子公司、有重大影响的参股公司的情况、董监高的简要情况等。

发行人的控股股东及实际控制人为法人的，还应披露其最近一年及一期末的总资产和净资产、最近一年及一期的净利润，并标明有关财务数据是否经过审计及审计机构名称。

如发行人在申报前存在股权激励及相关安排或者控股股东、实际控制人与其他股东签署了特殊投资约定（例如涉及股权补偿的对赌等）可能导致发行人股权结构发生变化的，应当如实披露，并且要分析对发行人经营状况、财务状况、控制权变化等方面的影响。

第五节　业务和技术

应清晰、准确、客观地披露主营业务、主要产品或服务的情况，切忌滥用高新词汇、夸大宣传、使用没有权威来源的数据、广告用语等。

如客户、供应商属于上市公司、挂牌公司的，需要保证各方数据的一致性，避免出现数据之间相矛盾的情形。

如果发行人所处的行业具有的特殊的经营模式，或者存在周期性、区域性或季节性特征等情况的，需要注意发行人披露的经营数据是否能够体现上述特征，是否和同行业其他上市公司、挂牌公司所披露的行业特点一致。

第六节　公司治理

发行人的公司治理应符合《上市公司章程指引》《上市公司治理准则》《北京证券交易所股票上市规则（试行）》的规定，保证各项治理制度能够顺利实施和有效执行。

第七节　财务会计信息

招股说明书引用的财务报告在其最近一期截止日后6个月内有效，特殊情况下发行人可申请适当延长，但最多不超过3个月。

在确信能对最近的未来期间的盈利情况做出比较切合实际的预测的

前提下，发行人认为提供盈利预测报告将有助于投资者对发行人及投资于发行人的股票做出正确判断，可以披露盈利预测报告。在实际操作中，建议发行人遵循谨慎性原则，慎重考虑是否披露盈利预测报告。

第八节 管理层讨论与分析

结合"第五节 业务和技术"中披露的公司业务特点，深入分析影响收入、成本、费用和利润的主要因素，以及对发行人具有核心意义或其变动对业绩变动具有较强预示作用的财务或非财务指标；分析报告期内上述因素和指标对财务状况和盈利能力的影响程度，及其对公司未来财务状况和盈利能力可能产生的影响。

第九节 募集资金运用

募投项目不能脱离公司的现状和研发基础，需要结合发展目标、产品规划等合理确定发行募集资金用途和规模，各募投项目之间合理分配资金，资金用途合法合规，分析合情合理。

第十节 其他重要事项

发行人尚未盈利或存在累计未弥补亏损的，应披露成因、影响及改善措施。

报告期内，如发行人存在对外担保、重大诉讼、重大违法、行政处罚等情况，需要进行具体解释说明，包括但不限于原因、进展、结果或者可能产生的结果以及是否会对公司经营造成不利影响等。

第十一节 声明与承诺

公司方面包括发行人、控股股东、实际控制人、董事、监事、高级管理人员均要签署。

保荐机构的法定代表人、保荐代表人、项目协办人均需签字。

律师事务所的负责人、经办律师均需签字。

会计师事务所的负责人、签字会计师均需签字。

申请文件中引用的公司历史上聘请的其他会计师事务所、评估机构、验资机构的，应由当时的签字人员签字。

第十二节　备查文件

（一）发行保荐书。

（二）上市保荐书。

（三）法律意见书。

（四）财务报告及审计报告。

（五）资产评估报告（如有）。

（六）公司章程（草案）。

（七）发行人及其他责任主体做出的与发行人本次发行相关的承诺事项。

（八）盈利预测报告及审核报告（如有）。

（九）内部控制鉴证报告。

（十）经注册会计师鉴证的发行人前次募集资金使用情况报告。

（十一）经注册会计师鉴证的非经常性损益明细表。

（十二）中国证监会同意本次公开发行注册的文件。

（十三）其他与本次发行有关的重要文件。

2. 发行人关于本次发行上市的申请与授权文件

2-1　发行人关于本次公开发行股票并在北交所上市的申请报告

2-2　发行人董事会有关本次公开发行并在北交所上市的决议

决议正文后，由参会董事签字，加盖发行人公章或董事会公章；如非董事本人参会的，需董事本人的授权委托书。

2-3　发行人股东大会有关本次公开发行并在北交所上市的决议

决议正文后，由参会董事签字，并加盖发行人公章；如非董事本人参会的，需董事本人的授权委托书。

2-4 发行人监事会对招股说明书真实性、准确性、完整性的书面审核意见

由全体监事签字，加盖发行人公章或监事会公章。

3. 保荐人关于本次发行的文件

3-1 发行保荐书

3-2 上市保荐书

3-3 保荐工作报告

3-4 关于发行人预计市值的分析报告（如适用）

4. 会计师关于本次发行的文件

4-1 最近三年及一期的财务报告和审计报告

4-1-1 财务报告和审计报告（第一年）

4-1-2 财务报告和审计报告（第二年）

4-1-3 财务报告和审计报告（第三年）

4-1-4 财务报告和审计报告（最近一期，如有）

最近三年是指三个完整会计年度的，审计报告中的财务报表要经法定代表人、主管会计工作的负责人、会计机构负责人签字并加盖公司公章。

报告期内如存在会计差错更正事项的，上传审计报告和财务报告时，应当将更正前的审计报告和财务报告与会计差错更正专项鉴证报告汇总拼接为一个文件上传。最近一期的财务报告为在法定披露期限内披露的定期报告且经审计，还需列报上年度可比期间的财务数据。

4-2 盈利预测报告及审核报告（如有）

4-3 内部控制鉴证报告

4-4 经注册会计师鉴证的非经常性损益明细表

4-5 会计师事务所关于发行人前次募集资金使用情况的报告（如有）

4-6 发行人审计报告基准日至招股说明书签署日之间的相关财务报表及审阅报告（如有）

财务报告审计截止日至招股说明书签署日之间超过 4 个月的，应当提供经会计师事务所审阅的期间 1 个季度的财务报表；超过 7 个月的，应补充提供经会计师事务所审阅的期间 2 个季度的财务报表。提供前述经审阅的季度财务报表前，应先通过临时公告披露经审阅的季度财务报表。

5. 律师关于本次发行的文件

5-1 法律意见书

5-2 律师工作报告

5-3 发行人律师关于发行人董事、监事、高级管理人员、发行人控股股东和实际控制人在相关文件上签名盖章的真实性的鉴证意见

5-4 关于申请电子文件与预留原件一致的鉴证意见

6. 关于本次发行募集资金运用的文件

6-1 募集资金投资项目的审批、核准或备案文件（如有）

6-2 发行人拟收购资产（包括权益）的有关财务报告、审计报告、资产评估报告（如有）

审计报告、资产评估报告均需聘请符合《证券法》要求的会计师事务所、资产评估机构出具。

6-3 发行人拟收购资产（包括权益）的合同或其草案（如有）

采取收益现值法、假设开发法等基于未来收益预期的方法对拟购买资产进行评估或者估值并作为定价参考依据的，应当与交易对方就相关

资产实际盈利数不足利润预测数的情况签订明确可行的补偿协议。

7. 其他文件

7-1　发行人营业执照及公司章程（草案）

7-2　发行人控股股东、实际控制人最近一年及一期的财务报告及审计报告（如有）

7-3　承诺事项

7-3-1　发行人及其控股股东、实际控制人、持股5%以上股东以及发行人董事、监事、高级管理人员等责任主体的重要承诺及未履行承诺的约束措施

7-3-2　发行人及其控股股东、实际控制人、全体董事、监事、高级管理人员、保荐人（主承销商）、律师事务所、会计师事务所及其他证券服务机构对发行申请文件真实性、准确性、完整性的承诺书

7-3-3　发行人、保荐人关于申请电子文件与预留原件一致的承诺函

7-4　信息披露豁免申请及保荐人核查意见（如有）

按照《北京证券交易所向不特定合格投资者公开发行股票并上市业务办理指南第1号——申报与审核》相关规定完整提交认定文件、声明文件和申请文件。如相关认定文件等本身涉密的，以保荐机构出具核查意见等替代。请将发行人豁免信息披露的申请、保荐机构核查专项说明和会计师事务所及律师事务所核查意见（如有）拼接在一个文件里上传。

7-5　特定行业（或企业）管理部门出具的相关意见（如有）

7-6　保荐协议

7-7　发行人、保荐机构关于本次申报符合受理要求的说明

7-8　辅导验收证明文件

7-9 其他文件

以上申请文件中所有需要签名处，应载明签名字样的印刷体，并由签名人亲笔签名，不得以名章、签名章等代替。申请文件中需要由发行人律师鉴证的文件，发行人律师应在该文件首页注明"以下第××页至第××页与原件一致"，并签名和签署鉴证日期，律师事务所应在该文件首页加盖公章，并在第××页至第××页侧面以公章加盖骑缝章。

5.2 不同板块申请文件的比较

对比《公开发行证券的公司信息披露内容与格式准则第 9 号——首次公开发行股票并上市申请文件》《公开发行证券的公司信息披露内容与格式准则第 42 号——首次公开发行股票并在科创板上市申请文件》《公开发行证券的公司信息披露内容与格式准则第 29 号——首次公开发行股票并在创业板上市申请文件》，北交所上市申请文件与科创板、创业板、主板申请文件比较情况如表 5-1 所示。

表 5-1　不同板块申请文件的比较

北交所	科创板	创业板	主板
一、发行文件	一、招股文件	一、招股文件	第一章　招股说明书与发行公告
1-1 招股说明书（申报稿）	1-1 招股说明书（申报稿）	1-1 招股说明书（申报稿）	1-1 招股说明书（申报稿）
			1-2 招股说明书摘要（申报稿）
			1-3 发行公告（发行前提供）
二、发行人关于本次发行上市的申请与授权文件	二、发行人关于本次发行上市的申请与授权文件	二、发行人关于本次发行上市的申请与授权文件	第二章　发行人关于本次发行的申请及授权文件
2-1 发行人关于本次公开发行股票并在北交所上市的申请报告	2-1 关于本次公开发行股票并在科创板上市的申请报告	2-1 关于本次公开发行股票并在创业板上市的申请报告	2-1 发行人关于本次发行的申请报告
2-2 发行人董事会有关本次公开发行并在北交所上市的决议	2-2 董事会有关本次发行并上市的决议	2-2 董事会有关本次发行并上市的决议	2-2 发行人董事会有关本次发行的决议
2-3 发行人股东大会有关本次公开发行并在北交所上市的决议	2-3 股东大会有关本次发行并上市的决议	2-3 股东大会有关本次发行并上市的决议	2-3 发行人股东大会有关本次发行的决议
2-4 发行人监事会对招股说明书真实性、准确性、完整性的书面审核意见	2-4 关于符合科创板定位要求的专项说明	2-4 关于符合创业板定位要求的专项说明	
三、保荐人关于本次发行的文件	三、保荐人和证券服务机构关于本次发行上市的文件	三、保荐人和证券服务机构关于本次发行上市的文件	第三章　保荐人关于本次发行的文件
	3-1 保荐人关于本次发行上市的文件	3-1 保荐人关于本次发行上市的文件	

（续）

北交所	科创板	创业板	主板
3-1 发行保荐书	3-1-1 关于发行人符合科创板定位要求的专项意见	3-1-1 关于发行人符合创业板定位要求的专项意见	3-1 发行保荐书
3-2 上市保荐书	3-1-2 发行保荐书	3-1-2 发行保荐书	
3-3 保荐工作报告	3-1-3 上市保荐书	3-1-3 上市保荐书	
	3-1-4 保荐工作报告	3-1-4 保荐工作报告	
	3-1-5 关于发行人预计市值的分析报告（如适用）	3-1-5 关于发行人预计市值的分析报告（如适用）	
	3-1-6 保荐机构相关子公司参与配售的相关文件（如有）	3-1-6 保荐机构相关子公司参与配售的相关文件（如有）	
	3-1-7 保荐人关于发行人签字保荐代表人申报的在审企业家数等执业情况的说明与承诺		
四、会计师关于本次发行的文件	3-2 会计师关于本次发行上市的文件	3-2 会计师关于本次发行上市的文件	第四章 会计师关于本次发行的文件
4-1 最近三年及一期的财务报告和审计报告	3-2-1 财务报表及审计报告	3-2-1 财务报表及审计报告	4-1 财务报表及审计报告
	3-2-2 发行人审计报告基准日至招股说明书签署日之间的相关财务报表及审阅报告（如有）	3-2-2 发行人审计报告基准日至招股说明书签署日之间的相关财务报表及审阅报告（如有）	
4-2 盈利预测报告及审核报告（如有）	3-2-3 盈利预测报告及审核报告（如有）	3-2-3 盈利预测报告及审核报告（如有）	4-2 盈利预测报告及审核报告
4-3 内部控制鉴证报告	3-2-4 内部控制鉴证报告	3-2-4 内部控制鉴证报告	4-3 内部控制鉴证报告

(续)

北交所	科创板	创业板	主板
4-4 经注册会计师鉴证的非经常性损益明细表	3-2-5 经注册会计师鉴证的非经常性损益明细表	3-2-5 经注册会计师鉴证的非经常性损益明细表	4-4 经注册会计师核验的非经常性损益明细表
4-5 会计师事务所关于发行人前次募集资金使用情况的报告（如有）			
五、律师关于本次发行的文件	3-3 发行人律师关于本次发行上市的文件	3-3 发行人律师关于本次发行上市的文件	第五章 发行人律师关于本次发行的文件
5-1 法律意见书	3-3-1 法律意见书	3-3-1 法律意见书	5-1 法律意见书
5-2 律师工作报告	3-3-2 律师工作报告	3-3-2 律师工作报告	5-2 律师工作报告
5-3 发行人律师关于发行人董事、监事、高级管理人员，发行人控股股东和实际控制人在相关文件上签名盖章的真实性的鉴证意见	3-3-3 关于发行人董事、监事、高级管理人员，发行人控股股东和实际控制人在相关文件上签名盖章的真实性的鉴证意见	3-3-3 关于发行人董事、监事、高级管理人员，发行人控股股东和实际控制人在相关文件上签名盖章的真实性的鉴证意见	
5-4 关于申请电子文件与预留原件一致的鉴证意见	3-3-4 关于申请电子文件与预留原件一致的鉴证意见	3-3-4 关于申请电子文件与预留原件一致的鉴证意见	
	四、发行人的设立文件	四、发行人的设立文件	第六章 发行人的设立文件
	4-1 发行人的企业法人营业执照	4-1 发行人的企业法人营业执照	6-1 发行人的企业法人营业执照
	4-2 发行人公司章程（草案）	4-2 发行人公司章程（草案）	6-2 发起人协议
	4-3 发行人关于公司设立以来股本演变情况的说明及其董事、监事、高级管理人员的确认意见	4-3 发行人关于公司设立以来股本演变情况的说明及其董事、监事、高级管理人员的确认意见	6-3 发起人或主要股东的营业执照或有关身份证明文件

（续）

北交所	科创板	创业板	主板
	4-4 商务主管部门出具的外资确认文件（如有）	4-4 商务主管部门出具的外资确认文件（如有）	6-4 发行人公司章程（草案）
			第七章 关于本次发行募集资金运用的文件
			7-1 募集资金投资项目的审批、核准或备案文件
			7-2 发行人出具的关于首次公开发行股票募投项目的合规情况说明
			7-3 发行人拟收购资产（或股权）的财务报表、资产评估报告及审计报告
			7-4 发行人拟收购资产（或股权）的合同或合同草案
五、与财务会计资料相关的其他文件	五、与财务会计资料相关的其他文件	五、与财务会计资料相关的其他文件	第八章 与财务会计资料相关的其他文件
5-1 发行人关于最近三年及一期的纳税情况及政府补助情况	5-1 发行人关于最近三年及一期的纳税情况及政府补助情况	5-1 发行人关于最近三年及一期的纳税情况及政府补助情况	8-1 发行人最近三年及一期的纳税情况的说明
5-1-1 发行人最近三年及一期所得税纳税申报表	5-1-1 发行人最近三年及一期所得税纳税申报表	5-1-1 发行人最近三年及一期所得税纳税申报表	8-1-1 发行人最近三年及一期所得税纳税申报表
5-1-2 有关发行人税收优惠、政府补助的证明文件	5-1-2 有关发行人税收优惠、政府补助的证明文件	5-1-2 有关发行人税收优惠、政府补助的证明文件	8-1-2 有关发行人税收优惠、财政补贴的证明文件
5-1-3 主要税种纳税情况的说明	5-1-3 主要税种纳税情况的说明	5-1-3 主要税种纳税情况的说明	8-1-3 主要税种纳税情况的说明及注册会计师出具的意见

（续）

北交所	科创板	创业板	主板
	5-1-4 注册会计师对主要税种纳税情况说明出具的意见	5-1-4 注册会计师对主要税种纳税情况说明出具的意见	8-1-4 主管税收征管机构出具的最近三年及一期发行人纳税情况的证明
	5-1-5 发行人及其重要子公司或主要经营机构最近三年及一期的纳税情况的证明	5-1-5 发行人及其重要子公司或主要经营机构最近三年及一期发行人纳税情况的证明	8-2 成立不满三年需报送的财务资料
	5-2 发行人需报送的其他财务资料	5-2 发行人需报送的其他财务资料	8-2-1 最近三年原企业或股份公司的原始财务报表
	5-2-1 最近三年及一期原始财务报表	5-2-1 最近三年及一期原始财务报表	8-2-2 原始财务报表与申报财务报表的差异比较表
	5-2-2 原始财务报表与申报财务报表的差异比较表	5-2-2 原始财务报表与申报财务报表的差异比较表	8-2-3 注册会计师对差异情况出具的意见
	5-2-3 注册会计师对差异情况出具的意见	5-2-3 注册会计师对差异情况出具的意见	8-3 成立已满三年的股份有限公司需报送的财务资料
	5-3 发行人设立时和最近三年及一期的资产评估报告（如有）	5-3 发行人设立时和最近三年及一期的资产评估报告（如有）	8-3-1 最近三年原始财务报表
	5-4 发行人历次验资报告或出资证明	5-4 发行人的历次验资报告出资证明	8-3-2 原始财务报表与申报财务报表的差异比较表
	5-5 发行人大股东或控股股东最近一年及一期的原始财务报表及审计报告（如有）	5-5 发行人大股东或控股股东最近一年的原始财务报表及审计报告（如有）	8-3-3 注册会计师对差异情况出具的意见
六、关于本次发行募集资金运用的文件	六、关于本次发行募集资金运用的文件	六、关于本次发行上市募集资金运用的文件	8-4 发行人设立时和最近三年及一期的资产评估报告（含土地评估报告）

（续）

北交所	科创板	创业板	主板
6-1 募集资金投资项目的审批、核准或备案文件（如有）	6-1 发行人关于募集资金运用方向的总体安排及其合理性、必要性的说明	6-1 发行人关于募集资金运用方向的总体安排及其合理性、必要性的说明	8-5 发行人的历次验资报告
6-2 发行人拟收购资产（包括权益）的有关财务报告、审计报告、资产评估报告（如有）	6-2 募集资金投资项目的审批、核准或备案文件（如有）	6-2 募集资金投资项目的审批、核准或备案文件（如有）	8-6 发行人大股东或控股股东最近一年及一期的原始财务报表及审计报告
6-3 发行人拟收购资产（包括权益）的合同或其草案（如有）	6-3 发行人拟收购资产（或股权）的财务报表、资产评估报告、盈利预测报告（如有）	6-3 发行人拟收购资产（或股权）的财务报表、资产评估报告、盈利预测报告（如有）	第九章 其他文件
七、其他文件	6-4 发行人拟收购资产（或股权）的合同或合同草案（如有）	6-4 发行人拟收购资产（或股权）的合同或合同草案（如有）	9-1 产权和特许经营权证书
7-1 发行人营业执照及公司章程（草案）	七、其他文件	七、其他文件	9-1-1 发行人拥有或使用的商标、专利、计算机软件著作权等知识产权以及土地使用权、房屋所有权、采矿权等产权证书清单（需列明证书所有者或使用者名称、证书号码、权利期限、取得方式、是否存在何种他项权利等内容，并由发行人律师对全部产权证书的真实性、合法性和有效性出具鉴证意见）
7-2 发行人控股股东、实际控制人最近一年及一期的财务报表报告及审计报告（如有）	7-1 产权和特许经营权证书	7-1 产权和特许经营权证书	9-1-2 特许经营权证书

(续)

北交所	科创板	创业板	主板
7-1-1 发行人拥有或使用的对其生产经营有重大影响的商标、专利、计算机软件著作权等知识产权以及土地使用权、房屋所有权等产权证书清单（需列明证书所有者或使用者名称、证书号码、权利期限、取得方式、是否及向何种项权利等内容）	7-1-1 发行人拥有或使用的对其生产经营有重大影响的商标、专利、计算机软件著作权等知识产权以及土地使用权、房屋所有权等产权证书清单（需列明证书所有者或使用者名称、证书号码、权利期限、取得方式、是否及向何种项权利等内容）	9-2 有关消除或避免同业竞争的协议以及发行人的控股股东和实际控制人出具的相关承诺
7-1-2 发行人律师就 7-1-1 清单所列产权证书出具的鉴证意见	7-1-2 发行人律师就 7-1-1 清单所列产权证书出具的鉴证意见	9-3 国有资产管理部门出具的国有股权设置批复文件及商务部出具的外资股确认文件
7-1-3 特许经营权证书（如有）	7-1-3 特许经营权证书（如有）	9-4 发行人生产经营符合环境保护要求的发行人需提供投资项目符合环境保护要求的发行人需提供文件（重污染行业提供省级环保部门出具的证明文件）
7-2 重要合同	7-2 重要合同	9-5 重要合同
7-2-1 对发行人有重大影响的商标、专利、专有技术等知识产权许可使用协议（如有）	7-2-1 对发行人有重大影响的商标、专利、专有技术等知识产权许可使用协议（如有）	9-5-1 重组协议
7-2-2 重大关联交易协议（如有）	7-2-2 重大关联交易协议（如有）	9-5-2 商标、专利、专有技术等知识产权许可使用协议
7-2-3 重组协议（如有）	7-2-3 重组协议（如有）	9-5-3 重大关联交易协议
7-2-4 特别表决权股份等差异化表决安排涉及的协议（如有）	7-2-4 特别表决权股份等差异化表决安排涉及的协议（如有）	9-5-4 其他重要商务合同

（续）

北交所	科创板	创业板	主板
	7-2-5 高管员工配售协议（如有）	7-2-5 高级管理人员、员工配售协议（如有）	9-6 保荐协议和承销协议
	7-2-6 其他重要商务合同（如有）	7-2-6 其他重要商务合同（如有）	9-7 发行人全体董事对发行申请文件真实性、准确性和完整性的承诺书
	7-3 特定行业（或企业）的管理部门出具的相关意见（如有）	7-3 特定行业（或企业）的管理部门出具的相关意见（如有）	9-8 特定行业（或企业）的管理部门出具的相关意见
7-3 承诺事项	7-4 承诺事项	7-4 承诺事项	
7-3-1 发行人及其控股股东、实际控制人、持股5%以上股东以及发行人董事、监事、高级管理人员等责任主体的重要承诺以及未履行承诺的约束措施	7-4-1 发行人及其控股股东、实际控制人、持股5%以上股东以及发行人董事、监事、高级管理人员等责任主体的重要承诺以及未履行承诺的约束措施	7-4-1 发行人及其控股股东、实际控制人、持股5%以上股东以及发行人董事、监事、高级管理人员等责任主体的重要承诺以及未履行承诺的约束措施	第十章 定向募集公司还应提供的文件
7-3-2 发行人及其控股股东、实际控制人、全体董事、监事、高级管理人员、保荐人（主承销商）、律师事务所、会计师事务所及其他反发行申请文件真实性、准确性、完整性的承诺书	7-4-2 有关消除或避免相关同业竞争的协议以及发行人的控股股东和实际控制人出具的相关承诺	7-4-2 有关消除或避免相同业竞争的协议以及发行人的控股股东和实际控制人出具的相关承诺	10-1 有关内部职工股发行和演变情况的文件
7-3-3 发行人、保荐人关于申请电子文件与预留原件一致性的承诺函	7-4-3 发行人全体董事、监事、高级管理人员对发行申请文件真实性、准确性、完整性的承诺	7-4-3 发行人全体董事、监事、高级管理人员对发行申请文件真实性、准确性、完整性的承诺	10-1-1 历次发行内部职工股的批准文件

(续)

北交所	科创板	创业板	主板
7-4 信息披露豁免申请及保荐人核查意见（如有）	7-4-4 发行人控股股东、实际控制人对招股说明书的确认意见	7-4-4 发行人控股股东、实际控制人对招股说明书的确认意见	10-1-2 内部职工股发行的证明文件
7-5 特定行业（或企业）管理部门出具的相关意见（如有）		7-4-5 发行人监事对招股说明书的确认意见	10-1-3 托管机构出具的历次托管证明
	7-4-5 发行人关于申请电子文件与预留原件一致的承诺函	7-4-6 发行人关于申请电子文件与预留原件一致的承诺函	10-1-4 有关违规清理情况的文件
	7-4-6 保荐人关于申请电子文件与预留原件一致的承诺函	7-4-7 保荐人关于申请电子文件与预留原件一致的承诺函	10-1-5 发行人律师对前述文件真实性的鉴证意见
	7-4-7 发行人关于保证不影响和干扰审核的承诺函	7-4-8 发行人关于保证不影响和干扰审核的承诺函	
	7-5 说明事项	7-5 说明事项	10-2 省级人民政府或国务院有关部门关于发行人内部职工股审批、发行、托管、清理情况的确认文件以及是否存在潜在隐患等情况的确认文件
	7-5-1 发行人关于申请文件不适用情况的说明	7-5-1 发行人关于申请文件不适用情况的说明	10-3 中介机构的意见
	7-5-2 发行人关于招股说明书不适用情况的说明	7-5-2 发行人关于招股说明书不适用情况的说明	10-3-1 发行人律师关于发行人内部职工股审批、发行、托管和清理情况的核查意见
	7-5-3 信息披露豁免申请	7-5-3 信息披露豁免申请（如有）	10-3-2 保荐人关于发行人内部职工股审批、发行、托管和清理情况的核查意见
7-6 保荐协议	7-6 保荐协议	7-6 保荐协议	补充材料
7-7 其他文件	7-7 其他文件	7-7 其他文件	

由表 5-1 可见，北交所参考了科创板和创业板的要求，但其文件比科创板和创业板更加精简，需注意的是，在公开发行股票方面，北交所与科创板、创业板一样采用注册制，注册制对信息披露的要求更高，对于不属于上述申请文件要求但可能影响公司经营的重要信息，仍应按照真实、准确、充分、完整的要求向投资者进行披露。

北交所 IPO 申请文件相对其他板块 IPO，减少了行业定位、纳税及原始财务报表相关财务资料、产权和特许经营权证书、重要合同、设立相关的文件等内容，仅增加了前次募集资金使用情况报告一项。其中纳税及原始财务报表相关财务资料的减少，说明北交所 IPO 弱化了对纳税申报财务数据的调整，有利于缩短企业申报上市的时间。

5.3 招股说明书

《北交所招股说明书准则》作为北交所监管框架重要的一环，展现了强监管背景下，监管机构强化北交所上市公司信息披露的要求。发行人应当按照《北交所招股说明书准则》等要求编制并披露信息，注重以投资者需求为导向，结合所属行业的特点和发展趋势，充分披露创新特征。中国证监会依法制定相关信息披露规则，并授权北交所提出细化和补充要求。

与《公开发行证券的公司信息披露内容与格式准则第 41 号——科创板公司招股说明书》（以下简称《科创板招股说明书准则》"或"科创板准则"）相比，北交所准则与科创板准则主要存在以下不同：

1. 新三板挂牌情况的披露要求

新三板挂牌情况的信息披露要求对比如表 5-2 所示。

表 5-2 新三板挂牌情况的信息披露要求对比

北交所准则	科创板准则
第三十九条：发行人应披露在全国股转系统挂牌期间的基本情况，主要包括： （一）证券简称、证券代码、挂牌日期和目前所属层级； （二）主办券商及其变动情况； （三）报告期内年报审计机构及其变动情况； （四）股票交易方式及其变更情况； （五）报告期内发行融资情况，包括但不限于发行方式、金额、资金用途等； （六）报告期内重大资产重组情况，对发行人业务和管理、股权结构及经营业绩的影响； （七）报告期内控制权变动情况； （八）报告期内股利分配情况	第三十八条：第三款发行人应披露公司在其他证券市场的上市/挂牌情况，包括上市/挂牌时间、上市/挂牌地点、上市/挂牌期间受到处罚的情况、退市情况等。

北交所准则与科创板准则均对发行人在其他证券市场的上市、挂牌情况提出了信息披露的要求。由于 2021 年 7 月 23 日上交所才发布全国中小企业股份转让系统精选层挂牌公司在科创板转板上市的相关信息披露要求，故科创板拟上市公司存在新三板挂牌情况的案例较少。而北交所拟上市公司均为在全国股转系统连续挂牌满 12 个月的创新层挂牌公司，故北交所准则对发行人在新三板的挂牌情况提出了更加明确、具体的信息披露要求。除了挂牌期间股票的基本信息，以及中介机构的变化情况外，北交所准则还要求拟上市公司披露：

（1）股票的交易方式

根据《全国中小企业股份转让系统股票交易方式确定及变更指引》，新三板股票的交易方式包括做市交易方式、集合竞价交易方式和连续竞价交易方式。不同的交易方式可能会对股票流动性和定价等因素产生影响。因此股票的交易方式和变动情况应详细披露。

（2）报告期内的发行融资情况与重大资产重组情况

北交所准则要求明确披露报告期内的再融资情况，包括但不限于发行方式、金额、资金用途等；并要求明确披露公司报告期内的重大资产重组情况，包括重大资产重组对发行人业务和管理、股权结构及经营业绩的影响。

（3）报告期内的控制权变动及股利分配情况

根据《全国中小企业股份转让系统持续信息披露公告类别索引表》，在"新三板"挂牌阶段，公司控制权变更及股利分配情况属于应披露的信息。北交所准则要求对上述情况在招股说明书中进行全面披露。

虽然北交所准则对"新三板"挂牌情况披露的相关要求没有设置"兜底条款"，但从注册制信息披露为核心的要求出发，对于拟上市公司如果在挂牌期间存在行政处罚、安全环保等问题，应视影响程度判断是否需要进行披露。

2. 特殊投资约定的披露要求

特殊投资约定披露要求对比如表 5-3 所示。

表 5-3 特殊投资约定披露要求对比

北交所准则	科创板准则
第四十三条：发行人应披露本次公开发行申报前已经制定或实施的股权激励及相关安排（如限制性股票、股票期权等），发行人控股股东、实际控制人与其他股东签署的特殊投资约定等可能导致股权结构变化的事项，并说明其对公司经营状况、财务状况、控制权变化等方面的影响	第四十七条：第二款发行人应披露本次公开发行申报前已经制定或实施的股权激励及相关安排，披露股权激励对公司经营状况、财务状况、控制权变化等方面的影响，以及上市后的行权安排。 注：对于特殊投资约定等未作明确要求

根据《挂牌公司股票发行常见问题解答（四）——特殊投资条款》，特殊投资条款不得存在以下问题：

（一）挂牌公司作为特殊投资条款所属协议的当事人，但投资者以非现金资产认购或发行目的为股权激励等情形中，挂牌公司作为受益人的除外。

（二）限制挂牌公司未来股票发行融资的价格或发行对象。

（三）强制要求挂牌公司进行权益分派，或者不能进行权益分派。

（四）挂牌公司未来再融资时，如果新投资方与挂牌公司约定了优于本次发行的特殊投资条款，则相关条款自动适用于本次发行认购方。

（五）发行认购方有权不经挂牌公司内部决策程序直接向挂牌公司派驻董事，或者派驻的董事对挂牌公司经营决策享有一票否决权。

（六）不符合相关法律法规规定的优先清算权、查阅权、知情权等条款。

（七）触发条件与挂牌公司市值挂钩。

（八）其他损害挂牌公司或者其股东合法权益的特殊投资条款。

特殊投资条款包括但不限于共同出售条款、强制随售条款、反摊薄条款、对赌条款等。对于涉及上述条款的相关安排，拟上市公司除了应当披露条款的全部内容外，监管机构还会着重要求说明此类条款是否为协议各方的真实意思表示、是否经过相关决议机构审查通过、是否存在违反监管要求的约定等，应当着重审核此类条款安排是否存在上述问题。

3. 关键资源要素的披露要求

关键资源要素披露要求对比如表 5-4 所示。

表 5-4 关键资源要素披露要求对比

北交所准则	科创板准则
第五十一条：发行人应遵循重要性原则披露与其业务相关的关键资源要素，主要包括： （一）产品（或服务）所使用的主要技术、技术来源及所处阶段（如处于基础研究、试生产、小批量生产或大批量生产阶段），说明技术属于原始创新、集成创新或引进消化吸收再创新的情况；披露核心技术与已取得的专利及非专利技术的对应关系，以及在主营业务及产品（或服务）中的应用，并披露核心技术产品收入占营业收入的比例。产品（或服务）所使用的主要技术为外购的，应披露相关协议中的权利义务安排；	第五十三条：发行人应披露对主要业务有重大影响的主要固定资产、无形资产等资源要素的构成，分析各要素与所提供产品或服务的内在联系，是否存在瑕疵、纠纷和潜在纠纷，是否对发行人持续经营存在重大不利影响。发行人与他人共享资源要素的，如特许经营权，应披露共享的方式、条件、期限、费用等。

（续）

北交所准则	科创板准则
（二）取得的业务许可资格或资质情况，主要包括名称、内容、授予机构、有效期限； （三）拥有的特许经营权的情况，主要包括特许经营权的取得、特许经营权的期限、费用标准、对发行人业务的影响； （四）对主要业务有重大影响的主要固定资产、无形资产的构成，分析其与所提供产品或服务的内在联系，是否存在瑕疵、纠纷和潜在纠纷，是否对发行人持续经营存在重大不利影响。发行人允许他人使用自己所有的资产，或作为被许可方使用他人资产的，应披露许可合同的主要内容，主要包括许可人、被许可人、许可使用的具体资产内容、许可方式、许可年限、许可使用费等； （五）员工情况，包括人数、年龄分布、专业构成、学历结构等。核心技术（业务）人员的姓名、年龄、主要业务经历及职务、现任职务与任期、所取得的专业资质及重要科研成果、获得的奖项、持有发行人的股份情况、对外投资情况及兼职情况，核心技术（业务）人员是否存在侵犯第三方知识产权或商业秘密、违反与第三方的竞业限制约定或保密协议的情况，报告期内核心技术（业务）人员的主要变动情况及对发行人的影响； （六）正在从事的研发项目、所处阶段及进展情况、相应人员、经费投入、拟达到的目标；结合行业技术发展趋势，披露相关科研项目与行业技术水平的比较；披露报告期内研发投入的构成、占营业收入的比例。与其他单位合作研发的，还应披露合作协议的主要内容，权利义务划分约定及采取的保密措施等	第五十四条：发行人应披露主要产品或服务的核心技术及技术来源，结合行业技术水平和对行业的贡献，披露发行人的技术先进性及具体表征。披露发行人的核心技术是否取得专利或其他技术保护措施、在主营业务及产品或服务中的应用和贡献情况。 发行人应披露核心技术的科研实力和成果情况，包括获得重要奖项、承担的重大科研项目、核心学术期刊论文发表情况等。 发行人应披露正在从事的研发项目、所处阶段及进展情况、相应人员、经费投入、拟达到的目标；结合行业技术发展趋势，披露相关科研项目与行业技术水平的比较；披露报告期内研发投入的构成、占营业收入的比例。与其他单位合作研发的，还应披露合作协议的主要内容，权利义务划分约定及采取的保密措施等。 发行人应披露核心技术人员、研发人员占员工总数的比例，核心技术人员的学历背景构成，取得的专业资质及重要科研成果和获得奖项情况，对公司研发的具体贡献，发行人对核心技术人员实施的约束激励措施，报告期内核心技术人员的主要变动情况及对发行人的影响。 发行人应披露保持技术不断创新的机制、技术储备及技术创新的安排等

　　根据《挂牌审查一般问题内核参考要点（试行）》，公司应结合自身实际情况清晰准确披露商业模式，可参照"公司业务立足或属于哪个行业，具有什么关键资源要素（如技术、渠道、专利、模式等），利用该关键资源要素生产出什么产品或提供什么服务，面向哪些客户（列举一两名典型客户），以何种销售方式销售给客户，报告内利润率高于或低于同行业利润率的概要原因"总结公司的商业模式。

公司的关键资源要素是其核心竞争力的体现，对公司的关键资源要素进行具体、明确的信息披露，是拟上市公司的义务之所在。北交所准则与科创板准则对公司关键资源要求都提出了信息披露要求，监管机构所关注的焦点主要集中在公司的无形资产情况上，包括产品关键技术、业务许可证、特许经营权、核心人员、研发投入等。

4. 募集资金运用的披露要求

募集资金运用披露要求对比如表 5-5 所示。

表 5-5　募集资金运用披露要求对比

北交所准则	科创板准则
第七十七条：发行人应根据重要性原则披露募集资金运用情况： （一）募集资金拟用于项目建设的，应当说明资金需求和资金投入安排，是否符合国家产业政策和法律、行政法规的规定；并披露所涉及审批或备案程序、土地、房产和环保事项等相关情况； （二）募集资金拟用于购买资产的，应当对标的资产的情况进行说明，并列明收购后对发行人资产质量及持续经营能力的影响、是否构成重大资产重组，如构成，应说明是否符合重大资产重组的有关规定并披露相关信息；募集资金拟用于向发行人控股股东、实际控制人或其关联方收购资产的，如对被收购资产有效益承诺，应披露效益无法完成时的补偿责任； （三）募集资金拟用于补充流动资金的，应当说明主要用途及合理性； （四）募集资金拟用于偿还银行贷款的，应当列明拟偿还贷款的明细情况及贷款的使用情况； （五）募集资金拟用于其他用途的，应当明确披露募集资金用途、资金需求的测算过程及募集资金的投入安排	第八十四条：发行人应列表简要披露募集资金的投资方向、使用安排等情况。 第八十五条：发行人应根据重要性原则披露募集资金运用情况： （一）募集资金的具体用途，简要分析募集资金具体用途的可行性及其与发行人现有主要业务、核心技术之间的关系； （二）投资概算情况。发行人所筹资金如不能满足预计资金使用需求的，应说明缺口部分的资金来源及落实情况；如所筹资金超过预计资金使用需求的，应说明相关资金在运用和管理上的安排； （三）募集资金具体用途所需的时间周期和时间进度； （四）募集资金运用涉及履行审批、核准或备案程序的，应披露相关的履行情况； （五）募集资金运用涉及环保问题的，应披露可能存在的环保问题、采取的措施及资金投入情况； （六）募集资金运用涉及新取得土地或房产的，应披露取得方式、进展情况及未能如期取得对募集资金具体用途的影响； （七）募集资金运用涉及与他人合作的，应披露合作方基本情况、合作方式、各方权利义务关系； （八）募集资金向实际控制人、控股股东及其关联方收购资产，如果对被收购资产有效益承诺的，应披露效益无法完成时的补偿责任

合理的募投项目是通过审核的关键因素之一,因此,企业在设计募投项目时,应谨慎对待,保证募投项目的合理性。

相比于科创板准则采取的以"涉及问题"为导向的募集资金信息披露规则,北交所准则沿用了精选层挂牌企业招股说明书的要求,采取以"资金募集用途"为导向的披露原则,规定拟上市企业应当对募集资金的实际用途进行明确披露。北交所根据募集资金的用途,将其分类为项目建设、购买资产、补充流动资金、偿还贷款和其他五类,并分别做出了具体的披露要求。

5.4 预披露信息的相关要求

1. 信息预披露的内容

根据《北京证券交易所向不特定合格投资者公开发行股票注册管理办法》,北交所受理注册申请文件后,发行人应当按规定将招股说明书、发行保荐书、上市保荐书、审计报告和法律意见书等文件在北交所网站预先披露。北交所将发行人注册申请文件报送中国证监会时,上述规定的文件应当同步在北交所网站和中国证监会网站公开。发行人应当按照中国证监会制定的信息披露规则,编制并披露招股说明书。发行人应当以投资者需求为导向,结合所属行业的特点和发展趋势,充分披露自身的创新特征。中国证监会制定的信息披露规则是信息披露的最低要求。不论上述规则是否有明确规定,凡是投资者做出价值判断和投资决策所必需的信息,发行人均应当充分披露。

2. 信息预披露的更新

北交所受理发行上市申请后至中国证监会做出注册决定前,发行人应当按照规定,对预先披露的招股说明书、发行保荐书、上市保荐书、审计报告和法律意见书等文件予以更新并披露。发行人回复北交所审核问询或者发生其他情形时，需更新发行上市申请文件的，应当进行修改、更新。在北交所发出上市委员会审议会议通知时，更新后的招股说明书、发行保荐书、上市保荐书、审计报告和法律意见书等文件在北交所网站披露。

3. 信息预披露的禁止与声明

预先披露的招股说明书等文件不是发行人发行股票的正式文件，不能含有股票发行价格信息，发行人不得据此发行股票。发行人应当在预先披露的招股说明书的显要位置声明："本公司的发行申请尚需经北京证券交易所和中国证监会履行相应程序。本招股说明书不具有据以发行股票的法律效力，仅供预先披露之用。投资者应当以正式公告的招股说明书作为投资决定的依据。"发行人在发行股票前应当在符合《证券法》规定的信息披露平台刊登经注册生效的招股说明书，同时将其置备于公司住所、北交所，供社会公众查阅。发行人可以将招股说明书以及有关附件刊登于其他报刊、网站，但披露内容应当完全一致，且不得早于在中国证监会网站的披露时间。上市公司同时有证券在境外证券交易所上市的，其在境外证券交易所披露的信息应当在规定信息披露平台同时披露。

第 6 章
北交所上市保荐、承销与辅导

根据相关法律法规的要求，企业申请 IPO 前，应当聘请具有保荐业务资格的证券公司履行保荐职责，同时，对企业在申请上市过程中所出具的相关文件，中介机构需要履行勤勉尽责的义务，保证出具的相关文件真实、准确、完整。

6.1 保荐

根据《证券法》，发行人申请公开发行股票、可转换为股票的公司债券，依法采取承销方式的，或者公开发行法律、行政法规规定实行保荐制度的其他证券的，应当聘请证券公司担任保荐人。保荐人应当遵守业务规则和行业规范，诚实守信，勤勉尽责，对发行人的申请文件和信息披露资料进行审慎核查，督导发行人规范运作。保荐人的管理办法由国务院证券监督管理机构规定。

北交所证券发行上市保荐业务主要依据《北京证券交易所证券发行上市保荐业务管理细则》，其与精选层制度的差异主要体现在以下三个方面：

（1）扩大适用范围

将上市公司发行股票、可转债等纳入保荐业务管理范围，强化保荐机构监督职责。

（2）根据《证券发行上市保荐业务管理办法》修订内容配套调整

修改更换保荐代表人情形中"被撤销保荐代表人资格"为"不符合保荐代表人要求"；修改"保荐机构资格"为"保荐业务资格"；修改保荐协议备案的相关要求为"向承担辅导验收职责的中国证监会派出机构报告"。

（3）厘清持续督导职责

删除主办券商持续督导要求；延长保荐机构持续督导期限；明确保荐机构在督导期满后关于募集资金核查职责。

1. 保荐机构

保荐机构的职责由证券公司的投资银行部门来承担，在"尽职调查""股改""辅导"过程中，保荐机构会对公司的董事、监事和高级管理人员等进行系统培训，同会计师事务所、律师事务所解决财务与法律上的问题；在IPO的申报审核阶段，保荐机构管理IPO进程，与监管机构联络沟通，和会计师事务所、律师事务所一起回复监管机构的问询。

根据《北交所股票上市规则（试行）》的要求：保荐机构应当取得北交所会员资格，公开发行并上市的发行人应当聘请在申报时为其提供持续督导服务的主办券商担任保荐机构，主办券商不具有保荐业务资格的，可以由其控股的具有保荐业务资格的子公司担任。

上述要求的目的主要是为了鼓励主办券商"培早培新"，服务中小企业实现跨层次、递进式发展，形成市场良性生态。

根据《北京证券交易所证券发行上市保荐业务管理细则》，保荐机构应当为具有保荐业务资格，且取得北交所会员资格的证券公司。

2. 保荐职责

根据《证券公司保荐业务规则》，保荐机构应当尽职推荐发行人证券发行上市或挂牌，勤勉履行以下责任：

（一）按照法律法规、监管规定、自律规则等要求，通过查阅、访谈、列席会议、实地调查、印证和讨论等方法，对证券发行上市或挂牌相关情况进行合理的全面尽职调查。

（二）对发行人申请文件、证券发行募集文件中相关证券服务机构及其签字人员出具专业意见的内容，可以合理信赖，对相关内容应当保持职业怀疑、运用职业判断进行分析。

（三）对发行人申请文件、证券发行募集文件中没有证券服务机构及其签字人员专业意见支持的内容，应当在尽职调查的基础上进行独立判断，有充分理由相信所做的判断与发行人申请文件、证券发行募集文件的内容不存在实质性差异；保荐机构进行独立判断应当采取必要的外部核查程序，获取相应的外部证据，不应完全依赖发行人提供的资料和披露内容。

（四）其他应当依法履行的责任。

根据《北京证券交易所股票上市规则（试行）》，向北交所申请公开发行并上市，应当由保荐机构保荐，根据相关规定无须保荐的除外。保荐机构应当为具有保荐业务资格，且取得北交所会员资格的证券公司。

公开发行并上市的发行人应当聘请在申报时为其提供持续督导服务的主办券商担任保荐机构，主办券商不具有保荐业务资格的，可以由其控股的具有保荐业务资格的子公司担任。

发行人应当与保荐机构签订保荐协议，明确双方在保荐和持续督导期间的权利和义务，合理确定保荐费用的金额和支付时间。

根据《北京证券交易所证券发行上市保荐业务管理细则》，保荐职责主要分为三个阶段，即发行保荐、上市保荐及持续督导，如图6-1

所示。

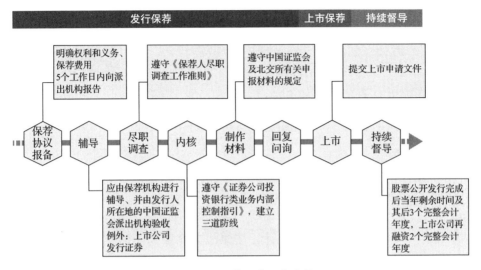

图 6-1 保荐职责三个阶段

保荐协议签订后,保荐机构应当在 5 个工作日内向承担辅导验收职责的中国证监会派出机构报告。

3. 保荐代表人

保荐机构履行保荐职责,应当指定有一定项目实践经验的保荐代表人具体负责保荐工作。保荐代表人需要在整个 IPO 过程中随时关注并解决过程中出现的各种问题,为各个中介机构提供专业意见,并和监管机构及政府部门及时进行沟通。

根据《证券发行上市保荐业务管理办法》(2020 年修订),保荐代表人应当熟练掌握保荐业务相关的法律、会计、财务管理、税务、审计等专业知识(即通过保荐代表人专业能力水平评价测试或满足指定的要求),最近 5 年内具备 36 个月以上保荐相关业务经历、最近 12 个月持续从事保荐相关业务,最近 3 年未受到证券交易所等自律组织的重大纪律处分或者中国证监会的行政处罚、重大行政监管措施。

若保荐代表人专业能力水平评价测试结果未达到基本要求的,根据《证券公司保荐业务规则》,所在保荐机构应当出具书面说明并提供验证其专业能力水平的充足材料,且其应在最近6个月内完成保荐业务相关培训90学时。协会将相关材料情况及其专业能力水平评价测试结果予以公示。所提供材料包括下列中的任意四项可视为充足:

(一)具备八年以上保荐相关业务经历。

(二)最近三年内在符合《保荐办法》第二条规定的两个证券发行项目中担任过项目组成员(发行人、保荐机构、保荐代表人因证券发行上市相关违规行为受到处罚处分措施的项目除外)。

(三)具有金融、经济、会计、法律相关专业硕士研究生以上学历。

(四)取得国家法律职业资格。

(五)取得国家注册会计师资格。

符合下列条件之一的,可视为熟练掌握保荐业务相关法律、会计、财务管理、税务、审计等专业知识,达到相应专业能力水平,无须参加专业能力水平评价测试:

(一)具备十年以上保荐相关业务经历,且最近两年内在符合《保荐办法》第二条规定的证券发行项目中担任过项目协办人等主要成员(发行人、保荐机构、保荐代表人因证券发行上市相关违规行为受到处罚处分措施的项目除外)。

(二)从事证券发行上市保荐相关监管工作十年以上。

根据《北京证券交易所证券发行上市保荐业务管理细则》,保荐机构应当指定2名保荐代表人具体负责1家发行人的保荐工作,出具由法定代表人签字的专项授权书,并确保保荐机构有关部门和人员有效分工协作。保荐机构可以指定1名项目协办人。

6.2 承销

根据《证券法》,发行人申请公开发行股票、可转换为股票的公司债券,依法采取承销方式的,或者公开发行法律、行政法规规定实行保荐制度的其他证券的,应当聘请证券公司担任保荐人。承销是证券发行人委托具有证券销售资格的金融机构,按照协议由金融机构向投资者募集资金并交付证券的行为和制度。承销是证券经营机构基本职能之一。根据证券经营机构在承销过程中承担的责任和风险不同,承销可分为包销和代销两种形式。实践中,证券承销主要由证券经营机构(实践中一般指证券公司)的具体承销团队负责,团队的实力强弱直接影响 IPO 企业募集资金的能力与水平高低。因此,选择专业的,具备良好市场口碑和业务承做能力的承销团队至关重要。

北交所市场证券发行及承销行为主要依据《北京证券交易所证券发行与承销管理细则》,其起草思路主要为四个方面:

(1)立足中小企业需求,保持制度稳定

深入贯彻注册制理念,引入市场化发行机制,主要制度安排与精选层现行制度一致。

(2)深化市场机制,引导合理定价

坚持市场化定价,通过制度安排和市场化约束机制引导各方主体充分博弈,形成合理的发行价格,加强定价过程监督,禁止操纵发行定价、劝诱或干扰投资者报价。

(3)强化投资者保护,促进市场公平

通过设置中止发行红线、强化信息披露与投资风险揭示等制度,加强投资者保护,维护市场稳定运行。

（4）加强承销过程监管，保障市场秩序

建立规范有效的风险防控机制，强化发行承销过程的全流程监管，对发行人、承销商及其他市场参与主体的行为予以规范，提升违法违规成本，防控利益输送。

根据《北京证券交易所证券发行与承销管理细则》，主承销商可以由发行人保荐机构担任，也可以由发行人保荐机构与其他具有保荐业务资格的证券公司共同担任。发行人和主承销商应当签订承销协议，在承销协议中界定双方的权利义务关系，约定明确的承销基数。采用包销方式的，应当明确包销责任；采用代销方式的，应当约定发行失败后的处理措施。

《北京证券交易所证券发行与承销管理细则》与精选层发行承销制度存在两方面的差异：

（1）扩大适用范围

上市公司发行股票、可转债等均纳入发行承销规则使用范围配套增加上市公司再融资相关要求。

（2）优化发行承销相关机制

调整余股配售规则：余股配售规则由"按时间优先"调整为"按申购数量优先，数量相同的时间优先"，缓解投资者集中申购压力。

强化报价行为监督：将网下投资者故意压低或抬高报价、不审慎报价等违规情形纳入自律监管范围。

6.2.1 承销机构的选任

根据《证券法》，经国务院证券监督管理机构核准，取得经营证券业务许可证，证券公司可以经营证券承销与保荐。除证券公司外，任何单位和个人不得从事证券承销、证券保荐、证券经纪和证券融资融券业务。

根据《北京证券交易所证券发行与承销管理细则》，承销机构的选任，一般由保荐机构担任，也可以由其他具有保荐承销业务资格的证券公司与该保荐机构共同担任。保荐承销机构需要对发行人申请文件、证券发行募集文件进行核查，向监管机构出具保荐意见，保证出具文件的真实、准确和完整。

拟上市企业在获得IPO批文之后，就进入了承销发行阶段。经验与资源丰富的承销机构可通过询价和路演等方式，沟通机构投资者、表达企业商业价值并根据信息与经验进行合理发行定价，促使拟上市企业获得更多的募集资金。

承销机构很大程度上影响着企业上市的发行市盈率，截至2021年10月31日，68家精选层挂牌公司发行市盈率情况如表6-1所示。

表6-1 精选层挂牌公司发行市盈率情况

单位：倍

代码	名称	发行市盈率	代码	名称	发行市盈率
430047.NQ	诺思兰德	—	872925.NQ	锦好医疗	21.07
831961.NQ	创远仪器	90.43	831445.NQ	龙竹科技	20.70
837344.NQ	三元基因	52.87	832885.NQ	星辰科技	20.43
832317.NQ	观典防务	51.98	831726.NQ	朱老六	19.88
835185.NQ	贝特瑞	51.94	839167.NQ	同享科技	19.82
830799.NQ	艾融软件	49.31	834682.NQ	球冠电缆	19.73
839729.NQ	永顺生物	46.01	832566.NQ	梓橦宫	19.33
834415.NQ	恒拓开源	42.77	834599.NQ	同力股份	19.20
835305.NQ	云创数据	40.66	430418.NQ	苏轴股份	19.12
831370.NQ	新安洁	37.45	836239.NQ	长虹能源	18.94
838163.NQ	方大股份	36.95	834475.NQ	三友科技	18.85
835184.NQ	国源科技	35.67	830839.NQ	万通液压	18.69
430510.NQ	丰光精密	34.56	831010.NQ	凯添燃气	18.38
838275.NQ	驱动力	33.29	832225.NQ	利通科技	18.31

（续）

代码	名称	发行市盈率	代码	名称	发行市盈率
836263.NQ	中航泰达	33.11	830832.NQ	齐鲁华信	18.12
832278.NQ	鹿得医疗	32.84	430090.NQ	同辉信息	18.06
833994.NQ	翰博高新	32.04	836892.NQ	广咨国际	17.92
835368.NQ	连城数控	30.93	837242.NQ	建邦科技	17.70
832735.NQ	德源药业	30.37	871642.NQ	通易航天	17.60
834021.NQ	流金岁月	30.06	837212.NQ	智新电子	17.51
835640.NQ	富士达	28.93	833427.NQ	华维设计	16.45
836149.NQ	旭杰科技	27.41	831768.NQ	拾比佰	16.44
835508.NQ	殷图网联	26.49	871553.NQ	凯腾精工	16.38
833509.NQ	同惠电子	25.43	871396.NQ	常辅股份	16.10
430198.NQ	微创光电	25.41	836077.NQ	吉林碳谷	15.56
830964.NQ	润农节水	25.31	834765.NQ	美之高	15.33
430489.NQ	佳先股份	25.00	832000.NQ	安徽凤凰	15.13
835670.NQ	数字人	24.89	833874.NQ	泰祥股份	14.95
833819.NQ	颖泰生物	24.77	838030.NQ	德众汽车	13.92
833266.NQ	生物谷	24.49	831856.NQ	浩森科技	12.20
830946.NQ	森萱医药	22.90	839946.NQ	华阳变速	11.01
836433.NQ	大唐药业	22.40	836826.NQ	盖世食品	10.66
836675.NQ	秉扬科技	21.94	831039.NQ	国义招标	10.23
833523.NQ	德瑞锂电	21.89	835174.NQ	五新隧装	9.73

数据来源：Wind

6.2.2 发行定价

在股票发行定价方面，根据《北京证券交易所向不特定合格投资者公开发行股票注册管理办法（试行）》，北交所结合中小企业多元化的需求，提供直接定价、询价和竞价等多种定价方式。

根据《北京证券交易所上市公司证券发行与承销业务指引》，上市公司向不特定合格投资者公开发行股票的，发行价格可以由发行人与主承销商协商确定，但是应当不低于公告招股意向书前二十个交易日或者前一个交易日公司股票均价。

1. 定价方式

根据《北京证券交易所向不特定合格投资者公开发行股票注册管理办法（试行）》，北交所发行人可以与主承销商自主协商直接定价，也可以通过合格投资者网上竞价，或者网下询价等方式确定股票发行价格和发行对象。发行人通过网下询价方式确定股票发行价格和发行对象的，询价对象应当是经中国证券业协会注册的网下投资者。

根据《北京证券交易所证券发行与承销管理细则》，公开发行并上市采用询价方式的，承销商应当向网下投资者提供投资价值研究报告；采用竞价方式的，承销商应当提供投资价值研究报告并公开披露。投资价值研究报告应当符合中国证券业协会的相关规定。

股票公开发行采用直接定价方式的，发行人与主承销商应当结合发行人所属行业、市场情况、同行业公司估值水平等因素审慎确定发行价格，并在招股文件和发行公告中披露。

直接定价发行流程如图 6-2 所示。

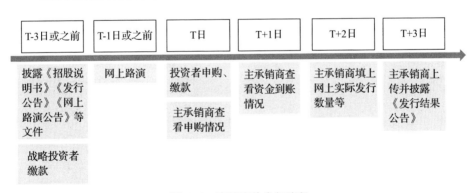

图 6-2 直接定价发行流程

股票公开发行采用竞价方式的，每个投资者只能申报一次。申购信息应当包括每股价格和对应的拟申购股数。发行人和主承销商应当在发行公告中披露价格确定机制。

竞价发行流程如图 6-3 所示。

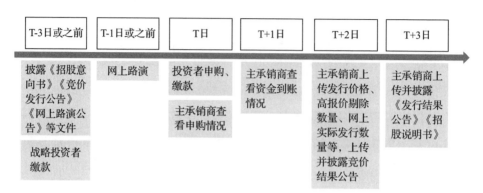

图 6-3　竞价发行流程

股票公开发行采用询价方式的，应当通过初步询价确定发行价格。发行人和主承销商可以自主协商设置网下投资者的具体条件，并预先披露。网下投资者可以自主决定是否报价，主承销商无正当理由不得拒绝。

询价发行流程如图 6-4 所示。

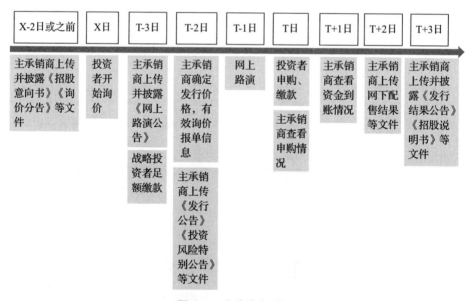

图 6-4　询价发行流程

根据《证券发行与承销管理办法（2018修订）》，首次公开发行股票，可以通过向网下投资者询价的方式确定股票发行价格，也可以通过发行人与主承销商自主协商直接定价等其他合法可行的方式确定发行价格。公开发行股票数量在2 000万股（含）以下且无老股转让计划的，可以通过直接定价的方式确定发行价格。首次公开发行股票采用直接定价方式的，全部向网上投资者发行，不进行网下询价和配售。

根据《创业板首次公开发行证券发行与承销特别规定》，通过直接定价的方式确定的发行价格对应市盈率不得超过同行业上市公司二级市场平均市盈率；已经或者同时境外发行的，通过直接定价的方式确定的发行价格不得超过发行人境外市场价格。

2. 定价的披露

根据《北京证券交易所向不特定合格投资者公开发行股票注册管理办法（试行）》，发行人应当对定价依据及定价方式、定价的合理性做出充分说明并披露，主承销商应当对本次发行价格的合理性、相关定价依据和定价方法的合理性，是否损害现有股东利益等发表意见。发行人和主承销商应当在招股说明书和发行公告中披露本次发行股票采用的定价方式。

发行人和主承销商可以根据北交所和中国证券业协会相关自律规则的规定，设置网下投资者的具体条件，并在发行公告中预先披露。获中国证监会同意注册后，发行人与主承销商应当及时向北交所报送发行与承销方案。

发行人采取询价或竞价方式发行的，发行价格确定后五个工作日内，发行人应当在北交所网站刊登招股说明书。发行人、承销机构及相关人员不得存在以下行为：

（一）泄露询价或定价信息。

（二）以任何方式操纵发行定价。

（三）夸大宣传，或以虚假广告等不正当手段诱导、误导投资者。

（四）向投资者提供除招股意向书等公开信息以外的公司信息。

（五）以提供透支、回扣或者中国证监会认定的其他不正当手段诱使他人申购股票。

（六）以代持、信托持股等方式谋取不正当利益或向其他相关利益主体输送利益。

（七）直接或通过其利益相关方向参与申购的投资者提供财务资助或者补偿。

（八）以自有资金或者变相通过自有资金参与网下配售。

（九）与投资者互相串通，协商报价和配售。

（十）收取投资者回扣或其他相关利益。

（十一）中国证监会规定的其他情形。

3. 战略配售

根据《北京证券交易所向不特定合格投资者公开发行股票注册管理办法（试行）》，公开发行股票可以向战略投资者配售。发行人的高级管理人员、核心员工可以参与战略配售。前述所称的核心员工，应当由公司董事会提名，并向全体员工公示和征求意见，由监事会发表明确意见后，经股东大会审议批准。发行人应当与战略投资者事先签署配售协议。发行人和主承销商应当在发行公告中披露战略投资者的选择标准、向战略投资者配售的股票总量、占本次发行股票的比例以及持有期限等。

根据《北京证券交易所证券发行与承销管理细则》，战略投资者不得超过10名。公开发行股票数量在5 000万股以上的，战略投资者获得配售的股票总量原则上不得超过本次公开发行股票数量的30%，超过的应当在发行方案中充分说明理由。公开发行股票数量不足5 000万股的，战略投资者获得配售的股票总量不得超过本次公开发行股票数量的20%。

参与战略配售的投资者，应当具备良好的市场声誉和影响力，具有较强资金实力，认可发行人长期投资价值，并按照最终确定的发行价格认购其承诺认购的发行人股票。

战略投资者本次获得配售的股票持有期限应当不少于6个月，持有期自本次发行的股票在北交所上市之日起计算。

经发行人董事会审议通过，发行人高级管理人员与核心员工可以通过专项资产管理计划、员工持股计划等参与战略配售，获配的股票数量不得超过本次公开发行股票数量的10%，且股票持有期限不得少于12个月。

与科创板及创业板相比，战略投资者限售要求如表6-2所示。

表6-2 战略投资者限售对比

北交所	科创板	创业板
发行人高级管理人员与核心员工通过专项资产管理计划、员工持股计划等参与战略配售取得的股份，持有期限不得少于12个月。其他投资者参与战略配售取得的股份，持有期限不得少于6个月	发行人的高级管理人员与核心员工可以设立专项资产管理计划参与本次发行战略配售。前述专项资产管理计划获配的股票数量不得超过首次公开发行股票数量的10%，且应当承诺获得本次配售的股票持有期限不少于12个月。战略投资者应当承诺获得本次配售的股票持有期限不少于12个月，持有期自本次公开发行的股票上市之日起计算	发行人的高级管理人员设立的专项资产管理计划，通过集中竞价方式减持参与战略配售获配股份的，应当参照《上市公司股东及董事、监事、高级管理人员减持股份实施细则》关于高级管理人员减持股份的规定履行信息披露义务。战略投资者不参与网下询价，且应当承诺获得本次配售的股票持有期限不少于12个月，持有期自本次公开发行的股票上市之日起计算

4. 超额配售选择权

根据《北京证券交易所证券发行与承销管理细则》，股票公开发行的，发行人和主承销商可以采用超额配售选择权。超额配售选择权相关要求如表6-3所示。

表 6-3 超额配售选择权相关要求

超额配售数量上限	采用超额配售选择权发行股票数量不得超过本次公开发行股票数量的 15%
发行人授权	发行人应当授予主承销商超额配售股票并使用超额配售股票募集的资金从二级市场竞价交易购买发行人股票的权利
主承销商权利	发行人股票在北交所上市之日起 30 日内,获授权的主承销商有权使用超额配售股票募集的资金,以竞价交易方式从二级市场购买发行人股票,申报买入价格不得高于本次发行的发行价格。获授权的主承销商应当开立专用账户
行使超额配售选择权	获授权的主承销商未购买发行人股票或者购买发行人股票数量未达到全额行使超额配售选择权拟发行股票数量的,可以要求发行人按照超额配售选择权方案以发行价格增发相应数量股票
资金划转及股票交付	主承销商应当在超额配售选择权行使期届满或者累计购回股票数量达到采用超额配售选择权发行股票数量限额的 5 个交易日内,向发行人支付超额配售股票募集的资金,向同意延期交付股票的投资者交付股票
剩余资金归属	除购回股票使用的资金及划转给发行人增发股票的资金外的剩余资金,纳入北交所设立的风险基金

6.2.3　发行承销规范

2021 年 10 月 25 日,中国证券业协会就《股票公开发行并在北京证券交易所上市承销规范》(以下简称"《规范》")向券商征求意见,券商需于 10 月 27 日前提交反馈意见。

《规范》以中国证券业协会前期发布的《非上市公众公司股票公开发行并在新三板精选层挂牌承销业务规范》为基础,着重强调北交所特有的相关规定。对同时适用于科创板、创业板、北交所的相关要求不再重复规定,按照《注册制下首次公开发行股票承销规范》执行,统一注册制下股票发行承销业务执业标准。

1. 路演推介方式

《规范》指出,采用询价方式、直接定价和竞价方式发行的项目,发行人和主承销商应当采用互联网等方式向投资者进行公开路演推介。询价发行时，还可以采用现场、电话、视频会议、互联网等合法合规的方式向经协会注册、符合协会规定条件并已开通北交所交易权限的网下投资者进行路演推介。

股票公开发行注册申请文件受理后至发行人发行申请经北交所审核通过、并获中国证监会同意注册、发行人和主承销商在符合证券法规定的信息披露平台披露招股意向书（针对询价、竞价方式）或招股说明书（针对直接定价方式）前，主承销商不得自行或与发行人共同采取任何公开或变相公开方式进行与股票发行相关的推介活动，也不得通过其他利益关联方或委托他人等方式进行相关活动。

《规范》明确，股票公开发行并在北交所上市，可以通过发行人和主承销商自主协商直接定价、合格投资者网下询价或网上竞价等方式确定发行价格。

2. 披露战略投资者专项核查文件

《规范》规定，股票公开发行并在北交所上市的，可以向战略投资者配售股票。主承销商应当对战略投资者的选择标准、配售资格以及是否存在相关法律法规、监管规定及自律规则规定的禁止性情形进行核查，出具专项核查文件并公开披露。除要求发行人出具相关承诺函外，还应要求战略投资者就以下事项出具承诺函：

（一）其为本次配售股票的实际持有人，不存在受其他投资者委托或委托其他投资者参与本次战略配售的情形（符合战略配售条件的证券投资基金等主体除外）。

（二）其资金来源为自有资金（符合战略配售条件的证券投资基金等主体除外），且符合该资金的投资方向。

（三）不通过任何形式在限售期内转让所持有本次配售的股票。

（四）与发行人或其他利益关系人之间不存在输送不正当利益的

行为。

（五）遵守并符合中国证监会、北交所、协会制定的相关规定。

3. 投资价值报告要求与科创板、创业板统一

《规范》规定，股票公开发行并在北交所上市采用询价方式的，主承销商应当于招股意向书刊登后的当日，向网下投资者和战略投资者提供投资价值研究报告，但不得以任何形式公开披露或变相公开投资价值研究报告或其内容，中国证监会及北交所另有规定的除外。采用竞价方式发行的，主承销商应当公开披露投资价值研究报告。

投资价值研究报告应当对影响发行人投资价值的因素进行全面、客观、公允的分析，并应当符合发行人特点及所处市场定位。分析内容应当符合《注册制下首次公开发行股票承销规范》及其附件中的相关规定。

证券分析师参与撰写投资价值研究报告相关工作，需事先履行跨墙审批手续，按照《注册制下首次公开发行股票承销规范》相关规定执行。

《规范》要求，承销商应在刊登招股意向书之前，向协会报送路演推介活动的初步方案；还要求承销商应在股票上市之日起十个工作日内，向协会报送投资价值研究报告。

6.3 持续督导

1. 持续督导机构与人员

根据《北京证券交易所证券发行上市保荐业务管理细则》，保荐机构在持续督导期间，应当履行下列职责：

（一）审阅上市公司信息披露文件及向中国证监会和北交所提交的其他文件。

（二）督促上市公司建立健全并有效执行信息披露制度，发布风险揭示公告。

（三）督促上市公司建立健全并有效执行公司治理、内部控制等各项制度：

1. 对上市公司发生的关联交易、对外担保、变更募集资金用途，以及其他可能影响持续经营能力、控制权稳定的风险事项发表意见。

2. 对上市公司发生的资金占用、关联交易显失公允、违规对外担保、违规使用募集资金及其他可能严重影响公司和投资者合法权益的事项开展专项现场核查。

3. 就上市公司存在的重大违法违规行为和其他重大事项及时向北交所报告。

（四）督促上市公司或其控股股东、实际控制人信守承诺，持续关注上市公司募集资金的专户存储、投资项目的实施等承诺事项。

（五）中国证监会和北交所规定的或者保荐协议约定的其他职责。

持续督导期间，保荐机构被撤销保荐业务资格的，发行人应当在1个月内另行聘请保荐机构，未在规定期限内另行聘请的，中国证监会可以为其指定保荐机构。

根据《北交所股票上市规则（试行）》，保荐机构应当督导上市公司建立健全并有效执行公司治理制度、财务内控制度和信息披露制度，督导上市公司按照相关业务规则的规定履行信息披露及其他相关义务，审阅信息披露文件及其他相关文件，并保证制作、出具的文件真实、准确、完整，不存在虚假记载、误导性陈述和重大遗漏。保荐机构及其保荐代表人应当督导上市公司的控股股东、实际控制人、董事、监事和高级管理人遵守北交所业务规则，履行其所做出的承诺，具体如图6-5所示。

保荐持续督导期届满，上市公司募集资金尚未使用完毕的，保荐机构应继续履行募集资金相关的持续督导职责，如有其他尚未完结的保荐工作，保荐机构应当继续完成。保荐机构在履行保荐职责期间未勤勉尽责的，其责任不因持续督导期届满而免除或者终止。

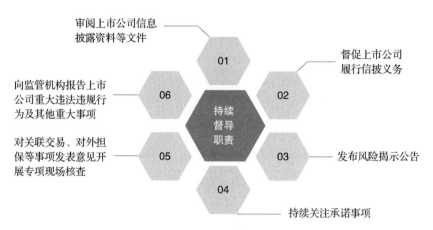

图 6-5 持续督导职责

北交所上市公司出现下列情形之一的，上市公司在披露临时报告前应当告知保荐机构及其保荐代表人。保荐机构及其保荐代表人应当督促上市公司按规定履行信息披露义务，就信息披露是否真实、准确、完整，对公司经营的影响，以及是否存在其他未披露重大风险等内容发表意见，并于上市公司披露公告时予以披露：

（一）关联交易。

（二）提供担保。

（三）变更募集资金用途。

（四）主要业务停滞或出现可能导致主要业务停滞的重大风险事件。

（五）公司经营业绩异常波动。

（六）控股股东、实际控制人及其一致行动人所持股份被司法冻结且可能导致控制权发生变动。

（七）控股股东、实际控制人及其一致行动人质押公司股份比例超过所持股份的 80% 或者被强制处置。

（八）北交所或者保荐机构认为需要发表意见的其他事项。

保荐机构、保荐代表人无法按时履行前款所述职责的，应当披露尚待核实的事项及预计发表意见的时间，并充分提示风险。

北交所上市公司出现下列情形之一的，保荐机构及其保荐代表人应自知道或应当知道之日起 15 个交易日内进行专项现场核查：

（一）未在规定期限内披露年度报告或中期报告。

（二）控股股东、实际控制人或其他关联方涉嫌违规占用或转移上市公司的资金、资产及其他资源。

（三）关联交易显失公允或未履行审议程序和信息披露义务。

（四）违规使用募集资金。

（五）违规为他人提供担保或借款。

（六）上市公司及其董事、监事、高级管理人员、控股股东、实际控制人涉嫌重大违法违规。

（七）存在重大财务造假嫌疑。

（八）北交所或保荐机构认为应当进行核查的其他情形。

保荐机构进行现场核查的，应当就核查情况、提请上市公司及投资者关注的问题、本次现场核查结论等事项出具现场核查报告，并在现场核查结束后 15 个交易日内披露。

2. 持续督导期限

根据《北京证券交易所向不特定合格投资者公开发行股票注册管理办法（试行）》，北交所公开发行并上市的，持续督导期间为股票上市当年剩余时间及其后 3 个完整会计年度。持续督导期间自证券上市之日计算。北交所不再实行主办券商"终身"持续督导，由保荐机构履行规定期限内的持续督导职责。

根据《北京证券交易所证券发行上市保荐业务管理细则》，保荐机构持续督导期间，上市公司出现下列情形之一的，北交所可以视情况要求保荐机构延长持续督导时间：

（一）上市公司在规范运作、公司治理、内部控制等方面存在重大缺陷或者重大风险。

（二）上市公司受到中国证监会行政处罚或者北交所公开谴责。

（三）北交所认定的其他情形。

保荐机构的持续督导时间应当延长至上述情形发生当年剩余时间及其后一个完整的会计年度，且相关违规行为已经得到纠正、重大风险已经消除。

另外，根据《北交所股票上市规则（试行）》，北交所上市公司原则上不得变更履行持续督导职责的保荐机构。可以更换的情形如下：

（1）上市公司因再次发行证券另行聘请保荐机构的，另行聘请的保荐机构应当履行剩余期限的持续督导职责。

（2）保荐机构被撤销保荐资格的，上市公司应当在1个月内另行聘请保荐机构，履行剩余期限的持续督导职责。另行聘请的保荐机构持续督导的时间不得少于1个完整的会计年度。

北交所上市公司持续督导期限与其他板块对比情况如表6-4所示。

表6-4 持续督导期限对比

北交所	科创板	创业板	主板
股票上市当年剩余时间及其后3个完整会计年度	股票上市当年剩余时间及其后3个完整会计年度	股票上市当年剩余时间及其后3个完整会计年度	股票上市当年剩余时间及其后2个完整会计年度

注：持续督导的期间自证券上市之日起计算。

由表6-4对比可见，虽然北交所上市公司均来源于新三板挂牌公司，已经过主办券商持续督导和市场检验，公司治理和信息披露规范性更有保障，但持续督导期限仍与科创板、创业板一致，为证券上市当年剩余时间及其后3个完整会计年度，这也体现了北交所相关制度与现行上市公司主要监管安排接轨的要求，进一步压实保荐机构责任，充分考虑创新型中小企业的经营特点和发展规律，强化公司自治和市场约束。

根据《北京证券交易所证券发行上市保荐业务管理细则》，持续督导工作结束后，保荐机构应当在发行人年度报告披露之日起 10 个工作日内，向发行人所在地的中国证监会派出机构、北交所报送保荐工作总结。保荐工作总结应当包括下列内容：

（一）发行人基本情况。

（二）保荐工作概述。

（三）履行保荐职责期间发生的重大事项及处理情况。

（四）对发行人配合保荐工作情况的说明及评价。

（五）对证券服务机构相关工作情况的说明及评价。

（六）中国证监会和北交所要求的其他事项。

6.4 上市辅导

根据《北京证券交易所证券发行上市保荐业务管理细则》，保荐机构在推荐发行人向不特定合格投资者公开发行股票并在北交所上市前，应当按照中国证监会有关规定，对发行人进行辅导，上市公司发行证券的除外。保荐机构辅导工作完成后，应由发行人所在地的中国证监会派出机构进行辅导验收。

2021 年 9 月 30 日，中国证监会公布了《首次公开发行股票并上市辅导监管规定》（以下简称"《辅导监管规定》"），自公布之日起施行。

《辅导监管规定》共 27 条，主要由辅导目的、辅导验收内容、辅导验收方式、辅导工作时点及时限、科技监管等方面内容组成，具体包括以下方面：

（1）辅导目的

主要是促进辅导对象具备成为上市公司应有的公司治理结构、会计基础工作、内部控制制度，充分了解多层次资本市场各板块的特点和属性，树立进入证券市场的诚信意识、自律意识和法治意识。同时明确，辅导验收应当对辅导机构辅导工作的开展情况及成效做出评价，但不对辅导对象是否符合发行上市条件作实质性判断。

（2）辅导验收内容

辅导验收内容具体包括：辅导机构辅导计划和实施方案的执行情况；辅导机构督促辅导对象规范公司治理结构、会计基础工作、内部控制制度情况，指导辅导对象对存在问题进行规范的情况；辅导机构督促辅导对象及其相关人员掌握发行上市、规范运作等方面的法律法规和规则、知悉信息披露和履行承诺等方面的责任、义务以及法律后果情况；辅导机构引导辅导对象及其相关人员充分了解多层次资本市场各板块的特点和属性，掌握拟上市板块的定位和相关监管要求情况。

（3）辅导验收方式

验收机构应当采取审阅辅导验收材料、现场走访辅导对象、约谈有关人员、查阅公司资料、检查或抽查保荐业务工作底稿等方式进行辅导验收。

（4）辅导工作时点及时限

辅导期原则上不少于三个月；验收机构辅导验收工作用时不得超过二十个工作日，辅导机构补充、修改材料的时间不计算在内；验收工作完成函的有效期为十二个月，超期未提交首次公开发行并上市申请的，应当重新履行辅导及辅导验收程序。

（5）科技监管

验收机构应当利用辅导监管系统开展辅导监管工作，实现辅导材料提交、辅导公文出具、信息共享等工作的电子化，并向社会公开辅导及辅导监管信息。此外，为了方便辅导对象、辅导机构准确掌握辅导各环节提交材料具体要求，中国证监会在辅导监管系统中制定了辅导备案、辅导验收等环节的材料模板，并将结合实践情况，通过辅导监管系统逐步完善辅导各环节提交材料的格式和具体要求，满足市场主体预期，确保相关制度安排能够一体执行。

1. 辅导机构要求

《辅导监管规定》要求辅导机构指定参与辅导工作的人员中，保荐代表人不得少于二人。实操中，其中一名保荐代表人应担任辅导小组组长，负责协调相关事项。辅导机构应确保保荐代表人有足够的时间和精力参与项目尽职调查和辅导工作。

2. 辅导验收机构

辅导对象所在地派出机构（即当地证监局）负责对辅导工作进行监管。辅导对象所在地在境外的，由辅导对象境内主营业地或境内证券事务机构所在地的派出机构进行监管。前述派出机构为辅导对象的辅导验收机构。

3. 辅导协议

辅导机构和辅导对象应当签订书面辅导协议，明确约定协议双方的权利义务。辅导协议可以包括以下内容：

（一）辅导人员的构成。

（二）辅导对象接受辅导的人员范围。

（三）辅导内容、计划及实施方案。

（四）辅导方式、辅导期间及各阶段的工作重点。

（五）辅导费用及付款方式。

（六）双方的权利、义务。

（七）辅导协议的变更与终止。

（八）违约责任。

辅导对象可以在辅导协议中约定，辅导机构保荐业务资格被撤销、被暂停保荐业务资格、因其他原因被监管部门认定无法履行保荐职责期间，辅导对象可以解除辅导协议。

4. 辅导备案时间

签订辅导协议后五个工作日内，辅导机构应当向验收机构进行辅导备案。验收机构应当在收到齐备的辅导备案材料后五个工作日内完成备案，并在完成备案后及时披露辅导机构、辅导对象、辅导备案时间、辅导状态。

5. 辅导材料要求

辅导机构办理辅导备案时，应当提交下列材料：

（一）辅导协议。

（二）辅导机构辅导立项完成情况说明。

（三）辅导备案报告。

（四）辅导机构及辅导人员的资格证明文件。

（五）辅导对象全体董事、监事、高级管理人员、持股百分之五以上股东和实际控制人（或其法定代表人）名单。

（六）中国证监会要求的其他材料。

6. 辅导时间要求

辅导期自完成辅导备案之日起算，至辅导机构向验收机构提交齐备的辅导验收材料之日截止。辅导期原则上不少于三个月。

辅导期内，辅导机构应在每季度结束后十五日内更新辅导工作进展情况报告，辅导备案日距最近一季末不足三十日的，可以将有关情况并入次季度辅导工作进展情况报告。

7. 辅导对象

辅导对象为公司董事、监事和高级管理人员、持有 5% 以上股份的股东和实际控制人（或者其法定代表人），辅导机构应当对辅导对象进行系统的法规知识、证券市场知识培训。

持有百分之五以上股份股东为法人或其他形式的，辅导机构应当督促其法定代表人、基金管理人的法定代表人、执行事务合伙人等全面掌握发行上市、规范运作等方面的法律法规和规则、知悉信息披露和履行承诺等方面的责任和义务。

8. 辅导验收

辅导机构按照辅导计划完成辅导工作，将辅导对象首发上市项目提交内核会议审核通过并与辅导对象签订保荐协议后，应当向当地证监局报送辅导验收申请材料。

9. 辅导验收材料

辅导机构完成辅导工作，且已通过首次公开发行股票并上市的内核程序的，应当向验收机构提交下列辅导验收材料：

（一）辅导情况报告，包括重点辅导工作开展情况、辅导过程中发现的问题及改进情况等。

（二）辅导机构内核会议记录（或会议决议）及关注事项说明。

（三）辅导对象近三年及一期财务报表及审计报告、经内核会议审定的招股说明书。

（四）辅导工作相关底稿。

（五）辅导对象的律师、会计师向辅导机构就辅导工作中遇到的问题所出具的初步意见。

（六）中国证监会要求的其他材料。

辅导机构保荐业务资格被撤销、被暂停保荐业务资格、因其他原因被监管部门认定无法履行保荐职责期间，不得提交辅导验收材料。辅导机构未按本条规定提交辅导验收材料的，验收机构可以要求其补充。

10. 辅导验收的主要事项

验收机构主要验收下列事项：

（一）辅导机构辅导计划和实施方案的执行情况。

（二）辅导机构督促辅导对象规范公司治理结构、会计基础工作、内部控制制度情况，指导辅导对象对存在问题进行规范的情况。

（三）辅导机构督促辅导对象及其相关人员掌握发行上市、规范运作等方面的法律法规和规则，知悉信息披露和履行承诺等方面的责任、义务以及法律后果情况。

（四）辅导机构引导辅导对象及其相关人员充分了解多层次资本市场各板块的特点和属性，掌握拟上市板块的定位和相关监管要求情况。

11. 辅导验收的方式

验收机构进行辅导验收，应当采取下列方式：

（一）审阅辅导验收材料。

（二）现场走访辅导对象、查阅公司资料、约谈有关人员等。

（三）检查或抽查保荐业务工作底稿。

（四）其他必要方式。

验收机构约谈人员范围包括辅导对象的实际控制人、董事、监事、高级管理人员、核心技术人员和其他关键人员。验收机构可以合理安排现场工作时间，并结合辅导验收过程中发现的问题，检查或抽查证券服务机构工作底稿。

验收机构进行辅导验收，可以组织辅导对象参加证券市场知识测试。

辅导对象相关人员已经取得独立董事、董事会秘书资格，可以申请豁免参加证券市场知识测试。

12. 验收函有效期内变更上市板块或辅导机构

验收工作完成函有效期为十二个月。辅导对象在验收工作完成函有效期内变更拟上市板块的，辅导机构在对辅导对象就更换板块进行差异化辅导后，应当重新提交辅导验收材料，履行辅导验收程序。辅导机构进行差异化辅导时间不适用《辅导监管规定》关于辅导期的相关规定。

在验收工作完成函有效期内变更辅导机构的，如变更后的辅导机构认可变更前辅导机构的辅导工作，向验收机构提交说明并取得同意后，原辅导验收仍然有效。验收机构应向辅导机构重新出具验收工作完成函，有效期截止日与原验收工作完成函一致。变更后的辅导机构认可变更前辅导机构的辅导工作的，不免除其依法开展尽职调查工作的义务。辅导对象未在验收工作完成函有效期内提交首次公开发行股票并上市申请的，需要重新履行辅导及辅导验收程序。

第 7 章
北交所上市中介机构及收费

根据《北京证券交易所股票上市规则（试行）》，发行人申请在北交所公开发行并上市的，应当为在全国股转系统连续挂牌满 12 个月的创新层挂牌公司。即企业准备申请在北交所上市，必须先完成在新三板的挂牌流程。

根据《挂牌申请文件受理检查要点》，申请在全国中小企业股份转让系统挂牌的，需按要求提交公开转让说明书、财务报表及审计报告、法律意见书及主办券商推荐报告等申请文件。

根据《北京证券交易所向不特定合格投资者公开发行股票并上市审核规则（试行）》，发行人申请公开发行股票并上市的，应当按照规定聘请保荐机构进行保荐，并委托保荐机构通过审核系统报送招股说明书、发行保荐书、审计报告、法律意见书、公司章程、股东大会决议等注册申请文件。

北交所上市过程涉及新三板挂牌和在北交所申请公开发行股票并上市两个阶段，但所需的中介机构基本均包括：保荐机构（主办券商）、会计师事务所、律师事务所、资产评估机构等其他专业机构。

根据《北京证券交易所证券发行上市保荐业务管理细则》，发行人及其控股股东、实际控制人、董事、监事、高级管理人员，为发行人证券发行制作、出具有关文件的律师事务所、会计师事务所等证券服务机构及其签字人员，应当根据法律法规、中国证监会和北交所有关规定，配合保荐机构及其保荐代表人履行保荐职责，并承担相应责任，各方关系如图 7-1 所示。

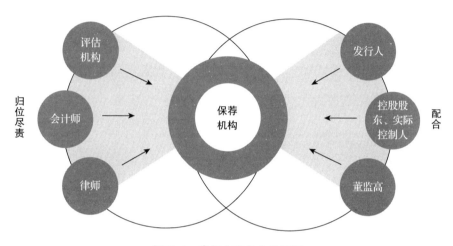

图 7-1　发行上市各方关系图

7.1　保荐机构（主办券商）

1. 保荐机构（主办券商）工作重点

在申请新三板挂牌阶段，主办券商应协助申请公司在全国中小企业股份转让系统办理股票挂牌业务。主办券商主要负责挂牌公司的改制、对新三板挂牌前的辅导规范、申请材料的制作与内核、挂牌申请、组织反馈回复，挂牌后续的持续督导等工作，规范履行信息披露义务、完善公司治理机制。

在申请北交所发行上市阶段，保荐机构作为最重要的中介机构，负责统筹和协调整个上市过程。根据《北京证券交易所证券发行上市保荐业务管理细则》，保荐机构推荐发行人证券发行上市前，应当与发行人签订保荐协议，明确双方在保荐和持续督导期间的权利和义务，合理确定保荐费用的金额和支付时间。保荐协议签订后,保荐机构应当在5个工作日内向承担辅导验收职责的中国证监会派出机构报告。保荐机构在推荐发行人向不特定合格投资者公开发行股票并在北交所上市前,应当按照中国证监会有关规定,对发行人进行辅导,上市公司发行证券的除外。保荐机构辅导工作完成后,应由发行人所在地的中国证监会派出机构进行辅导验收。保荐机构应当确信发行人符合法律法规以及中国证监会和北交所有关规定,方可推荐其证券发行上市。保荐机构提交保荐文件后,应当配合中国证监会及北交所的审核工作。

2. 精选层挂牌保荐机构排名情况

从拟上市企业的角度来看,需要从两个角度出发考虑选择合适的保荐机构,一是要有较强的综合实力,二要足够重视本公司的上市项目。对于保荐机构来说,承做项目数量的多少在一定程度上可以体现保荐机构的综合实力。170家(截至2021年10月31日已申报精选层企业数量)精选层挂牌企业保荐机构保荐承销家数排名情况如表7-1所示。

表7-1 精选层挂牌保荐机构排名情况

保荐机构及主承销商	受理家数
申万宏源证券承销保荐有限责任公司	15
中信建投证券股份有限公司	14
安信证券股份有限公司	13
开源证券股份有限公司	11
东吴证券股份有限公司	7
国元证券股份有限公司	7
中泰证券股份有限公司	6
中信证券股份有限公司	6
长江证券承销保荐有限公司	5
天风证券股份有限公司	5
东北证券股份有限公司	5
西部证券股份有限公司	4
兴业证券股份有限公司	3
浙商证券股份有限公司	3

（续）

保荐机构及主承销商	受理家数
财通证券股份有限公司	3
东莞证券股份有限公司	3
华西证券股份有限公司	3
中国银河证券股份有限公司	3
华融证券股份有限公司	3
海通证券股份有限公司	3
招商证券股份有限公司	3
中德证券有限责任公司	2
申港证券股份有限公司	2
方正证券承销保荐有限责任公司	2
光大证券股份有限公司	2
东兴证券股份有限公司	2
华福证券有限责任公司	2
太平洋证券股份有限公司	2
国信证券股份有限公司	2
华创证券有限责任公司	2
华安证券股份有限公司	2
长城证券股份有限公司	2
国金证券股份有限公司	2
渤海证券股份有限公司	2
平安证券股份有限公司	1
华泰联合证券有限责任公司	1
华英证券有限责任公司	1
民生证券股份有限公司	1
财信证券有限责任公司	1
西南证券股份有限公司	1
万联证券股份有限公司	1
华金证券股份有限公司	1
财达证券股份有限公司	1
红塔证券股份有限公司	1
九州证券股份有限公司	1
中国国际金融股份有限公司	1
华龙证券股份有限公司	1
川财证券有限责任公司	1
国泰君安证券股份有限公司	1
中天国富证券有限公司	1

（续）

保荐机构及主承销商	受理家数
国盛证券有限责任公司	1
五矿证券有限公司	1
金元证券股份有限公司	1
国融证券股份有限公司	1

注：存在联合保荐承销情形的，以股转官网项目动态列表中列示的保荐机构为准。

数据来源：Wind。

3. 新三板主办券商职业质量评价情况

为提高主办券商执业工作质量，督促主办券商勤勉尽责，促进市场持续健康发展，切实保护投资者的合法权益，全国股转公司制定了《全国中小企业股份转让系统主办券商执业质量评价办法》，自2018年2月1日起施行。2021年11月12日，为实现北交所和全国中小企业股份转让系统创新层、基础层一体发展和制度联动，引导证券公司全面提升各项业务质量，北交所、全国中小企业股份转让系统有限责任公司共同发布了《北京证券交易所、全国中小企业股份转让系统证券公司执业质量评价细则》。为确保评价结果的连续性、一致性，证券公司2021年年度执业质量评价按《全国中小企业股份转让系统主办券商执业质量评价细则》及相关配套文件执行，自发布之日起，其中有关精选层、精选层挂牌等表述分别指北交所、北交所上市。

执业质量评价内容主要从专业质量指标、合规质量指标和专项评价指标三个方面进行展开，如图7-2所示。

证券公司执业质量评价周期分为季度和年度。北交所和全国股转公司于第一、二、三季度结束后的第15个交易日前，在指定信息披露平台公示证券公司执业质量情况。年度评价期为1月1日至12月31日。北交所和全国股转公司于每年1月31日前，在指定信息披露平台公示证券公司上一年度执业质量分档结果。

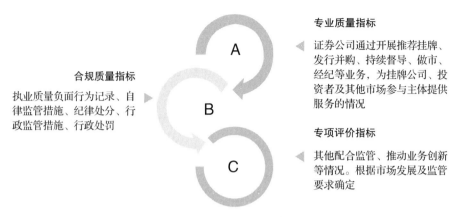

图 7-2 执业质量评价内容

北交所和全国股转公司根据证券公司年度评价分值,将证券公司分为一档、二档、三档、四档:一档为排名前20%(含)的证券公司;二档为排名前20%~60%(含)的证券公司;三档为排名前60%~80%(含)的证券公司;四档为排名80%之后的证券公司。

全国股转公司官网发布的2021年前三季度主办券商职业质量评价结果列示如表7-2、表7-3、表7-4所示,其中最近的第三季度列示所有券商,第一、二季度仅列示前30家券商。

表 7-2 2021 年第三季度主办券商执业质量评价结果

序号	券商简称	基础分值	专业质量得分							合规质量扣分						合计分值
			推荐挂牌业务	发行并购业务	持续督导业务	做市业务	经纪业务	综合业务	专业质量得分合计	推荐挂牌业务	发行并购业务	持续督导业务	做市业务	经纪业务	综合业务	合规质量扣分合计	
1	开源证券	100.00	20.00	9.51	19.39	12.93	0.31	5.10	67.23	2.00	0.00	6.67	0.00	0.00	0.00	8.67	158.56
2	申万宏源	100.00	4.44	3.27	19.63	11.92	5.00	4.23	48.50	0.00	0.00	1.33	0.00	0.00	0.00	1.33	147.16
3	长江证券	100.00	8.89	2.05	13.84	7.04	2.48	2.68	36.97	0.00	0.00	0.00	0.00	0.00	0.00	0.00	136.97
4	中泰证券	100.00	0.00	6.54	14.17	10.69	3.74	2.20	37.33	0.00	0.00	0.00	0.00	4.00	0.00	4.00	133.33
5	广发证券	100.00	0.00	3.80	10.43	9.10	5.25	3.54	32.12	0.00	0.00	0.00	0.22	0.00	0.00	0.22	131.90
6	东吴证券	100.00	8.89	4.60	14.37	4.48	1.31	2.00	35.64	0.00	4.00	0.00	0.00	0.00	0.00	4.00	131.64
7	国泰君安	100.00	0.00	2.72	11.36	7.37	4.74	4.75	30.95	0.00	0.00	0.00	0.00	0.00	0.00	0.00	130.95
8	国融证券	100.00	6.67	7.09	14.19	0.00	0.07	2.82	30.83	0.00	0.00	0.00	0.00	0.00	0.00	0.00	130.83
9	中信证券	100.00	4.44	4.65	9.96	4.44	8.88	2.20	34.57	0.00	4.00	0.00	0.00	0.00	0.00	4.00	130.57
10	安信证券	100.00	0.00	1.48	13.96	13.66	2.42	6.00	37.52	6.00	0.00	2.00	0.00	0.00	0.00	8.00	129.52
11	东莞证券	100.00	0.00	4.67	12.00	4.30	1.12	6.75	28.85	0.00	0.00	0.00	0.00	0.00	0.00	0.00	128.85
12	东北证券	100.00	0.00	1.52	12.87	10.42	1.58	2.00	28.39	0.00	0.00	0.00	0.00	0.00	0.00	0.00	128.39
13	九州证券	100.00	0.00	4.00	10.27	11.93	0.05	2.20	28.45	0.00	0.00	0.00	0.22	0.00	0.00	0.22	128.23
14	天风证券	100.00	2.22	3.38	12.18	8.87	0.45	2.00	29.10	0.00	0.00	1.33	0.00	0.00	0.00	1.33	127.77
15	兴业证券	100.00	0.00	2.88	12.56	3.31	2.07	5.66	26.47	0.00	0.00	0.00	0.22	0.00	0.00	0.22	126.25
16	平安证券	100.00	4.44	1.82	10.47	3.32	3.67	2.00	25.72	0.00	0.00	0.00	0.00	0.00	0.00	0.00	125.72
17	财信证券	100.00	6.67	1.77	10.40	3.76	0.47	2.44	25.50	0.00	0.00	0.00	0.00	0.00	0.00	0.00	125.50
18	中信建投	100.00	4.44	3.42	12.19	3.59	4.74	2.80	31.17	2.00	4.00	0.00	0.00	0.00	0.00	6.00	125.17
19	国元证券	100.00	2.22	4.17	11.37	3.71	1.15	2.20	24.82	0.00	0.00	0.00	0.00	0.00	0.00	0.00	124.82
20	华泰证券	100.00	0.00	0.00	10.36	4.20	7.06	2.00	23.62	0.00	0.00	0.00	0.00	0.00	0.00	0.00	123.62

（续）

序号	券商简称	基础分值	专业质量得分							合规质量扣分							合计分值
			推荐挂牌业务	发行并购业务	持续督导业务	做市业务	经纪业务	综合业务	专业质量得分合计	推荐挂牌业务	发行并购业务	持续督导业务	做市业务	经纪业务	综合业务	合规质量扣分合计	
21	财通证券	100.00	0.00	2.00	12.23	5.87	1.25	2.20	23.54	0.00	0.00	0.00	0.00	0.00	0.00	0.00	123.54
22	浙商证券	100.00	0.00	2.15	11.38	4.72	0.97	4.00	23.22	0.00	0.00	0.00	0.00	0.00	0.00	0.00	123.22
23	海通证券	100.00	4.44	1.81	11.61	6.76	4.38	3.02	32.02	0.00	0.00	6.67	0.22	0.00	0.00	8.89	123.13
24	西南证券	100.00	2.22	1.88	11.96	3.71	0.85	2.40	23.03	0.00	0.00	0.00	0.00	0.00	0.00	0.00	123.03
25	国信证券	100.00	0.00	0.94	11.09	3.73	4.02	3.17	22.95	0.00	0.00	0.00	0.00	0.00	0.00	0.00	122.95
26	财达证券	100.00	4.44	2.36	10.72	4.66	0.57	2.00	24.75	0.00	0.00	2.00	0.22	0.00	0.00	2.22	122.53
27	首创证券	100.00	2.22	0.00	11.86	7.25	0.40	2.00	23.73	0.00	0.00	1.33	0.00	0.00	0.00	1.33	122.40
28	西部证券	100.00	2.22	2.22	12.02	3.36	0.46	2.00	22.28	0.00	0.00	0.00	0.00	0.00	0.00	0.00	122.28
29	光大证券	100.00	0.00	3.32	12.06	0.00	2.98	3.34	21.71	0.00	0.00	0.00	0.00	0.00	0.00	0.00	121.71
30	中山证券	100.00	0.00	0.00	9.44	8.37	0.21	2.40	20.41	0.00	0.00	0.00	0.00	0.00	0.00	0.00	120.41
31	联储证券	100.00	0.00	0.00	10.07	7.51	0.27	2.00	19.85	0.00	0.00	0.00	0.22	0.00	0.00	0.22	119.63
32	华安证券	100.00	0.00	0.64	10.86	3.28	0.77	3.81	19.35	0.00	0.00	0.00	0.22	0.00	0.00	0.22	119.13
33	恒泰证券	100.00	2.22	0.00	11.92	2.17	0.57	2.20	19.07	0.00	0.00	0.00	0.00	0.00	0.00	0.00	119.07
34	方正证券	100.00	0.00	0.00	11.48	2.63	2.68	2.00	18.78	0.00	0.00	0.00	0.00	0.00	0.00	0.00	118.78
35	民生证券	100.00	0.00	1.80	10.55	4.05	0.28	2.00	18.68	0.00	0.00	0.00	0.00	0.00	0.00	0.00	118.68
36	华创证券	100.00	0.00	2.53	10.48	2.90	0.54	2.20	18.66	0.00	0.00	0.00	0.00	0.00	0.00	0.00	118.66
37	上海证券	100.00	0.00	0.68	10.76	9.31	0.76	2.98	24.49	0.00	0.00	0.00	1.11	0.00	5.00	6.11	118.38
38	东方证券	100.00	0.00	0.00	9.80	4.25	2.21	2.00	18.25	0.00	0.00	0.00	0.00	0.00	0.00	0.00	118.25
39	国联证券	100.00	0.00	2.00	11.23	2.14	0.36	2.00	17.73	0.00	0.00	0.00	0.00	0.00	0.00	0.00	117.73
40	南京证券	100.00	2.22	0.71	10.42	3.17	0.53	2.00	19.05	0.00	0.00	1.33	0.00	0.00	0.00	1.33	117.72

（续）

序号	券商简称	基础分值	专业质量得分							合规质量扣分							合计分值
			推荐挂牌业务	发行并购业务	持续督导业务	做市业务	经纪业务	综合业务	专业质量得分合计	推荐挂牌业务	发行并购业务	持续督导业务	做市业务	经纪业务	综合业务	合规质量扣分合计	
41	申港证券	100.00	4.44	1.01	10.22	0.00	0.04	2.00	17.72	0.00	0.00	0.00	0.00	0.00	0.00	0.00	117.72
42	金元证券	100.00	0.00	1.09	10.78	3.29	0.44	2.00	17.60	0.00	0.00	0.00	0.00	0.00	0.00	0.00	117.60
43	华龙证券	100.00	2.22	0.76	10.64	1.71	0.19	2.00	17.53	0.00	0.00	0.00	0.00	0.00	0.00	0.00	117.53
44	东方财富	100.00	0.00	0.00	9.96	0.00	5.10	2.40	17.46	0.00	0.00	0.00	0.00	0.00	0.00	0.00	117.46
45	东兴证券	100.00	0.00	3.52	10.83	0.00	1.10	2.00	17.45	0.00	0.00	0.00	0.00	0.00	0.00	0.00	117.45
46	太平洋证券	100.00	0.00	0.00	11.20	4.00	0.22	2.00	17.42	0.00	0.00	0.00	0.00	0.00	0.00	0.00	117.42
47	国金证券	100.00	0.00	0.00	11.01	3.55	1.93	2.20	18.70	0.00	0.00	1.33	0.00	0.00	0.00	1.33	117.36
48	中原证券	100.00	0.00	0.68	10.69	2.53	1.22	2.00	17.12	0.00	0.00	0.00	0.00	0.00	0.00	0.00	117.12
49	招商证券	100.00	0.00	2.78	10.13	0.91	4.35	2.60	20.77	0.00	0.00	0.00	0.00	0.00	4.00	4.00	116.77
50	江海证券	100.00	0.00	0.00	10.61	3.77	0.32	2.00	16.69	0.00	0.00	0.00	0.00	0.00	0.00	0.00	116.69
51	华福证券	100.00	0.00	2.65	10.34	2.98	0.92	3.73	20.62	0.00	0.00	0.00	4.00	0.00	0.00	4.00	116.62
52	粤开证券	100.00	0.00	0.73	10.02	5.81	0.39	3.59	20.55	0.00	4.00	0.00	0.00	0.00	0.00	4.00	116.55
53	德邦证券	100.00	0.00	0.00	9.79	2.45	0.26	4.63	17.13	0.00	0.00	0.67	0.00	0.00	0.00	0.67	116.46
54	大同证券	100.00	0.00	4.00	10.15	0.00	0.15	2.00	16.30	0.00	0.00	0.00	0.00	0.00	0.00	0.00	116.30
55	中航证券	100.00	0.00	1.55	10.26	1.82	0.48	2.00	16.11	0.00	0.00	0.00	0.00	0.00	0.00	0.00	116.11
56	华西证券	100.00	0.00	0.68	10.14	1.30	1.85	2.00	15.98	0.00	0.00	0.00	0.00	0.00	0.00	0.00	115.98
57	国盛证券	100.00	0.00	0.00	10.09	3.00	0.71	2.00	15.79	0.00	0.00	0.00	0.00	0.00	0.00	0.00	115.79
58	渤海证券	100.00	0.00	0.00	10.11	3.31	0.23	2.00	15.66	0.00	0.00	0.00	0.00	0.00	0.00	0.00	115.66
59	红塔证券	100.00	0.00	0.00	9.61	4.22	0.17	2.00	16.00	0.00	0.00	0.00	0.44	0.00	0.00	0.44	115.56
60	银泰证券	100.00	0.00	0.00	8.04	2.99	0.07	4.40	15.50	0.00	0.00	0.00	0.00	0.00	0.00	0.00	115.50

(续)

序号	券商名称	基础分值	专业质量得分							合规质量扣分							合计分值
			推荐挂牌业务	发行并购业务	持续督导业务	做市业务	经纪业务	综合业务	专业质量得分合计	推荐挂牌业务	发行并购业务	持续督导业务	做市业务	经纪业务	综合业务	合规质量扣分合计	
61	国都证券	100.00	0.00	0.00	10.20	2.88	0.34	2.00	15.41	0.00	0.00	0.00	0.00	0.00	0.00	0.00	115.41
62	湘财证券	100.00	0.00	0.00	10.41	2.23	0.67	2.00	15.31	0.00	0.00	0.00	0.00	0.00	0.00	0.00	115.31
63	中金公司	100.00	0.00	0.00	10.05	2.23	0.51	2.00	14.79	0.00	0.00	0.00	0.00	0.00	0.00	0.00	114.79
64	大通证券	100.00	0.00	0.00	9.48	3.07	0.20	2.00	14.75	0.00	0.00	0.00	0.00	0.00	0.00	0.00	114.75
65	银河证券	100.00	0.00	0.00	10.52	7.14	5.44	2.00	25.10	6.00	0.00	4.00	0.44	0.00	0.00	10.44	114.66
66	长城证券	100.00	0.00	0.00	10.41	2.44	0.83	2.20	15.88	0.00	0.00	1.33	0.00	0.00	0.00	1.33	114.55
67	中金财富	100.00	0.00	3.02	9.83	0.00	2.34	2.20	14.37	0.00	0.00	0.00	0.00	0.00	0.00	0.00	114.37
68	山西证券	100.00	0.00	1.35	11.24	2.99	0.53	2.48	20.25	0.00	4.00	6.00	0.00	0.00	0.00	6.00	114.25
69	五矿一创业	100.00	0.00	0.00	10.58	0.00	0.11	2.20	14.04	0.00	0.00	0.00	0.00	0.00	0.00	0.00	114.04
70	第一创业	100.00	2.22	0.00	10.25	2.89	0.42	2.20	17.98	0.00	4.00	4.00	0.00	0.00	0.00	4.00	113.98
71	爱建证券	100.00	0.00	0.00	9.74	1.36	0.11	2.69	13.91	0.00	0.00	0.00	0.00	0.00	0.00	0.00	113.91
72	英大证券	100.00	0.00	0.00	10.19	1.53	0.14	2.00	13.86	0.00	0.00	0.00	0.00	0.00	0.00	0.00	113.86
73	华金证券	100.00	4.44	1.38	9.96	0.00	0.06	2.00	17.85	0.00	4.00	4.00	0.00	0.00	0.00	4.00	113.85
74	万联证券	100.00	0.00	0.00	10.71	0.00	0.68	2.00	13.39	0.00	0.00	0.00	0.00	0.00	0.00	0.00	113.39
75	信达证券	100.00	0.00	0.95	9.71	0.00	0.73	2.00	13.39	0.00	0.00	0.00	0.00	0.00	0.00	0.00	113.39
76	华融证券	100.00	0.00	6.11	10.19	0.00	0.25	2.00	18.56	0.00	0.00	1.33	0.00	0.00	4.00	5.33	113.22
77	中银证券	100.00	0.00	0.00	9.95	0.00	1.07	2.00	13.02	0.00	0.00	0.00	0.00	0.00	0.00	0.00	113.02
78	华林证券	100.00	0.00	0.00	8.56	2.30	0.35	2.00	13.20	0.00	0.00	0.00	0.22	0.00	0.00	0.22	112.98
79	新时代证券	100.00	0.00	0.00	10.45	0.00	0.26	2.20	12.91	0.00	0.00	0.00	0.00	0.00	0.00	0.00	112.91
80	东海证券	100.00	0.00	0.00	10.13	0.00	0.49	2.20	12.82	0.00	0.00	0.00	0.00	0.00	0.00	0.00	112.82
81	中天国富	100.00	0.00	0.83	9.89	0.00	0.05	2.00	12.76	0.00	0.00	0.00	0.00	0.00	0.00	0.00	112.76

（续）

序号	券商简称	基础分值	专业质量得分							合规质量扣分							合计分值
			推荐挂牌业务	发行并购业务	持续督导业务	做市业务	经纪业务	综合业务	专业质量得分合计	推荐挂牌业务	发行并购业务	持续督导业务	做市业务	经纪业务	综合业务	合规质量扣分合计	
82	国海证券	100.00	0.00	0.00	10.19	3.96	0.56	2.00	16.72	0.00	0.00	4.00	0.00	0.00	0.00	4.00	112.72
83	中信华南	100.00	0.00	0.00	9.07	0.00	0.53	3.05	12.65	0.00	0.00	0.00	0.00	0.00	0.00	0.00	112.65
84	万和证券	100.00	0.00	0.00	10.07	2.98	0.12	2.00	15.18	0.00	0.00	2.67	0.00	0.00	0.00	2.67	112.51
85	世纪证券	100.00	0.00	0.00	10.07	0.00	0.18	2.00	12.24	0.00	0.00	0.00	0.00	0.00	0.00	0.00	112.24
86	国开证券	100.00	0.00	0.00	10.07	0.00	0.00	2.00	12.08	0.00	0.00	0.00	0.00	0.00	0.00	0.00	112.08
87	网信证券	100.00	0.00	0.00	9.33	0.00	0.03	2.00	11.35	0.00	0.00	0.00	0.00	0.00	0.00	0.00	111.35
88	宏信证券	100.00	0.00	0.00	9.07	0.00	0.06	2.00	11.14	0.00	0.00	0.00	0.00	0.00	0.00	0.00	111.14
89	长城国瑞	100.00	0.00	0.66	9.24	0.00	0.13	2.00	12.02	0.00	0.00	1.33	0.00	0.00	0.00	1.33	110.69
90	川财证券	100.00	0.00	0.00	9.36	0.00	0.05	2.44	11.85	0.00	0.00	1.33	0.00	0.00	0.00	1.33	110.51
91	中邮证券	100.00	0.00	0.00	7.90	0.00	0.13	2.00	10.03	0.00	0.00	0.00	0.00	0.00	0.00	0.00	110.03
92	华鑫证券	100.00	0.00	0.67	10.13	1.33	0.65	2.00	14.78	0.00	0.00	0.00	0.00	0.00	5.00	5.00	109.78
93	华兴证券	100.00	0.00	0.00	6.01	0.00	0.00	2.00	8.01	0.00	0.00	0.00	0.00	0.00	0.00	0.00	108.01
94	甫兴证券	100.00	0.00	0.00	2.01	0.00	0.12	2.00	4.13	0.00	0.00	0.00	0.00	0.00	0.00	0.00	104.13
95	东亚前海	100.00	0.00	0.00	1.76	0.00	0.00	2.00	3.76	0.00	0.00	0.00	0.00	0.00	0.00	0.00	103.76
96	金圆统一	100.00	0.00	0.00	1.45	0.00	0.00	2.00	3.45	0.00	0.00	0.00	0.00	0.00	0.00	0.00	103.45
97	华宝证券	100.00	0.00	0.00	0.00	0.00	0.11	2.00	2.11	0.00	0.00	0.00	0.00	0.00	0.00	0.00	102.11
98	华天证券	100.00	0.00	0.00	0.00	0.94	0.19	2.00	3.13	0.00	0.00	0.00	1.78	0.00	0.00	1.78	101.35
99	瑞银证券	100.00	0.00	0.00	0.00	0.00	0.00	2.00	2.00	0.00	0.00	0.00	0.00	0.00	4.00	4.00	98.00

注：108家主办券商中，9家证券公司子公司纳入其母公司合并评价。其中，中信证券（山东）与母公司中信证券承销保荐与母公司东方证券、东方证券承销保荐与母公司方正证券、华英证券与母公司国联证券、申万宏源承销保荐和申万宏源西部证券与母公司申万宏源证券合并评价，方正证券承销保荐与母公司方正证券、第一创业承销保荐与第一创业证券、信泰长财证券与信泰证券合并评价。合资证券与母公司华泰证券、华泰联合证券与母公司华泰证券合并评价。

表 7-3 2021 年第二季度主办券商执业质量评价结果

序号	券商简称	基础分值	专业质量得分							合规质量扣分					合计分值
			推荐挂牌业务	发行并购业务	持续督导业务	做市业务	经纪业务	综合业务	专业质量得分合计	推荐挂牌业务	发行并购业务	持续督导业务	做市业务	经纪业务	综合业务	合规质量扣分合计	
1	开源证券	100.00	20.00	9.88	18.82	12.12	0.24	3.00	64.07	0.00	0.00	1.33	0.27	0.00	0.00	1.60	162.47
2	安信证券	100.00	20.00	7.86	14.12	12.59	2.26	6.00	62.83	0.00	0.00	4.00	0.00	0.00	0.00	4.00	158.83
3	申万宏源	100.00	0.00	10.30	19.78	11.52	5.24	2.51	49.35	0.00	0.00	1.33	0.00	0.00	0.00	1.33	148.02
4	九州证券	100.00	20.00	2.58	9.48	13.61	0.13	2.20	48.01	0.00	0.00	0.00	0.00	0.00	0.00	0.00	148.01
5	东北证券	100.00	20.00	2.55	12.97	10.25	0.85	2.00	48.62	2.00	4.00	1.33	0.00	0.00	0.00	7.33	141.29
6	西部证券	100.00	20.00	3.24	12.05	3.63	0.47	2.00	41.39	0.00	0.00	1.33	0.00	0.00	0.00	1.33	140.06
7	东兴证券	100.00	20.00	0.00	11.17	0.00	0.64	2.00	33.81	0.00	0.00	0.00	0.00	0.00	0.00	0.00	133.81
8	华创证券	100.00	20.00	0.97	10.41	2.70	0.26	2.20	36.54	4.00	2.00	0.00	0.00	0.00	0.00	6.00	130.54
9	天风证券	100.00	0.00	5.80	12.17	9.83	0.36	2.00	30.16	0.00	0.00	0.00	0.00	0.00	0.00	0.00	130.16
10	华西证券	100.00	15.00	0.00	10.52	1.34	0.83	2.00	29.69	0.00	0.00	0.00	0.00	0.00	0.00	0.00	129.69
11	中泰证券	100.00	0.00	0.47	14.29	9.27	2.69	2.20	28.92	0.00	0.00	0.00	0.00	0.00	0.00	0.00	128.92
12	广发证券	100.00	0.00	0.67	10.30	9.82	4.66	3.40	28.84	0.00	0.00	0.00	0.00	0.00	0.00	0.00	128.84
13	山西证券	100.00	10.00	2.31	11.18	2.89	0.36	2.00	28.74	0.00	0.00	0.00	0.00	0.00	0.00	0.00	128.74
14	国泰君安	100.00	0.00	1.17	11.10	7.28	5.09	3.92	28.56	0.00	0.00	0.00	0.00	0.00	0.00	0.00	128.56
15	海通证券	100.00	0.00	3.37	11.53	6.69	6.18	2.52	30.29	0.00	0.00	0.67	2.40	0.00	0.00	3.07	127.22
16	金元证券	100.00	10.00	0.00	10.45	4.26	0.43	2.00	27.13	0.00	0.00	0.00	0.00	0.00	0.00	0.00	127.13
17	财通证券	100.00	0.00	6.20	12.26	5.81	1.61	2.20	28.09	0.00	0.00	1.33	0.00	0.00	0.00	1.33	126.75
18	兴业证券	100.00	0.00	1.97	12.52	3.38	2.38	5.12	25.38	0.00	0.00	0.00	0.00	0.00	0.00	0.00	125.38
19	银河证券	100.00	0.00	0.00	10.44	7.79	4.89	2.00	25.13	0.00	0.00	0.00	0.00	0.00	0.00	0.00	125.13
20	国融证券	100.00	10.00	3.52	13.87	0.00	0.13	2.00	29.52	4.00	0.00	0.67	0.00	0.00	0.00	4.67	124.86

（续）

序号	券商简称	基础分值	专业质量得分							合规质量扣分							合计分值
			推荐挂牌业务	发行并购业务	持续督导业务	做市业务	经纪业务	综合业务	专业质量得分合计	推荐挂牌业务	发行并购业务	持续督导业务	做市业务	经纪业务	综合业务	合规质量扣分合计	
21	华泰证券	100.00	0.00	0.00	10.20	4.19	8.28	2.00	24.67	0.00	0.00	0.00	0.00	0.00	0.00	0.00	124.67
22	上海证券	100.00	0.00	1.48	10.59	8.96	0.61	2.49	24.13	0.00	0.00	0.00	0.00	0.00	0.00	0.00	124.13
23	东莞证券	100.00	0.00	3.65	11.98	4.57	1.22	2.55	23.97	0.00	0.00	0.00	0.00	0.00	0.00	0.00	123.97
24	中信建投	100.00	0.00	0.95	12.37	4.01	4.33	2.80	24.45	0.00	0.00	1.33	0.00	0.00	0.00	1.33	123.12
25	东海证券	100.00	10.00	0.43	10.19	0.00	2.25	2.20	25.07	0.00	0.00	2.00	0.00	0.00	0.00	2.00	123.07
26	首创证券	100.00	0.00	1.65	11.86	7.72	0.40	2.00	23.62	0.00	0.00	0.00	0.80	0.00	0.00	0.80	122.82
27	长江证券	100.00	0.00	0.95	13.93	6.84	2.06	2.20	25.98	0.00	4.00	0.00	0.00	0.00	0.00	4.00	121.98
28	东吴证券	100.00	0.00	2.53	14.41	3.32	1.31	2.00	23.57	0.00	0.00	2.00	0.00	0.00	0.00	2.00	121.57
29	中信证券	100.00	0.00	0.86	10.43	4.78	5.86	2.20	24.13	0.00	0.00	2.67	0.00	0.00	0.00	2.67	121.46
30	西南证券	100.00	0.00	3.56	12.04	3.59	0.70	2.69	22.57	0.00	0.00	1.33	0.00	0.00	0.00	1.33	121.24

表7-4 2021年第一季度主办券商执业质量评价结果

序号	券商简称	基础分值	专业质量得分							合规质量扣分							合计分值
			推荐挂牌业务	发行并购业务	持续督导业务	做市业务	经纪业务	综合业务	专业质量得分合计	推荐挂牌业务	发行并购业务	持续督导业务	做市业务	经纪业务	综合业务	合规质量扣分合计	
1	开源证券	100.00	20.00	12.40	18.57	10.84	1.32	3.25	66.38	0.00	0.00	1.60	4.00	0.00	0.00	5.60	160.78
2	申万宏源	100.00	10.00	13.00	19.80	11.64	4.19	4.60	63.24	0.00	0.00	5.60	0.00	0.00	0.00	5.60	157.64
3	安信证券	100.00	5.00	6.07	14.77	11.02	2.92	6.00	45.79	0.00	0.00	3.20	0.00	0.00	0.00	3.20	142.59

（续）

序号	券商简称	基础分值	专业质量得分							合规质量扣分						合计分值
			推荐挂牌业务	发行并购业务	持续督导业务	做市业务	经纪业务	综合业务	专业质量得分合计	推荐挂牌业务	发行并购业务	持续督导业务	做市业务	经纪业务	综合业务	合规质量扣分合计	
4	中泰证券	100.00	0.00	3.68	14.43	9.27	2.51	3.35	33.24	0.00	0.00	0.00	0.00	0.00	0.00	0.00	133.24
5	东北证券	100.00	5.00	2.47	13.11	8.57	1.70	2.00	32.85	0.00	0.00	0.00	0.00	0.00	0.00	0.00	132.85
6	财通证券	100.00	0.00	8.05	12.66	6.04	1.28	2.25	30.28	0.00	0.00	0.00	0.00	0.00	0.00	0.00	130.28
7	广发证券	100.00	0.00	0.00	10.47	10.35	4.05	3.67	28.54	0.00	0.00	0.00	0.00	0.00	0.00	0.00	128.54
8	九州证券	100.00	0.00	0.93	10.03	13.57	1.66	2.25	28.44	0.00	0.00	0.00	0.00	0.00	0.00	0.00	128.44
9	长江证券	100.00	2.50	3.72	14.01	6.28	1.43	2.74	30.69	0.00	0.00	2.40	0.00	0.00	0.00	2.40	128.29
10	兴业证券	100.00	0.00	2.57	13.07	3.36	2.12	6.55	27.67	0.00	0.00	0.00	0.00	0.00	0.00	0.00	127.67
11	东莞证券	100.00	2.50	2.43	12.45	4.59	1.01	5.54	28.52	0.00	0.00	1.60	0.00	0.00	0.00	1.60	126.92
12	国泰君安	100.00	0.00	0.58	11.44	7.41	4.38	3.00	26.81	0.00	0.00	0.00	0.00	0.00	0.00	0.00	126.81
13	中信建投	100.00	5.00	2.74	12.76	3.92	4.79	3.00	32.21	0.00	4.00	1.60	0.00	0.00	0.00	5.60	126.61
14	国融证券	100.00	5.00	5.11	14.31	0.00	0.06	2.00	26.48	0.00	0.00	0.00	0.00	0.00	0.00	0.00	126.48
15	天风证券	100.00	0.00	2.50	12.30	9.12	0.44	2.00	26.37	0.00	0.00	0.00	0.00	0.00	0.00	0.00	126.37
16	银河证券	100.00	5.00	1.62	10.86	5.98	3.48	2.00	28.94	0.00	2.00	1.60	0.00	0.00	0.00	3.60	125.34
17	华泰证券	100.00	0.00	0.00	10.03	4.42	8.68	2.00	25.13	0.00	0.00	0.00	0.00	0.00	0.00	0.00	125.13
18	东吴证券	100.00	2.50	1.31	14.59	3.47	1.22	2.00	25.09	0.00	0.00	0.00	0.00	0.00	0.00	0.00	125.09
19	招商证券	100.00	5.00	2.13	11.08	1.04	3.34	2.75	25.33	0.00	0.00	0.80	0.00	0.00	0.00	0.80	124.53
20	民生证券	100.00	7.50	0.93	10.42	4.51	0.23	2.00	25.60	0.00	0.00	0.00	0.15	0.00	2.00	2.15	123.45
21	海通证券	100.00	7.50	0.64	11.67	6.56	4.43	2.50	33.30	8.00	0.00	1.60	0.44	0.00	0.00	10.04	123.26
22	华安证券	100.00	7.50	1.38	10.71	2.62	0.52	2.74	25.47	0.00	0.00	2.40	0.00	0.00	0.00	2.40	123.07
23	山西证券	100.00	2.50	3.93	11.43	2.83	0.24	2.00	22.93	0.00	0.00	0.00	0.00	0.00	0.00	0.00	122.93

（续）

序号	券商简称	基础分值	专业质量得分							合规质量扣分					合规质量扣分合计	合计分值
			推荐挂牌业务	发行并购业务	持续督导业务	做市业务	经纪业务	综合业务	专业质量得分合计	推荐挂牌业务	发行并购业务	持续督导业务	做市业务	经纪业务	综合业务		
24	光大证券	100.00	0.00	2.25	12.21	5.97	2.74	3.47	26.63	0.00	4.00	0.00	0.00	0.00	0.00	4.00	122.63
25	国信证券	100.00	0.00	0.00	11.56	5.17	2.89	2.74	22.36	0.00	0.00	0.00	0.00	0.00	0.00	0.00	122.36
26	首创证券	100.00	0.00	1.50	12.06	7.74	0.45	2.21	23.96	0.00	0.00	1.60	0.00	0.00	0.00	1.60	122.36
27	中信证券	100.00	0.00	3.77	10.27	5.29	4.62	2.25	26.20	0.00	0.00	0.00	0.00	4.00	0.00	4.00	122.20
28	中山证券	100.00	0.00	0.00	10.27	8.75	0.43	2.50	21.95	0.00	0.00	0.00	0.00	0.00	0.00	0.00	121.95
29	平安证券	100.00	2.50	0.00	10.62	3.78	2.78	2.00	21.68	0.00	0.00	0.00	0.00	0.00	0.00	0.00	121.68
30	粤开证券	100.00	0.00	0.60	10.56	5.23	0.48	4.54	21.41	0.00	0.00	0.00	0.44	0.00	0.00	0.44	120.96

7.2 会计师事务所

1. 会计师事务所的工作重点

在申请新三板挂牌阶段,根据《全国中小企业股份转让系统公开转让说明书内容与格式指引》,申请挂牌公司应按照《企业会计准则》的规定编制并披露最近两年及一期的财务报表,在所有重大方面公允反映公司财务状况、经营成果和现金流量,并由注册会计师出具无保留意见的审计报告。申请挂牌公司编制公开转让说明书应准确引用有关中介机构的专业意见、报告和财务会计资料,并有充分的依据。所引用的财务报表应由符合《证券法》规定的会计师事务所审计,财务报表在其最近一期截止日后 6 个月内有效。特殊情况下申请挂牌公司可申请延长,但延长期至多不超过 1 个月。

在申请北交所发行上市阶段,会计师事务所是企业上市过程中重要的中介机构之一,负责整个上市过程的财务审核及问题处理。根据《公开发行证券的公司信息披露内容与格式准则第 47 号——向不特定合格投资者公开发行股票并在北京证券交易所上市申请文件》,会计师事务所应当出具审计报告、盈利预测报告及审核报告、内部控制鉴证报告、非经常性损益明细表、前次募集资金使用情况的报告、协助企业反馈回复等文件。另外,根据《北京证券交易所证券发行与承销管理细则》,在发行完成后,发行人应当聘请符合《证券法》规定的会计师事务所对募集资金进行验证,出具验资报告并报送北交所备案。

2. 精选层挂牌会计师事务所排名情况

会计师事务所的独立性、专业性、团队实力、沟通协作能力、突发问题处理能力等对企业 IPO 上市至关重要。2020 年 3 月 1 日生效的新《证券法》取消了证券业务对会计师事务所资格的限制,原则上企业可以聘请没有证券从业资格的会计师事务所担任审计机构。在实践中，考虑到会计业务的复杂性和专业性，建议企业还是从会计师事务所团队实力和市场口碑出发，选择合适的会计师事务所从事相关审计工作。170家（截至2021年10月31日已申报精选层企业数量）精选层挂牌企业会计师事务所服务家数排名的情况如表7-5所示

表7-5 精选层挂牌会计师事务所排名情况

会计师事务所名称	申报家数
天健会计师事务所(特殊普通合伙)	21
容诚会计师事务所(特殊普通合伙)	20
大华会计师事务所(特殊普通合伙)	18
信永中和会计师事务所(特殊普通合伙)	17
立信会计师事务所(特殊普通合伙)	16
大信会计师事务所(特殊普通合伙)	9
致同会计师事务所(特殊普通合伙)	8
中汇会计师事务所(特殊普通合伙)	7
天职国际会计师事务所(特殊普通合伙)	7
中审众环会计师事务所(特殊普通合伙)	7
公证天业会计师事务所(特殊普通合伙)	5
中审华会计师事务所(特殊普通合伙)	3
亚太(集团)会计师事务所(特殊普通合伙)	3
华兴会计师事务所(特殊普通合伙)	3
中兴华会计师事务所(特殊普通合伙)	3
苏亚金诚会计师事务所(特殊普通合伙)	2
希格玛会计师事务所(特殊普通合伙)	2
中兴财光华会计师事务所(特殊普通合伙)	2
天衡会计师事务所(特殊普通合伙)	2
安永华明会计师事务所(特殊普通合伙)	2
中勤万信会计师事务所(特殊普通合伙)	2
上会会计师事务所(特殊普通合伙)	2
永拓会计师事务所(特殊普通合伙)	1

(续)

会计师事务所名称	申报家数
立信中联会计师事务所(特殊普通合伙)	1
中审亚太会计师事务所(特殊普通合伙)	1
四川华信(集团)会计师事务所(特殊普通合伙)	1
中喜会计师事务所(特殊普通合伙)	1
中准会计师事务所(特殊普通合伙)	1
和信会计师事务所(特殊普通合伙)	1
中天运会计师事务所(特殊普通合伙)	1
众华会计师事务所(特殊普通合伙)	1

数据来源：Wind。

7.3 律师事务所

1. 律师事务所的工作重点

在申请新三板挂牌阶段，企业必须依法聘请律师事务所担任法律顾问，协助和指导企业起草公司章程等公司法律文件、出具法律意见书、挂牌文件鉴证意见等。根据《全国中小企业股份转让系统主办券商业务备案申请文件内容与格式指南》，对于申请文件要求为原件的，如申请人不能提供有关文件原件的，可提供复印件，由申请人律师提供鉴证意见或由申请人盖章，保证与原件一致。申请文件应加盖骑缝章，其中《证券公司基本情况申报表》《业务实施方案》《公司章程》还应在首页加盖公章。若申请文件中需要由申请人律师提供鉴证意见的，申请人律师应在该文件首页注明"以下第××页至第××页与原件一致"，并签名和签署鉴证日期，律师事务所应在该文件首页加盖公章，并在第××页至第××页侧面以公章加盖骑缝章。

在申请北交所发行上市阶段，律师事务所是企业上市过程中重要的中介机构之一，负责处理整个IPO过程的法律咨询，为上市过程中涉及的各项法律文件出具法律意见书和律师工作报告。根据《公开发行证券的公司信息披露内容与格式准则第 47 号——向不特定合格投资者公开发行股票并在北京证券交易所上市申请文件》，律师事务所应当出具法律意见书，律师工作报告，发行人律师关于发行人董事、监事、高级管理人员、发行人控股股东和实际控制人在相关文件上签名盖章的真实性的鉴证意见，关于申请电子文件与预留原件一致的鉴证意见，协助企业反馈回复等文件。

2. 精选层挂牌律师事务所排名情况

根据中国证监会、工业和信息化部、司法部、财政部颁布的《证券服务机构从事证券服务业务备案管理规定》，律师事务所从事相关证券业务应向中国证监会和国务院有关主管部门备案。律师事务所的独立性、专业性、团队实力等对企业 IPO 上市至关重要。

选择律师事务所需要关注律师事务所的综合能力、团队实力、成功案例、市场口碑、资源优势、沟通协作等方面。170 家（截至 2021 年 10 月 31 日已申报精选层企业数量）精选层挂牌企业律师事务所服务家数排名的情况如表 7-6 所示。

表 7-6　精选层挂牌律师事务所排名情况

律师事务所名称	申报家数
上海市锦天城律师事务所	14
安徽天禾律师事务所	7
北京市康达律师事务所	5
国浩律师（上海）事务所	4
广东华商律师事务所	4
北京市金杜律师事务所	3
北京市天元律师事务所	3
湖南启元律师事务所	3
北京德恒律师事务所	3

（续）

律师事务所名称	申报家数
国浩律师（南京）事务所	3
北京大成律师事务所	3
北京金诚同达（上海）律师事务所	3
北京海润天睿律师事务所	2
上海天衍禾律师事务所	2
国浩律师（天津）事务所	2
北京盈科（武汉）律师事务所	2
江苏世纪同仁律师事务所	2
北京君嘉律师事务所	2
浙江天册律师事务所	2
北京国枫律师事务所	2
上海市广发律师事务所	2
北京国枫（成都）律师事务所	2
北京市中伦（广州）律师事务所	2
北京市浩天信和律师事务所	2
北京大成（广州）律师事务所	2
北京中伦（成都）律师事务所	2
北京市盈科律师事务所	2
国浩律师（杭州）事务所	2
上海市通力律师事务所	2
北京市中银律师事务所	2
北京市重光律师事务所	1
江苏汇典律师事务所	1
德恒上海律师事务所	1
北京京大律师事务所	1
江苏益友天元律师事务所	1
北京市通商律师事务所	1
山东竞天律师事务所	1
河北马健辉律师事务所	1
北京德恒（深圳）律师事务所	1

（续）

律师事务所名称	申报家数
国信信扬律师事务所	1
北京德恒（重庆）律师事务所	1
北京大成（上海）律师事务所	1
上海天璇律师事务所	1
国浩（南京）律师事务所	1
北京市天元（深圳）律师事务所	1
北京市炜衡律师事务所	1
宁夏大远律师事务所	1
北京市中伦（深圳）律师事务所	1
上海市锦天城（西安）律师事务所	1
广东信达律师事务所	1
上海市方达（深圳）律师事务所	1
辽宁中霖律师事务所	1
北京安杰律师事务所	1
云南德范律师事务所	1
北京市浩天信和（济南）律师事务所	1
北京市铭达律师事务所	1
北京盈科（绵阳）律师事务所	1
北京大成（西安）律师事务所	1
内蒙古上都律师事务所	1
山西华炬律师事务所	1
上海锦天城（青岛）律师事务所	1
北京市尚公律师事务所	1
上海锦天城律师事务所	1
北京德恒（济南）律师事务所	1
湖北郧阳律师事务所	1
上海锦天城（重庆）律师事务所	1
北京大成（大连）律师事务所	1
国浩律师（长沙）事务所	1
北京中银（深圳）律师事务所	1

（续）

律师事务所名称	申报家数
北京市中伦（上海）律师事务所	1
北京观韬中茂（深圳）律师事务所	1
北京大成（昆明）律师事务所	1
北京道可特（天津）律师事务所	1
北京德和衡（上海）律师事务所	1
北京德恒（杭州）律师事务所	1
泰和泰律师事务所	1
北京蔚来律师事务所	1
海南川合律师事务所	1
北京市中伦律师事务所	1
北京市隆安律师事务所	1
北京大成（济南）律师事务所	1
福建天衡联合（福州）律师事务所	1
北京中银律师事务所	1
北京市中银（珠海）律师事务所	1
国浩律师（重庆）事务所	1
安徽承义律师事务所	1
北京市京师（珠海）律师事务所	1
北京市中伦（南京）律师事务所	1
北京康达（杭州）律师事务所	1
北京大成（沈阳）律师事务所	1
广东君信律师事务所	1
北京市时代九和律师事务所	1
上海上正恒泰律师事务所	1
北京龙佑律师事务所	1
北京市万商天勤律师事务所	1
陕西林麓律师事务所	1
北京市中伦文德律师事务所	1
北京君合（杭州）律师事务所	1
北京德和衡律师事务所	1

(续)

律师事务所名称	申报家数
北京市君致（深圳）律师事务所	1
上海东方华银律师事务所	1
上海市汇业律师事务所	1
北京市天元（成都）律师事务所	1
北京市康达（广州）律师事务所	1
北京观韬中茂律师事务所	1
北京市鑫诺律师事务所	1
北京天达共和律师事务所	1
北京中伦（武汉）律师事务所	1
北京市京师律师事务所	1

数据来源：Wind。

7.4 其他中介机构

企业挂牌上市过程中，除了需要聘请保荐机构（主办券商）、会计师事务所、律师事务所外，一般情况下还会涉及资产评估机构、IPO咨询机构等。

资产评估机构主要负责出具股改的资产评估报告书、发行人拟收购资产（包括权益）的资产评估报告等申请文件，以及配合其他中介机构协助企业反馈回复等工作。

IPO咨询机构在准备材料阶段主要提供细分市场行业研究报告、招股说明书（公开转让说明书）业务与技术章节撰写、募投项目可行性研究报告等服务，同时也提供内控设计、上市一体化诊断等服务。

7.5 中介费用情况

申请在北交所上市的中介费用，大致包含四个方面：一是券商的中介费用（也是中介费用中占比最大的一项，费用大致在募集资金中扣除），北交所上市可大致分为财务顾问、辅导、保荐和承销四个阶段，券商一般按照上市的具体进度来收取对应的费用；二是会计师事务所的中介费用，主要对应出具三年一期审计报告的工作内容；三是律师事务所的中介费用，主要对应出具法律意见书的工作内容；四是发行手续费、信息披露费等其他相关费用。

因为每个企业的体量、规模以及业务的复杂度不一样，募集资金的规模也不一样，发行上市过程中的中介费用不完全具备可比性。

从已经发行上市的68家企业（截至2021年10月31日已挂牌精选层企业数量）来看，上述四项费用总金额平均值为1 956.31万元（约2 000万元）。总金额最高的为贝特瑞（835185）7 177.07万元，最低的为永顺生物（839729）517.01万元，中位数附近的为星辰科技（832885）1 660万元。按总发行费用降序排续情况如表7-7所示。

表7-7 精选层中介费用排名情况

单位：万元

证券简称	承销及保荐费	审计及验资费	律师费用	手续费及其他	总发行费用
贝特瑞	6 309.43	518.87	330.00	18.77	7 177.07
翰博高新	3 658.11	424.53	169.81	99.15	4 351.60
同力股份	3 726.42	160.38	75.47	23.59	3 985.86
观典防务	3 633.33	113.21	80.19		3 826.72
连城数控	3 330.28	84.91	109.43	100.1	3 624.72
国源科技	3 037.37	382.08	94.34	96.54	3 610.33
富士达	3 000.00	165.09	94.34	36.27	3 295.70
颖泰生物	2 454.25	122.64	245.28	291.71	3 113.88
齐鲁华信	2 558.68	283.02	200.00	63.63	3 105.33
云创数据	2 754.72	179.25	150.94	9.71	3 094.62
球冠电缆	2 300.75	625.47	84.91	71.7	3 082.83
恒拓开源	2 181.23	400.03	173.56	181.15	2 935.97

（续）

证券简称	承销及保荐费	审计及验资费	律师费用	手续费及其他	总发行费用
大唐药业	2 572.06	198.11	37.74	6.94	2 814.85
德源药业	1 836.54	488.00	122.64		2 447.18
艾融软件	1 615.84	620.00	113.21	87.19	2 436.24
中航泰达	1 899.25	283.02	103.77	89.5	2 375.54
拾比佰	1 732.08	229.25	352.83	14.53	2 328.69
三元基因	1 613.75	360.00	290.00	8	2 271.75
森萱医药	1 986.79	147.17	113.21	9.06	2 256.23
微创光电	1 881.60	141.51	120.00	81.71	2 224.82
凯添燃气	1 833.55	99.06	179.25	80.12	2 191.97
新安洁	1 826.00	195.00	90.00	21.87	2 132.87
创远仪器	1 775.25	236.79	94.34	11.43	2 117.81
德瑞锂电	1 500.00	300.00	240.00	17.69	2 057.69
泰祥股份	1 694.22	210.38	94.34	15.93	2 014.87
锦好医疗	1 575.47	274.06	113.21	23.59	1 986.33
朱老六	1 542.35	260.00	140.00	29.42	1 971.77
佳先股份	1 621.87	155.66	120.75	55.15	1 953.43
三友科技	1 320.76	359.43	150.94	116.79	1 947.92
华维设计	1 622.20	207.55	94.34	0.24	1 924.33
诺思兰德	1 565.26	56.60	61.32	174.36	1 857.54
建邦科技	834.53	528.30	311.32	86.79	1 760.94
梓橦宫	1 451.89	153.77	66.04	5.66	1 677.36
星辰科技	1 198.58	344.35	100.00	19.08	1 662.01
流金岁月	1 169.15	377.36	75.47	28.59	1 650.57
旭杰科技	943.40	316.98	248.35	126.97	1 635.70
同惠电子	1 143.58	216.98	188.68	9.67	1 558.91
秉扬科技	1 255.00	188.19	113.21	0.34	1 556.74
生物谷	1 037.74	349.06	94.34	69.88	1 551.01
方大股份	1 049.66	132.08	94.34	273.19	1 549.26
同享科技	1 314.91	113.21	96.23	15.2	1 539.55
龙竹科技	943.40	377.36	94.34	34.15	1 449.25

（续）

证券简称	承销及保荐费	审计及验资费	律师费用	手续费及其他	总发行费用
安徽凤凰	1 040.04	188.68	113.21	30.37	1 372.30
同辉信息	856.75	349.06	121.70	27.62	1 355.13
浩森科技	1 037.74	174.53	94.34	24.622641	1 331.23
华阳变速	943.40	183.96	147.86	13.1	1 288.32
数字人	900.00	174.53	113.21	66.37	1 254.11
润农节水	1 143.39	62.26	42.45	0.86	1 248.96
殷图网联	896.23	207.55	132.08	9.52	1 245.38
德众汽车	829.92	276.42	132.08	0	1 238.42
长虹能源	976.60	117.91	94.34	29.25	1 218.10
苏轴股份	1 061.13	70.00	49.06	31.13	1 211.32
吉林碳谷	919.82	155.66	103.77	9.67	1 188.92
万通液压	841.17	208.47	96.00	42.64	1 188.28
五新隧装	767.96	228.00	143.30	46.23	1 185.49
驱动力	518.87	364.66	174.53	121.95	1 180.01
利通科技	795.83	210.00	100.00	54.6	1 160.43
常辅股份	726.42	273.58	141.51	2.4745	1 143.98
通易航天	642.04	252.00	219.00	8.84	1 121.88
盖世食品	923.45	116.98	66.36	7.65	1 114.44
智新电子	938.30	83.02	61.32	3.02	1 085.66
鹿得医疗	776.36	195.00	94.34	19.75	1 085.45
美之高	688.68	224.53	138.68	4.8562	1 056.74
广咨国际	759.43	139.62	47.17	14.21	960.43
丰光精密	550.00	188.68	103.77	15.17	857.62
国义招标	499.25	118.87	89.62	14.15	721.89
凯腾精工	377.36	143.40	59.43	9.55	589.74
永顺生物	243.42	141.51	94.34	37.74	517.01

数据来源：Wind。

第 8 章
北交所上市审核要点案例解析

为了进一步明确市场预期，提高北交所发行上市审核透明度，2021年11月12日，北交所发布了《北京证券交易所向不特定合格投资者公开发行股票并上市业务规则适用指引第1号》。《北京证券交易所向不特定合格投资者公开发行股票并上市业务规则适用指引第1号》原则上借鉴了全国股转公司2020年1月21日发布的《全国中小企业股份转让系统精选层挂牌审查问答（一）》。

为了进一步对审核要点进行分析说明，鉴于目前尚无北交所上市的审核案例，但北交所制度体系设计上平移的精选层，故本章在结合并对比上述两个文件的基础上，同时结合实际审核中的关注要点，以截至2021年10月31日已被全国股转公司反馈的问题为分析对象，整理归纳出四大类审查要点，即"申报及条件适用问题""财务类问题""法律类问题""业务经营类问题"，供拟在北交所上市的企业参考。

8.1 申报及条件适用问题

1. 进层标准选择

根据《全国中小企业股份转让系统精选层挂牌审查问答（一）》：

发行人申请股票公开发行并在精选层挂牌的,应当在《发行人关于股票在精选层挂牌的申请》中明确所选择的一项具体的进入标准,即《分层管理办法》第十五条中规定的四套标准之一。发行人应当结合自身财务状况、公司治理特点、发展阶段以及进入精选层后的持续监管要求等,审慎选择进入标准。保荐机构应当为发行人选择适当的进入标准提供专业指导,审慎推荐,并在《股票在精选层挂牌推荐书》中就发行人选择的进入标准逐项说明适用理由,并就发行人是否符合精选层进层条件发表明确意见。

根据《北京证券交易所向不特定合格投资者公开发行股票并上市业务规则适用指引第1号》:发行人应当选择一项具体上市标准。发行人申请向不特定合格投资者公开发行股票并在北交所上市的,应当在相关申请文件中明确说明所选择的一项具体的上市标准,即《北京证券交易所股票上市规则》(以下简称"《上市规则》")2.1.3规定的四套标准之一。发行人应当结合自身财务状况、公司治理特点、发展阶段以及上市后的持续监管要求等,审慎选择上市标准。

发行人选择适用《上市规则》第2.1.3条规定的第一套标准上市的,保荐机构应重点关注:发行人最近一年的净利润对关联方或者有重大不确定性的客户是否存在重大依赖,最近一年的净利润是否主要来自合并报表范围以外的投资收益,最近一年的净利润对税收优惠、政府补助等非经常性损益是否存在较大依赖,净利润等经营业绩指标大幅下滑是否对发行人经营业绩构成重大不利影响等。

发行人选择适用《上市规则》第2.1.3条规定的第一、二、三套标准上市的,保荐机构均应重点关注:发行人最近一年的营业收入对关联方或者有重大不确定性的客户是否存在重大依赖,营业收入大幅下滑是否对发行人经营业绩构成重大不利影响。

发行人选择适用《上市规则》第2.1.3条规定的第三套标准上市的,

其最近一年营业收入应主要源于前期研发成果产业化。

发行人选择适用《上市规则》第 2.1.3 条规定的第四套标准上市的，其主营业务应属于新一代信息技术、高端装备、生物医药等国家重点鼓励发展的战略性新兴产业。保荐机构应重点关注：发行人创新能力是否突出、是否具备明显的技术优势、是否已取得阶段性研发或经营成果。

发行人若尚未盈利或最近一期存在累计未弥补亏损的情形，保荐机构应重点关注：发行人是否按照《公开发行证券的公司信息披露内容与格式准则第 46 号——北京证券交易所公司招股说明书》要求，在招股说明书"风险因素"和"其他重要事项"章节充分披露相关信息；发行人尚未盈利或最近一期存在累计未弥补亏损是偶发性因素还是经常性因素导致；发行人产品、服务或者业务的发展趋势、研发阶段以及达到盈亏平衡状态时，主要经营要素需要达到的水平；发行人尚未盈利或最近一期存在累计未弥补亏损是否影响发行人持续经营能力；未盈利状态持续存在或累计未弥补亏损继续扩大是否会触发退市情形。

发行人应当在招股说明书中分析并披露对其经营业绩产生重大不利影响的所有因素，充分揭示相关风险。保荐机构应结合上述关注事项和发行人相关信息披露情况，就发行人是否符合发行条件和上市条件发表明确意见。

案 例 · 北京清水爱派建筑设计股份有限公司

案例简介（问询要点）：

请发行人说明报告期内会计差错更正的具体情况及影响，并说明测算结果、会计处理是否准确，是否符合会计准则要求，调整前后是否可能造成发行人不符合所选定的精选层进层标准。

企业回复（回复要点）：

（1）会计差错更正的具体情况及影响，并说明测算结果、会计处理是否准确，是否符合会计准则要求。

（2）调整前后是否可能造成发行人不符合所选定的精选层进层标准。

发行人系根据《全国中小企业股份转让系统分层管理办法》第十五条第（一）项"市值不低于2亿元，最近两年净利润均不低于1 500万元且加权平均净资产收益率平均不低于8%，或者最近一年净利润不低于2 500万元且加权平均净资产收益率不低于8%"的规定申报精选层。调整前后发行人最近两年的净利润及加权平均净资产收益率如表8-1所示。

表8-1　净利润及加权平均净资产收益率表

单位：元

项目	2018年度更正前	2018年度更正后	2019年度
净利润	32 852 354.06	32 940 419.72	32 865 222.34
加权平均净资产收益率（%）	30.82	31.14	24.31

注：发行人2019年度不存在会计差错更正。

根据表8-1，发行人调整前后净利润以及加权平均净资产收益率的指标均满足申报精选层的规定，因此调整前后不会造成发行人不符合所选定的精选层进层标准的情况。

评析：精选层进入条件通过市值和财务指标组合设定了四套标准，总体遵循"市值和财务稳健性要求高低匹配的原则"，具体落实"持续盈利能力"要求，市值标准由低到高梯度设置，财务条件覆盖不同发展阶段、行业类型和商业模式的企业。标准三及标准四对研发能力的要求明显高于标准一及标准二，标准四仅对研发投入做了要求，重点关注公司的创新性。

发行人如果同时满足多条硬性标准，需要从每个标准审核的侧重点、公司的财务指标特征、公司所处的行业、公司募集资金使用及发行预期等因素综合分析，选择最适合的标准才能更有效地提高精选层进层的进程。但切不可为了达到进层标准，部分企业采取会计操纵，即为达到部分指标采取会计造假的方式。另外需要注意的是，如果报告期内存在会计差错更正的情况，调整后的指标也应符合发行人选定的精选层进层标准。

2. 适用与变更

根据《全国中小企业股份转让系统精选层挂牌审查问答（一）》：全国股转系统挂牌委员会召开审议会议前，发行人因更新财务报告等情形导致不再符合申报时选定的进入标准，需要变更为其他标准的，应当及时向全国股转公司提出变更申请、说明原因并更新相关文件；不再符合任何一项进入标准的，应当撤回申请。保荐机构应当核查发行人变更进入标准的理由是否充分，在《股票在精选层挂牌推荐书》中就发行人新选择的进入标准逐项说明适用理由，并就发行人是否符合精选层进层条件重新发表明确意见。

根据《北京证券交易所向不特定合格投资者公开发行股票并上市业务规则适用指引第1号》：

（1）发行人应当选择一项具体上市标准。发行人申请向不特定合格投资者公开发行股票并在北交所上市的，应当在相关申请文件中明确说明所选择的一项具体的上市标准，即《上市规则》2.1.3规定的四套标准之一。发行人应当结合自身财务状况、公司治理特点、发展阶段以及上市后的持续监管要求等，审慎选择上市标准。

保荐机构应当为发行人选择适当的上市标准提供专业指导，审慎推荐，并在上市保荐书中就发行人选择的上市标准逐项说明适用理由，并就发行人是否符合上市条件发表明确意见。

（2）发行人申请变更上市标准的处理。本所上市委员会召开审议会议前，发行人因更新财务报告等情形导致不再符合申报时选定的上市标准，需要变更为其他标准的，应当及时向本所提出变更申请、说明原因并更新相关文件；不再符合任何一套上市标准的，可以撤回发行上市申请。保荐机构应当核查发行人变更上市标准的理由是否充分，就发行人新选择的上市标准逐项说明适用理由，并就发行人是否符合上市条件重新发表明确意见。

案例 吉林碳谷碳纤维股份有限公司

案例简介（问询要点）：

根据申报材料，2019年以来发行人开展原材料丙烯腈的贸易业务，使得其他业务收入比重大幅增加，2019年、2020年1-6月其他业务收入占比达70.87%、70.50%。请发行人结合该类业务的后续开展计划及业务稳定性情况，就贸易业务对营业收入和净利润的影响做重大事项提示，并分析说明剔除贸易类业务后，是否仍满足精选层进层标准。

企业回复（回复要点）（见表8-2、表8-3）：

表8-2 剔除丙烯腈贸易收入相关入层指标情况表

剔除丙烯腈贸易后的营业收入（万元）	2020年	2019年	2018年
	59 291.91	31 555.45	22 843.09

剔除丙烯腈贸易收入后，公司2020年营业收入较2019年增长87.90%，2019年营业收入较2018年增长38.14%。

表8-3 收入情况表

项目	2020年	2019年	2018年
净利润（万元）	14 414.68	-1 652.97	-7 594.11
经营活动现金流净额（万元）	15 123.61	6 459.78	5 539.76
加权平均净资产收益率（%）	63.02%	-13.67%	-45.43%

注：丙烯腈贸易形成的利润很小，未予考虑。

本次发行人申报时选择的进层标准为第（二）项：预计发行时市值不低于4亿元，2018年、2019年营业收入分别为2.28亿元和10.63亿元，营业收入增长率为365.28%，2019年经营活动产生的现金流量净额为6 459.78万元，符合标准。

剔除丙烯腈贸易业务后，预计发行时市值不低于4亿元，2018年、2019年营业收入分别为2.28亿元和3.16亿元，营业收入增长率为38.14%，2019年经营活动产生的现金流量净额为6 459.78万元，亦符合标准。

2021年1月19日、2021年2月3日，公司第二届董事会第二十一次会议、2021年第一次临时股东大会审议通过《关于变更公司申请股票向不特定合格投资者公开发行并在精选层挂牌适用财务数据条件》的议案，公司将申报精选层的适用财务指标，变更进层标准为第（一）项，公司2020年净利润为14 414.68万元，加权平均净资产收益率为63.02%，预计市值不低于2亿元，符合进层标准为第（一）项。

评析：《全国中小企业股份转让系统分层管理办法》以市值为中心，结合净利润、净资产收益率、营业收入及增长率、研发投入和经营活动产生的现金流量净额等财务指标，设置了四套精选层进入标准。

挂牌公司申报时，要明确选择其中一项具体标准，在满足标准的基础上，不应只局限于表面的数字，还应当深入分析其他业务收入大幅变动的合理性以及影响、最近一年的净利润对关联方或者有重大不确定性的客户是否存在重大依赖、是否主要来自合并报表范围以外的投资收益、对税收优惠或政府补助等非经常性损益是否存在较大依赖、净利润等经营业绩指标大幅下滑是否对发行人经营业绩构成重大不利影响等因素。如存在上述与主营业务相关性不大的事项，建议从严进行进层标准的重新选择。

3. 预计市值

根据《全国中小企业股份转让系统精选层挂牌审查问答（一）》：保荐机构应当对发行人的市值进行预先评估，并在《关于发行人预计市值的分析报告》中充分说明发行人市值评估的依据、方法、结果以及是否满足所选择精选层进入标准中市值指标的结论性意见等。保荐机构应当根据发行人特点、市场数据的可获得性及评估方法的可靠性等，谨慎、合理地选用评估方法，结合发行人报告期股票交易价格、定向发行价格以及同行业可比公众公司在境内外市场的估值情况等进行综合判断。

根据《北京证券交易所向不特定合格投资者公开发行股票并上市业务规则适用指引第1号》：《上市规则》第2.1.3条规定的四套上市标准均以市值为中心，针对申请文件涉及的预计市值、发行承销过程中涉及的预计发行后市值，应注意以下事项：

保荐机构应当对发行人的市值进行预先评估，并在《关于发行人预计市值的分析报告》中充分说明发行人市值评估的依据、方法、结果以及是否满足所选择上市标准中市值指标的结论性意见等。保荐机构应当根据发行人特点、市场数据的可获得性及评估方法的可靠性等，谨慎、合理地选用评估方法，结合发行人报告期股票交易价格、定向发行价格以及同行业可比公众公司在境内外市场的估值情况等进行综合判断。

发行价格确定后，对于预计发行后总市值与申报时市值评估结果存在重大差异的，保荐机构应当向本所说明相关差异情况。发行人预计发行后总市值不满足上市标准的，应当根据《北京证券交易所证券发行与承销管理细则》的相关规定中止发行。

案例 苏州旭杰建筑科技股份有限公司

案例简介（问询要点）：

根据申请文件，发行人选择适用第二套精选层入层标准，其中要求市值不低于 4 亿元。发行人在《预计市值分析报告》中主要采用市销率作为估值方法，估值结果为 4.33 亿~4.45 亿元，估值的基础为发行人 2019 年营业收入。请发行人详细说明并披露《预计市值分析报告》中关于公司预计市值的计算过程、计算参数选取的依据及合理性。

企业回复（回复要点）：

公司预计市值计算参数主要包括报告期内公司股票交易的市销率估值、最近一次外部融资的市销率估值和同行业可比公众公司的市销率估值，选取的具体依据及合理性如下：

（1）报告期内公司股票交易的市销率估值情况

公司于 2016 年 12 月 30 日至 2018 年 7 月 18 日采用做市交易方式，于 2018 年 7 月 19 日转为集合竞价交易方式。做市交易方式下，股票成交价格系在做市商发布的买卖双向报价的基础上所形成，较集合竞价交易方式更为客观公允，且在交易流动性方面，与精选层的连续竞价交易机制更为接近。因此，选择做市交易方式下股票交易的市销率估值水平作为公司预计市值的计算参数具有合理性。报告期内，公司股票在做市交易方式下的有效交易天数和交易数量集中在 2017 年 5 月至 2017 年 7 月，因此以该期间的股票成交均价（5.1562 元 / 股）和 2016 年度的每股营业收入（3.3789 元 / 股）计算公司股票交易的市销率估值指标，计算结果为 1.5260。

（2）公司最近一次外部融资的市销率估值情况

公司最近一次外部融资为 2017 年 10 月非公开发行的 1 060 万元双创可转债，转股价格为 5.30 元 / 股，转股价格与当时市价（5.26 元 / 股）、2017 年 5 月定增价格（5.20 元 / 股）相近。选择该转股价格作为公司最近一次外部融资的市销率估值的依据具有合理性。

转股价格对应的静态市销率（转股价格 /2016 年度每股营业收入）

为 1.5685，对应的动态市销率（转股价格 /2016 年 7 月至 2017 年 6 月的每股营业收入）为 1.5672。

（3）同行业可比公众公司的市销率估值情况

1）同行业上市公司的市销率估值情况。

2019 年，公司 PC 构件生产与销售收入占比为 47.06%，建筑合同服务收入占比为 28.00%，根据中国证监会《上市公司行业分类指引》，公司所属行业为"非金属矿物制品业"（代码 C30）。以该行业 A 股上市公司截至 2020 年 4 月 30 日的平均动态市销率作为公司预计市值的计算参数。

剔除市销率大于 10 倍的极端值后，"非金属矿物制品业"上市公司截至 2020 年 4 月 30 日的平均动态市销率为 3.0099。

2）可比公众公司的市销率估值情况。

2020 年 5 月以来，我国股票市场未出现明显不利变化，截至 2020 年 5 月 31 日，同行业上市公司的平均动态市销率为 2.8995（剔除 10 倍以上样本）、境内可比公众公司的平均动态市销率为 2.6250，较 2020 年 4 月 30 日均未有明显变化。

选取截至 2020 年 4 月 30 日同行业上市公司的平均动态市销率、可比公众公司的平均动态市销率作为公司预计市值的计算参数具有合理性。

评析：《全国中小企业股份转让系统分层管理办法》设置的四套指标中，每套标准均有市值作为首要条件。并且在申报文件目录中，明确需要提交《预计市值分析报告》。《预计市值分析报告》中应充分说明发行人市值评估的依据、方法、结果以及是否满足所选择精选层进入标准中市值指标的结论性意见等。这也是审核预计市值的主要依据，需要引起重视。

目前常见的评估方法主要有三种：收益法、市场法、成本法（资产基础法）。发行人应当综合多种估值方法，结合行业和自身的特点，全面分析公司在各种假设条件下的估值水平。另外在回复时还需注意：①需要根据经营规模、业务模式和盈利能力筛选具有可比性的企业，不能为了抬高企业估值有针对性地挑选可比企业。②如果采用了多种估值方法，不同方法得出不同的结论区间的，需要解释具体原因。③预计市值与按照公司最近增资及股权转让价格和股本总额测算的公司估值如果存在差异的，需要解释具体原因。

4. 研发投入

根据《全国中小企业股份转让系统精选层挂牌审查问答（一）》：研发投入为企业研究开发活动形成的总支出。研发投入通常包括研发人员工资费用、直接投入费用、折旧费用与长期待摊费用、设计费用、装备调试费、无形资产摊销费用、委托外部研究开发费用、其他费用等。本期研发投入为本期费用化的研发费用与本期资本化的开发支出之和。发行人应制定并严格执行研发相关内控制度，明确研发支出的开支范围、标准、审批程序以及研发支出资本化的起始时点、依据、内部控制流程。同时，应按照研发项目设立台账归集核算研发支出。发行人应审慎制定研发支出资本化的标准，并在报告期内保持一致。

根据《北京证券交易所向不特定合格投资者公开发行股票并上市业务规则适用指引第1号》：

（1）研发投入认定

研发投入为企业研究开发活动形成的总支出。研发投入通常包括研发人员工资费用、直接投入费用、折旧费用与长期待摊费用、设计费用、装备调试费、无形资产摊销费用、委托外部研究开发费用、其他费用等。本期研发投入为本期费用化的研发费用与本期资本化的开发支出之和。

（2）研发相关内控要求

发行人应制定并严格执行研发相关内控制度，明确研发支出的开支范围、标准、审批程序以及研发支出资本化的起始时点、依据、内部控制流程。同时，应按照研发项目设立台账归集核算研发支出。发行人应审慎制定研发支出资本化的标准，并在报告期内保持一致。

（3）中介机构核查要求

1）保荐机构及申报会计师应对报告期内发行人的研发投入归集是否准确、相关数据来源及计算是否合规、相关信息披露是否符合招股说明书准则要求进行核查，并发表核查意见。

2）保荐机构及申报会计师应对发行人研发相关内控制度是否健全且被有效执行进行核查，就发行人以下事项做出说明，并发表核查意见：

①是否建立研发项目的跟踪管理系统，有效监控、记录各研发项目的进展情况，并合理评估技术上的可行性。

②是否建立与研发项目相对应的人财物管理机制。

③是否已明确研发支出开支范围和标准，并得到有效执行。

④报告期内是否严格按照研发开支用途、性质据实列支研发支出，是否存在将与研发无关的费用在研发支出中核算的情形。

⑤是否建立研发支出审批程序。

3）对于合作研发项目，保荐机构及申报会计师还应核查项目的基本情况并发表核查意见，基本情况包括项目合作背景、合作方基本情况、相关资质、合作内容、合作时间、主要权利义务、知识产权的归属、收入成本费用的分摊情况、合作方是否为关联方；若存在关联方关系，需要进一步核查合作项目的合理性、必要性、交易价格的公允性。

案例一 易景环境科技（天津）股份有限公司

案例简介（问询要点）：

请发行人说明研发投入的归集、核算是否符合《审查问答（一）》问题4的规定，研发相关内控制度及其执行情况，报告期是否存在研发人员与生产人员混同、工作混同、薪酬及费用归集不清晰等情形。

企业回复（回复要点）：

公司制定了《研发项目管理制度》《薪酬管理制度》《员工考勤管理制度》等研发相关内控制度，对研发项目职责划分、立项、实施管理、结项报审、工时填报等事宜进行了明确规定，可以有效监控、记录各研发项目的进展情况。项目立项阶段，公司各需求中心提出研发需求，由各中心副主任及以上人员协助项目负责人编制《研发立项申请书》，提交需求由中心负责人及财务中心负责人审批，最终由总经理终审签批完成立项。在研发项目立项时，确定唯一的项目编码，后续研发活动支出按照研发项目编码进行资金的预算、审批及归集。项目实施阶段，项目研发小组成员每日根据实际工作情况将工时填报至对应项目编码中，项目负责人填写工作月报，通报研发项目的实施进度，并对已填报的项目工时进行复核。在项目验收阶段，项目组负责人编写《项目结题报告》，经财务中心负责人复核确认后，报总经理审核批准；研发费用核算方面，公司财务中心根据《企业会计准则》、研发费用会计政策等相关规定，对研发支出的范围和标准进行明确，按项目实际进行研发费用的归集核算，各项研发按用途、性质据实列支，并需履行相应的审批程序，不存在将与研发无关的费用在研发支出中核算的情形。

受研发项目性质、不同业务研发需求不同等因素影响，报告期内公司根据实际研发需求组建各研发项目组，参与研发项目的人员每日根据实际工作情况在系统平台中填报参与研发项目工时，项目负责人、各中心负责人定期复核确认。财务中心每月按照系统工时统计情况，分配各研发项目需负担的人工成本、相关设备折旧等，研发人员差旅费、材料费等其他费用于发生时直接计入相关研发项目费用。报告期内公司研发投入均作费用化处理，无资本化开发支出，公司研发相关内控制度设计及运行有效，不存在薪酬及费用归集不清晰等情形。

评析：《全国中小企业股份转让系统分层管理办法》设置的四套指标中，标准三及标准四对研发能力的要求明显高于标准一及标准二，标准四仅对研发投入做了要求，重点关注公司的创新性，进一步明确了使用标准四的行业应为国家重点鼓励发展的战略新兴产业。故审核问询中也会特别关注研发投入核算的规范性和内部控制是否健全有效。

发行人只有建立一套严谨、完备的研发内部控制体系，才能压实研发投入，发行人在申报前应保证研发内部控制有效。研发内部控制建设要点主要分为以下几个方面：①立项管理制度应当规定研发立项的审批层级和对应的审批人员，并且明确各审批层级的职责范围。②发行人应当根据业务的实际情况制定文件明确研发费用的开支范围和标准以及对应的审批流程。③研发物料领用流程只能由特定的人员或部门发起并且经过恰当的审批。④发行人应当独立制定研发人员管理制度，内容涵盖研发人员选录标准及岗位技能要求、定岗与定薪、考勤考核、人员调用等。⑤委外管理，即委外内容、供应商、合同、验收、费用结算等。⑥建立研发计划变更审批制度，并能定期对研发计划执行情况进行检查，确保已审批的计划均得到执行、偏离计划的事项均能得到识别、变更的计划均得到恰当记录和审批。

案例二　易景环境科技（天津）股份有限公司

案例简介（问询要点）：

请发行人说明各期研发投入与研发费用差异的具体原因，量化分析报告期研发投入的各类支出与研发项目的匹配性，说明研发支出的归集是否准确；研发费用中技术服务费的具体情况，价格公允性；发行人报告期研发支出占同期营业收入的比例接近3%，发行人报告期内研发费用存在较大比例的材料费用和技术服务费，请发行人说明研发投入的计算口径与归集方法是否符合高新技术企业和享受研发投入加计扣除税收优惠的要求，是否存在合规风险。

企业回复（回复要点）：

（1）各期研发投入与研发费用差异的具体原因

公司的研发活动主要分为基础性技术研究活动和针对专项方案的试验、实施研究开发活动，其中：基础性技术研究活动的研发投入计入开发支出后结转入研发费用；针对专项方案的试验、实施研究开发活动在项目现场开展，此类研发活动与项目紧密相关，因此在会计核算时计入营业成本。

（2）量化分析报告期研发投入的各类支出与研发项目的匹配性，说明研发支出的归集是否准确

（3）研发费用中技术服务费的具体情况，以及价格公允性

公司研发费用中的技术服务费均为公司聘请外部专业技术服务机构对研发项目提供技术支持所产生的费用，该部分费用需要根据具体的服务内容，根据"一事一议"的原则确定服务价格，无公开可比价格。

公司在选取技术服务商时，根据研发需求寻找行业内研究机构、设计公司等，选取2~3家进行报价，在综合考虑各备选供应商的研究实力、专业技术、性价比等因素后选定最终外部专业技术服务机构，其价格具有公允性、合理性。

（4）研发投入的计算口径与归集方法是否符合高新技术企业和享受研发投入加计扣除税收优惠的要求，是否存在合规风险

2016年1月，根据由科技部、财政部、国家税务总局修订的《高新技术企业认定管理办法》的规定，高新技术企业近三个会计年度的研究开发费用总额占同期销售收入总额的比例符合如下要求：①最近一年销售收入小于5 000万元（含）的企业，比例不低于5%；②最近一年销售收入在5 000万元至2亿元（含）的企业，比例不低于4%；③最近一年销售收入在2亿元以上的企业，比例不低于3%。其中，企业在中国境内

发生的研究开发费用总额占全部研究开发费用总额的比例不低于60%。报告期内，公司的研究开发费用总额占收入总额的比例符合前述规定的要求。

根据2015年11月，财政部、国家税务总局、科学技术部《关于完善研究开发费用税前加计扣除政策的通知》（财税[2015]119号文）的规定，要求相关企业应：①按照国家财务会计制度要求，对研发支出进行会计处理；同时，对享受加计扣除的研发费用按研发项目设置辅助账，准确归集核算当年可加计扣除的各项研发费用实际发生额。企业在一个纳税年度内进行多项研发活动的，应按照不同研发项目分别归集可加计扣除的研发费用。②企业应对研发费用和生产经营费用分别核算，准确、合理归集各项费用支出，对划分不清的，不得实行加计扣除。

报告期内公司严格按照上述要求对研发支出进行会计处理，按项目分别归集可加计扣除的研发费用，严格区分研发费用和生产经营费用。公司2018年度、2019年度的研发费用加计扣除分别由辽宁汇财会计师事务所有限公司进行专项审计，并出具了"辽宁财会专审[2019]831号"《2018年度企业所得税汇算清缴纳税申报鉴证报告》和"辽汇财会专审[2020]825号"《2019年度企业所得税汇算清缴纳税申报鉴证报告》。

国家税务总局沈阳市皇姑区税务局出具的合法合规证明显示，2018年1月1日至2020年12月31日，公司不存在违法违章案件登记，无税费欠缴，无违规开票处罚记录。

综上，研发投入的计算口径与归集方法符合高新技术企业和享受研发投入加计扣除税收优惠的要求，不存在合规风险。

评析：根据《企业准则第6号——无形资产》规定，对于企业自行进行的研究开发项目，区分为研究阶段与开发阶段。企业内部研究开发项目研究阶段的支出，应当于发生时计入当期损益，即费用化。企业内部研究开发项目开发阶段的支出，同时满足条件的，才能确认为无形资产,即有条件的资本化。

拟上市企业应制定并严格执行研发相关内控制度,明确研发支出的开支范围、标准、审批程序以及研发支出资本化的起始时点、依据、内部控制流程。同时,应按照研发项目设立台账归集核算研发支出。建议应审慎制定研发支出资本化的标准。

另外,发行人还应当关注报告期内公司实际发生的研发费用,了解其范围界定、具体构成与内容、对应的主要研发项目;结合研发项目分析研发费用金额及变动的合理性,判断研发费用是否与当期的研发活动相匹配,各项研发支出是否为研发活动中真实发生的支出。

同时,还应比较研发费用发生额、财务报表中披露的研发支出(包括资本化和费用化)以及高新技术企业认定专项审计报告中列示的研发投入,关注是否存在重大差异,如对研发费用金额存在疑虑,需考虑是否会对公司已获得的高新技术企业认证资格以及报告期内研发费用的加计扣除产生不利影响。另外,中介机构也应充分关注是否存在不当取得高新技术企业资格的情况。

5. 经营稳定性

根据《全国中小企业股份转让系统精选层挂牌审查问答(一)》:"经营稳定性"指发行人应当保持主营业务、控制权、管理团队的稳定,最近24个月内主营业务未发生重大变化;最近12个月内曾实施重大资产重组的,在重组实施前发行人应当符合《分层管理办法》第十五条中规定的四套标准之一(市值除外);最近24个月内实际控制人未发生变更;最近24个月内董事、高级管理人员未发生重大不利变化。

根据《北京证券交易所向不特定合格投资者公开发行股票并上市业务规则适用指引第1号》:《上市规则》第2.1.4条第(六)项规定了发行人不得存在对经营稳定性具有重大不利影响的情形。发行人应当保持主营业务、控制权、管理团队的稳定，最近 24 个月内主营业务未发生重大变化；最近 12 个月内曾实施重大资产重组的，在重组实施前发行人应当符合《上市规则》第 2.1.3 条规定的四套标准之一（市值除外）；最近 24 个月内实际控制人未发生变更；最近 24 个月内董事、高级管理人员未发生重大不利变化。

保荐机构对发行人的董事、高级管理人员是否发生重大不利变化的认定，应当本着实质重于形式的原则，综合两方面因素分析：一是最近 24 个月内变动人数及比例，在计算人数比例时，以上述人员合计总数作为基数；二是上述人员离职或无法正常参与发行人的生产经营是否对发行人生产经营产生重大不利影响。变动后新增的上述人员来自原股东委派或发行人内部培养产生的，原则上不构成重大不利变化；发行人管理层因退休、调任、亲属间继承等原因发生岗位变化的，原则上不构成重大不利变化，但发行人应当披露相关人员变动对公司生产经营的影响。如果最近 24 个月内发行人上述人员变动人数比例较大或上述人员中的核心人员发生变化，进而对发行人的生产经营产生重大不利影响的，应视为发生重大不利变化。

实际控制人为单名自然人或有亲属关系多名自然人，实际控制人去世导致股权变动，股份受让人为继承人的，通常不视为公司控制权发生变更。其他多名自然人为实际控制人，实际控制人之一去世的，保荐机构及发行人律师应结合股权结构、去世自然人在股东大会或董事会决策中的作用、对发行人持续经营的影响等因素综合判断。

江苏森萱医药股份有限公司

案例简介（问询要点）：

请发行人补充披露重组前发行人及南通森萱、南通公司的主营业务和主要经营财务数据，本次重组的背景及主要的考虑，在发行人已取得控制权的情况下，仍收购少数股权的合理性，重组事项是否符合"最近24个月主营业务未发生重大变化"的进层条件。

企业回复（回复要点）：

（1）重组前南通森萱及南通公司主要业务及主要经营数据情况

1）本次收购前，标的公司经营情况。

2）本次收购前后，发行人业务构成情况对比分析。

（2）本次重组的主要背景及目的

1）重组背景：

①符合公司的长期发展战略。

②外部环境变化。

③精华制药集团内部业务整合的规划。

2）重组目的：

①提高公司整体盈利能力，最大化股东利益。

②利用资本市场，实现业务快速发展。

③优化公司内部管理，促进有序发展。

④避免潜在的同业竞争。

（3）本次重组发行人收购少数股东的合理性

1）进一步提高子公司的管理效率。

2）进一步提高挂牌公司的股东收益。

（4）重组事项符合"最近24个月主营业务未发生重大变化"的进层条件说明

参照《〈首次公开发行股票并上市管理办法〉第十二条发行人最近3年内主营业务没有发生重大变化的适用意见——证券期货法律适用意见第3号》中"二、发行人报告期内存在对同一公司控制权人下相同、类似或相关业务进行重组情况的，如同时符合下列条件，视为主营业务没有发生重大变化：（一）被重组方应当自报告期期初起即与发行人受同一公司控制权人控制，如果被重组方是在报告期内新设立的，应当自成立之日即与发行人受同一公司控制权人控制；（二）被重组进入发行人的业务与发行人重组前的业务具有相关性（相同、类似行业或同一产业链的上下游）。"的相关规定，公司报告期内对南通森萱及南通公司兼并重组符合如下条件：

1）被重组方应当自报告期期初起即与发行人受同一公司控制权人控制，如果被重组方是在报告期内新设立的，应当自成立之日即与发行人受同一公司控制权人控制。

2）被重组进入发行人的业务与发行人重组前的业务具有相关性（相同、类似行业或同一产业链的上下游）。

综上所述，公司在报告期内对同一控制下的南通森萱及南通公司进行了兼并收购，收购完成后上述公司成为公司全资子公司，参照中国证监会关于重大业务变更相关规定，本次收购完成后公司业务不存在发生重大变化之情形。因此，公司符合"最近24个月主营业务未发生重大变化"之情形，符合进入精选层关于经营稳定性相关要求。

评析：主营业务发生重大变化的，应根据《全国中小企业股份转让系统分层管理办法》《首发业务若干问题解答》的规定，需符合相关运行时间要求。

发行人在回复时可从以下三个方面进行阐述：①重组新增业务与发行人重组前的业务是否具有高度相关性，如同一行业、类似技术产品、上下游产业链等；②业务重组行为发生后，发行人实际控制人对公司控制权掌控能力的影响；③被合并方占发行人重组前资产总额、资产净额、营业收入或利润总额的比例，业务重组行为对发行人主营业务变化的影响程度等。

案例二　陕西同力重工股份有限公司

案例简介（问询要点）：

请发行人说明原实际控制人、现任董事长叶磊报告期多次减持股权的背景原因、是否存在继续减持或退出的计划，并结合叶磊、樊斌等重要股东的股份限售安排、减持计划等说明在可预期的时间内发行人管理层团队能否保持稳定，说明发行人保持经营稳定性的具体措施。

企业回复（回复要点）：

（1）报告期内叶磊减持股权的背景原因及是否存在继续减持或退出的计划

1）报告期内叶磊减持发行人股份的背景原因。

受工程机械行业整体下行影响，公司业绩自 2012 年 6 月至 2016 年初持续下滑，直到 2016 年下半年开始触底企稳。在业绩下滑期间，公司主要股东以及管理层进行了反思和总结，认为只有通过资本市场才能为公司的资金状况、市场渠道、研发投入提供有力的支持，助力公司立足于竞争激烈的工程机械行业，对抗经济周期影响。在公司进入资本市场的路径上，原控股股东陕西华岳机械设备有限公司的股东内部产生了不同的看法，部分股东认为重启 IPO 存在较大的不确定性，建议通过与具有市场能力或协同效应的上市公司重组，而部分股东则坚持独立 IPO。综合考虑后，经华岳机械股东之间充分协商，叶磊退出华岳机械，由通过华岳机械间接持有公司股份变为直接持有公司的股份。

2）叶磊是否存在继续减持发行人股份或退出的计划。

叶磊所持公司股份已办理完成了自愿限售，且其承诺自公司本次公开发行并在精选层挂牌之日起 36 个月内，不转让或委托他人管理其直接或间接持有的发行人本次发行挂牌前已发行的股份，也不由发行人回购该部分股份；在本次公开发行并在精选层挂牌之日起 36 个月后，叶磊作为发行人董事长将继续遵照董监高的限售要求进行股份限售。因此叶磊自发行人在精选层挂牌之日起 36 个月内无继续减持发行人股份或退出的计划,在精选层挂牌之日起 36 个月后仍将按照董监高的限售要求进行限售。

(2)叶磊、樊斌等重要股东的股份限售安排、减持计划、在可预期的时间内发行人管理层团队能否保持稳定,发行人保持经营稳定性的具体措施

1)主要股东的股份限售安排及减持计划。

发行人主要股东在发行人本次股票公开发行后 36 个月内无减持发行人股份或退出的计划。

2)在可预期的时间内发行人管理团队的稳定性。

发行人主要股东和持有发行人股份的董事均已做出限售承诺,并在可预期时间内无减持发行人股份和退出计划,且报告期内发行人董事会成员和高级管理人员未发生重大变化,因此发行人管理团队在可预期的时间内可以保持稳定。

3)发行人保持经营稳定性的具体措施。

发行人自实际控制人变更以来主要股东未发生变化,最近两年内股权结构较为稳定。发行人主要股东均已承诺:自发行人本次发行挂牌之日起 36 个月内,不转让或委托他人管理其直接或间接持有的发行人本次发行挂牌前已发行的股份,也不由发行人回购该部分股份。

发行人已制定《公司章程》《股东大会议事规则》《董事会议事规则》《监事会议事规则》《关联交易管理制度》《对外担保管理制度》《对外投资管理制度》等内部制度,对重大事项的决策程序做出了明确规定,报告期内相关制度被有效执行。发行人已经根据《公司法》《非上市公众公司监督管理办法》《全国中小企业股份转让系统挂牌公司治理规则》等法

律法规以及《公司章程》的规定，依法设立了股东大会、董事会、监事会，确立了董事会领导下的总经理负责制，具备健全的组织机构和有利于发行人稳定运营的法人治理体系。

截至本回复签署日，发行人股权结构稳定，主要股东未发生变化，发行人已根据《公司法》等法律法规的规定建立了完善的组织机构和法人治理体系，能够维持经营的稳定。

评析：规则要求最近 24 个月内实际控制人未发生变更，是为了以公司控制权的稳定为标准，判断公司是否具有持续发展、持续盈利的能力，以便投资者在对公司的持续发展和盈利能力较为明确预期的情况下做出投资决策。

监管审核关注点主要包括：关注疑似同业竞争公司的历史沿革及实际控制人情况；实际控制人认定理由牵强的，质疑在报告期内是否存在实际控制人变更及实际控制人认定依据；对于历史沿革较长且较为复杂的公司，要求披露设立以来的实际控制人变更情况；对于实际控制人持股比例较低的公司，要求说明发行人首次公开发行股票后是否存在实际控制人变更风险，如果有，要求做重大风险提示，并同时说明防范实际控制人变更的措施。

另外，审核过程中对于 24 个月之前发生过实控人变更情形的，也会对原实控人的股份安排进行问询，发行人在回复时应做好沟通，必要情形下可将原时控人按现实控人的锁定要求进行参照适用，给投资者创建一个稳健经营合理预期。

6. 独立持续经营

根据《全国中小企业股份转让系统精选层挂牌审查问答（一）》：关于"直接面向市场独立持续经营的能力"，发行人应满足下列要求：①发行人业务、资产、人员、财务、机构独立，与控股股东、实际控制人及其控制的其他企业间不存在对发行人构成重大不利影响的同业竞争，不存在严重影响发行人独立性或者显失公平的关联交易。②发行人或其控股股东、实际控制人、对发行人主营业务收入或净利润占比超过 10% 的重要子公司在申报受理后至进入精选层前不存在被列入失信被执行人名单且尚未消除的情形。③不存在其他对发行人持续经营能力构成重大不利影响的情形。

发行人存在以下情形的，保荐机构及申报会计师应重点关注是否影响发行人持续经营能力，具体包括：①发行人所处行业受国家政策限制或国际贸易条件影响存在重大不利变化风险；②发行人所处行业出现周期性衰退、产能过剩、市场容量骤减、增长停滞等情况；③发行人所处行业准入门槛低、竞争激烈，相比竞争者，发行人在技术、资金、规模效应方面等不具有明显优势；④发行人所处行业上下游供求关系发生重大变化，导致原材料采购价格或产品售价出现重大不利变化；⑤发行人因业务转型的负面影响导致营业收入、毛利率、成本费用及盈利水平出现重大不利变化，且最近一期经营业绩尚未出现明显好转趋势；⑥发行人重要客户本身发生重大不利变化，进而对发行人业务的稳定性和持续性产生重大不利影响；⑦发行人由于工艺过时、产品落后、技术更迭、研发失败等原因导致市场占有率持续下降、重要资产或主要生产线出现重大减值风险、主要业务停滞或萎缩；⑧发行人多项业务数据和财务指标呈现恶化趋势，短期内没有好转迹象；⑨对发行人业务经营或收入实现有重大影响的商标、专利、专有技术以及特许经营权等重要资产或技术存在重大纠纷或诉讼，已经或者未来将对发行人财务状况或经营成果产生重大影响；⑩其他明显影响或丧失持续经营能力的情形。

根据《北京证券交易所向不特定合格投资者公开发行股票并上市业务规则适用指引第 1 号》：《上市规则》第 2.1.4 条第（六）项规定了发行人不得存在对直接面向市场独立持续经营的能力有重大不利影响的情形。

（1）关于"直接面向市场独立持续经营的能力"，发行人应满足下列要求：

1）发行人业务、资产、人员、财务、机构独立，与控股股东、实际控制人及其控制的其他企业间不存在对发行人构成重大不利影响的同业竞争，不存在严重影响发行人独立性或者显失公平的关联交易。

2）发行人或其控股股东、实际控制人、对发行人主营业务收入或净利润占比超过10%的重要子公司在申报受理后至上市前不存在被列入失信被执行人名单且尚未消除的情形。

3）不存在其他对发行人持续经营能力构成重大不利影响的情形。

（2）发行人存在以下情形的，保荐机构及申报会计师应重点关注是否影响发行人持续经营能力，具体包括：

1）发行人所处行业受国家政策限制或国际贸易条件影响存在重大不利变化风险。

2）发行人所处行业出现周期性衰退、产能过剩、市场容量骤减、增长停滞等情况。

3）发行人所处行业准入门槛低、竞争激烈，相比竞争者发行人在技术、资金、规模效应等方面不具有明显优势。

4）发行人所处行业上下游供求关系发生重大变化，导致原材料采购价格或产品售价出现重大不利变化。

5）发行人因业务转型的负面影响导致营业收入、毛利率、成本费用及盈利水平出现重大不利变化，且最近一期经营业绩尚未出现明显好转趋势。

6）发行人重要客户本身发生重大不利变化，进而对发行人业务的稳定性和持续性产生重大不利影响。

7）发行人由于工艺过时、产品落后、技术更迭、研发失败等原因导致市场占有率持续下降、重要资产或主要生产线出现重大减值风险、主要业务停滞或萎缩。

8）发行人多项业务数据和财务指标呈现恶化趋势，短期内没有好转迹象。

9）对发行人业务经营或收入实现有重大影响的商标、专利、专有技术以及特许经营权等重要资产或技术存在重大纠纷或诉讼，已经或者未来将对发行人财务状况或经营成果产生重大影响。

10）其他明显影响或丧失持续经营能力的情形。

保荐机构及申报会计师应详细分析和评估上述情形的具体表现、影响程度和预期结果，综合判断是否对发行人持续经营能力构成重大不利影响，审慎发表明确核查意见，并督促发行人充分披露可能存在的持续经营风险。

案例一　浙江佳力科技股份有限公司

案例简介（问询要点）：

根据公开发行说明书，发行人与实际控制人控制的佳力投资、佳力防爆、佳力斯韦姆的注册地址均在杭州市萧山区瓜沥镇，均使用"佳力"字号，存在收购股权、资产及租赁资产的关联交易。

请发行人：①披露发行人与实际控制人控制的其他企业在业务、资产、人员、财务、机构等方面的分开情况，是否存在共用商标、专利、技术、人员、生产设备、办公场所等关键资源要素的情形。②针对发行人租赁使用佳力投资资产的情形，结合该等资产对发行人持续经营的作用、影响、可替代性等情况，说明发行人对佳力投资是否存在依赖。

请保荐机构、发行人律师核查上述事项并对发行人面向市场的独立持续经营能力发表意见。

企业回复（回复要点）：

发行人与实际控制人控制的其他企业在业务、资产、人员、财务、机构等方面保持了独立性。

报告期内发行人向佳力投资租赁房屋的具体情况为：2020年2月4日，发行人与佳力投资签订了《房屋租赁合同》，发行人向佳力投资租赁位于萧山区瓜沥镇建设四路10538号、面积为2 200平方米的房屋用于仓库、办公和员工宿舍，租赁期限自2019年1月1日至2022年12月31日。上述租赁房屋的面积为2 200平方米，占发行人及其子公司拥有和使用的房产面积的比例为2.94%；租赁房屋中，1 130平方米用于仓储、500平方米用于办公、570平方米用于员工宿舍，不属于发行人生产经营的主要场所；发行人对所租赁房屋无专门生产要求，可替代性强。

综上，发行人租赁使用佳力投资的房屋对发行人的持续经营不会产生重大影响，发行人对佳力投资不存在依赖，发行人具有直接面向市场独立持续经营的能力。

评析： 发行人的独立性主要是考察公司是否被大股东、实际控制人非法控制，是否侵犯了中小股东的合法权益。发行人在独立性方面应当符合以下条件：①资产独立，应当有自己的资产并且该资产与公司的生产经营相配套。②人员独立，公司总经理、副总经理、财务总监、董事会秘书等高级管理人员未在控股股东公司任职；公司应当有自己的员工。③财务独立，有独立的财务体系，能够独立做出财务决策，有独立的银行账户，不存在与控股股东共用银行账户的情形。④业务独立，公司与控股股东、实际控制人之间不存在不正当的关联交易，公司业务不依赖于控股股东或者实际控制人。

本案例中，发行人与实际控制人控制的其他企业有部分关联。监管层关注其与控股股东及其控制的企业是否符合"五独立"，是否共用关键要素等。发行人关于五独立方面的阐述较为简单，可以更加深入。关于房屋租赁，发行人通过数据分析租赁房屋的性质，说明了使用佳力投资的房屋对发行人的持续经营不会产生重大影响。

案例二 **吉林碳谷碳纤维股份有限公司**

案例简介（问询要点）：

根据申报材料，公司自主研发过程艰辛、持续受到国际巨头打压，投入较大，使得公司持续亏损。请发行人：①结合2017年至2019年的利润情况，逐年说明导致亏损的核心原因，"持续受到国际巨头打压"表述的依据是否客观准确，并与同行业可比公司对比分析持续亏损是否具有合理性，导致亏损的因素是否会长期存在，是否已采取应对措施及产生的效果，亏损因素是否仍会导致后续持续亏损。②结合后续业务经营计划、市场开展情况、产品单位消耗、原材料成本价格、毛利率水平等，测算后续公司达到持续盈亏平衡点所需条件，并说明在达到持续盈亏平衡点前是否可获得关联方持续补贴支持以及合作银行稳定贷款。

企业回复（回复要点）：

（1）结合2017年至2019年的利润情况，逐年说明导致亏损的核心原因

2017—2019年，公司经营性亏损的核心原因，主要是公司全力推进产品从小丝束碳纤维原丝向大丝束碳纤维原丝产品迈进，而大丝束碳纤维原丝研发定型，以及产品一级品率、满桶率和生产效率稳步提升是个逐步的过程，市场和客户对公司大丝束原丝产品亦有一个从试用、认识到认可的逐步过程，这是大丝束碳纤维原丝研发、推广和市场认可的必然过程。正是由于这个过程需要较长时间，公司大丝束产品的产量、销量以及单耗、售价短期内无法达到预期目标。因此2017—2019年，公司经营毛利无法承担丙烯腈价格的异常波动以及其他成本费用，导致公司经营性亏损。

（2）"持续受到国际巨头打压"表述客观准确

（3）对比分析持续亏损合理性、持续亏损因素

报告期内，可比公司经营情况如表8-4所示。

表8-4 公司经营情况表

单位：万元

序号	公司名称	项目	2020年	2019年	2018年
1	光威复材	营业收入	100 480.25	171 495.05	136 355.57
		净利润	35 148.86	52 178.84	37 658.05
2	中简科技	营业收入	16 851.52	23 445.48	21 260.06
		净利润	9 346.42	13 660.33	12 050.18
3	恒神股份	营业收入	13 992.17	29 021.53	16 766.86
		净利润	-6 958.82	-19 788.10	-22 940.06
4	吉林碳谷	主营业务收入	59 244.98	30 961.98	20 862.74
		净利润	14 414.68	-1 652.94	-7 594.11

注：1. 由于发行人2019年度、2020年度存在丙烯腈贸易收入，选取了发行人主营业务收入作为对比。

2. 可比公司尚未公布2020年度数据，2020年列示的可比公司数据为2020年1—6月数据。

报告期内，中简科技销售规模较小，利润高，主要是其产品为军工相关制品，毛利率较高；光威复材产品销售规模大，利润高；恒神股份销售规模小，亏损面大；发行人收入处于持续快速增加阶段，从亏损实现了盈利。整体来看，受技术、竞争环境、成本与规模效应等多重因素影响，碳纤维行业的产品收入规模对于企业的盈利水平至关重要，大规模生产实现规模效益、突破收入瓶颈后，盈利能力大幅增加，没有突破的处于亏损状态。2019年下半年以来，公司主要大丝束产品获得了市场的充分认可，市场潜力进一步提升，新增产线的产能逐步释放，产销两旺，2020年收入规模已经突破了盈亏平衡点，实现净利润14 414.68万元。

（4）公司已经彻底消除了2017—2019年亏损的核心因素，盈利能力得到有效提升

评析：2020年3月1日生效的新《证券法》第十二条第（二）款将公司首次公开发行新股，应当"具有持续盈利能力，财务状况良好"变更为"具有持续经营能力"。与修订前相比，"持续经营能力"的表述更为中性，不再对企业的盈利状况作出判断，但并不是对企业审核就完全没有标准，任何对企业经营不利的情形都可能被认为对企业持续经营能力造成不利影响。

影响企业"持续经营能力"的因素很多，包括但不限于股权清晰、控制权稳定、生产要素的可持续性、客户供应商的结构与开拓能力、供应商的稳定性、业务模式及产品品种的影响、相关诉讼仲裁的影响及相关政策的影响等。从保护二级市场投资者利益出发，具备良好盈利能力的企业才有可能给投资者带来投资回报。上市后公司的价值能达到净利润的几十倍甚至上百倍，正是基于上市公司具备持续经营能力的假设。为了能够证明自身具备持续经营能力，发行人应尽量做到扣非净利润较高、业绩真实合理以及盈利可持续。

本案例中，发行人前期持续亏损。由于行业景气度回升，加上公司主要大丝束产品获得了市场的充分认可，新增产线的产能逐步释放，产销两旺。当然，核心还是要用数据说话，2020年收入规模已经突破了盈亏平衡点，实现净利润14 414.68万元。这才是能论证持续经营能力的核心。

8.2 财务类问题

1. 财务信息披露质量

根据《全国中小企业股份转让系统精选层挂牌审查问答（一）》：报告期内发行人会计政策和会计估计应保持一致性，不得随意变更，若有

变更应符合企业会计准则的规定。变更时，保荐机构及申报会计师应关注是否有充分、合理的证据表明变更的合理性，并说明变更会计政策或会计估计后，能够提供更可靠、更相关的会计信息的理由；对会计政策、会计估计的变更，应履行必要的审批程序，并依据《企业会计准则第 28 号——会计政策、会计估计变更和差错更正》的规定披露相关信息。相关变更事项应符合专业审慎原则，与同行业公众公司不存在重大差异，不存在对发行人会计基础工作规范及内控有效性产生重大影响的情形。保荐机构及申报会计师应当充分说明专业判断的依据，对相关调整变更事项的合规性发表明确意见。如无充分、合理的证据表明会计政策或会计估计变更的合理性，或者未经批准擅自变更会计政策或会计估计的，视为滥用会计政策或会计估计。

根据《北京证券交易所向不特定合格投资者公开发行股票并上市业务规则适用指引第 1 号》：发行人申请文件中提交的财务报告应当已在法定期限内披露，且符合企业会计准则和相关信息披露规则的规定，在所有重大方面公允地反映了发行人的财务状况、经营成果和现金流量，由注册会计师出具无保留意见的审计报告。保荐机构及申报会计师应当严格按照执业准则勤勉尽责，审慎做出专业判断与认定，并对招股说明书的真实性、准确性和完整性承担连带责任。

报告期内发行人会计政策和会计估计应保持一致性，不得随意变更，若有变更应符合企业会计准则的规定。变更时，保荐机构及申报会计师应关注是否有充分、合理的证据表明变更的合理性，并说明变更会计政策或会计估计后，能够提供更可靠、更相关的会计信息的理由；对会计政策、会计估计的变更，应履行必要的审批程序，并依据《企业会计准则第 28 号——会计政策、会计估计变更和差错更正》的规定披露相关信息。相关变更事项应符合专业审慎原则，与同行业公众公司不存在重大差异，不存在对发行人会计基础工作规范及内控有效性产生重大影响的情形。保荐机构及申报会计师应当充分说明专业判断的依据，对相关调整变更事项的合规性发表明确意见。如无充分、合理的证据表明会计政策或会计估计变更的合理性，或者未经批准擅自变更会计政策或会计估计的，视为滥用会计政策或会计估计。

报告期内发行人如出现会计差错更正事项，保荐机构及申报会计师应重点核查以下方面并发表明确意见：会计差错更正的时间和范围，是否反映发行人存在故意遗漏或虚构交易、事项或者其他重要信息，滥用会计政策或者会计估计，操纵、伪造或篡改编制财务报表所依据的会计记录等情形；差错更正对发行人的影响程度，是否符合《企业会计准则第28号——会计政策、会计估计变更和差错更正》的规定。发行人是否存在会计基础工作薄弱和内控缺失，是否按照《公开发行证券的公司信息披露编报规则第19号——财务信息的更正及相关披露》及相关日常监管要求进行了信息披露。

申报前后，发行人因会计基础薄弱、内控不完善、未及时进行审计调整的重大会计核算疏漏、滥用会计政策或者会计估计以及恶意隐瞒或舞弊行为，导致重大会计差错更正的，将依据相关制度采取自律监管措施或纪律处分，进行严肃处理；涉及财务会计文件虚假记载的，将依法移送中国证监会查处。

案例一　广东广咨国际工程投资顾问股份有限公司

案例简介（问询要点）：

请发行人说明为保障财务信息披露质量，公司在完善相关会计核算和内控制度体系、人员配置和培训、考核监督等方面采取的措施。请保荐机构、申报会计师核查并就发行人是否存在故意遗漏、虚构交易或者其他重要信息，滥用会计政策或者会计估计，操纵、伪造或篡改编制财务报表所依据的会计记录等情形发表明确意见。

企业回复（回复要点）：

1）公司制定了《广咨国际信息披露管理办法（精选层适用）》以及《广咨国际财务管理制度》等11个财务管理及内部控制制度，从制度设计上保障会计核算的准确及财务信息披露的质量。

2）公司设财务负责人1名，财务部配置部长2名、会计6名、出纳2名，其中高级会计师2人、会计师4人、注册会计师2人、税务师1人、资产评估师1人，不同岗位职责清晰，不相容职位严格分离。财务人员每年参加从业人员继续教育、广业培训学院、南方财税网高级财税研讨会培训班等专业培训，及时了解最新财务法规及核算要求，保证了会计核算的及时准确。财务人员按《职能部门考核管理办法》《职能部门党风廉政建设责任书》及《财务部目标管理责任书》逐级考核，以考核结果作为职级升降及奖金发放依据。

3）公司上线了用友业财一体化及银企直连系统，未经审批的流程无法向下流转，以信息手段保障内控制度的遵从。

4）财务部与董事会办公室人员在信息披露方面分工明确、交叉复核，能够确保信息披露的质量。

5）在内部审计方面，由公司纪委牵头，审计部门根据公司《内部审计管理办法》及《内审工作方案》，重点检查公司各项规章制度的建立健全和执行情况，收入、成本、费用等的管理情况，能够充分发挥内部审计的监督职责作用。

6）公司治理健全且有效运行，能够充分发挥监事会对财务及信息披露的监督作用。

评析： 财务信息披露质量主要包括财务状况是否正常、内部控制制度是否完善、会计处理是否合规、持续盈利能力是否存在重大不利变化等。发行人应建立健全财务报告内部控制制度，规范财务会计核算体系，合理保证财务报告的可靠性、生产经营的合法性、营运的效率和效果。

因会计基础薄弱、内控不完善、审计疏漏、滥用会计政策或者会计估计等问题一直以来都是审核的重点。

案例二 北京恒合信业技术股份有限公司

案例简介（问询要点）：

请发行人：①补充披露会计差错更正涉及的具体事项、差错更正的具体原因，会计处理是否符合《企业会计准则》的规定。②说明会计差错更正是否反映发行人存在会计基础工作薄弱、内控缺失、审计疏漏、滥用会计政策或者会计估计以及恶意隐瞒或舞弊行为，是否构成重大会计差错更正。

企业回复（回复要点）：

（1）补充披露会计差错更正涉及的具体事项、差错更正的具体原因

报告期内，公司曾对2018年度及2019年度会计差错事项进行更正。发行人已在公开发行说明书"第八节管理层讨论与分析"之"七、会计政策、估计变更及会计差错"之"（三）会计差错更正"补充披露了差错更正涉及的具体事项及原因，具体如下：①收入跨期调整。通过对报告期内销售合同中的验收条款及付款条款的梳理，并结合客户项目安装验收单、货物签收单以及第三方检测报告等资料，公司部分销售收入存在跨期的情况，因此对上述收入确认时点予以更正，并调整对应的营业成本、存货以及相关税金。此项调整对财务报表的影响如表8-5所示。②市场开拓费用跨期调整；③成本费用重分类调整；④将与日常经营活动相关的政府补助进行重分类调整；⑤往来款项重分类调整；⑥多交所得税重分类调整；⑦应收账款坏账准备调整；⑧所得税费用调整；⑨其他账务处理调整。发行人原报表账务及合并抵销处理有误，此项调整对财务报表的影响如表8-6所示。

表 8-5　财务报表数据变化情况

单位：万元

受影响的报表项目	2019 年末/度	2018 年末/度
存货	325.92	-10.54
应收账款	-912.13	-26.91
预付账款	—	5.2
应交税费	-101.53	13.01
应付账款	11.16	2.22
其他应付款	-4	-4

表 8-6　财务报表数据变化情况

单位：万元

受影响的报表项目	2019 年末/度	2018 年末/度
其他流动资产	-39.81	-34.95
应交税费	-12.67	-7.86
管理费用	0.05	—
期初分配利润	-27.09	-27.09
营业收入	-0.64	—
营业成本	-0.64	—

（2）说明相关会计处理是否符合《企业会计准则》的规定

公司结合实际业务情况，基于相关性、可比性、谨慎性原则，按照《企业会计准则》的要求，对部分会计处理事项进行了更正调整。更正调整后，相关事项的会计处理更为准确、谨慎和严格，财务报表能够更为公允、准确地反映公司的财务状况及经营成果。同时，容诚会计师事务所（特殊普通合伙）就相关差错更正事项出具了《关于北京恒合信业技术股份有限公司前期会计差错更正的专项说明》（容诚专字[2021]100Z0120 号），认为公司上述差错更正是恰当的，符合企业会计准则的相关规定。

（3）说明会计差错更正是否反映发行人存在会计基础工作薄弱、内控缺失、审计疏漏、滥用会计政策或者会计估计以及恶意隐瞒或舞弊行为，是否构成重大会计差错更正

1）会计差错更正是否反映发行人存在会计基础工作薄弱、内控缺失、审计疏漏、滥用会计政策或者会计估计以及恶意隐瞒或舞弊行为。

发行人相关会计差错更正主要为收入跨期调整、成本费用重分类等事项，系发行人相关财务人员对相关事项的会计处理不够谨慎、准确所致，未导致公司相关年度盈亏性质发生改变，亦未对财务报表产生广泛性影响。更正该等会计差错能够客观、公允、准确地反映公司的财务状况和经营成果，有利于进一步规范企业财务报表列报，提高会计信息质量。此外，公司相关会计差错更正亦已履行了相应审批程序，相关信息已及时披露。

同时，公司已根据相关法律法规和规范指引的要求并结合公司的具体业务流程特点，制定了符合公司实际经营的会计制度和财务管理制度，形成了一套完整的财务会计核算体系。公司在财务管理方面和会计核算方面均设置了合理的岗位和职责权限，并配备了相应的人员以保证财务会计工作的顺利进行。因此，发行人会计基础工作规范，财务报告编制基础良好，能够有效保证财务报告的真实、可靠。根据申报会计师出具《内部控制鉴证报告》（容诚专审字[2021]100Z0289号），公司于2021年6月30日按照《企业内部控制基本规范》和相关规定在所有重大方面保持了有效的财务报告内部控制。

综上，公司上述前期会计差错更正事项主要是基于会计谨慎性对申报期财务报表进行的相关会计处理，公司不存在会计基础工作薄弱、内控缺失、审计疏漏、滥用会计政策或者会计估计以及恶意隐瞒或舞弊行为。

2）是否构成重大会计差错更正。

2018 年、2019 年发行人会计差错更正对公司当期总资产、净资产及净利润等影响情况如表 8-7 所示。

表 8-7 数据变化情况表

单位：万元

报表项目	更正前金额	更正金额	更正后金额	更正比例
2019 年末/度				
资产总额	18 055.92	−529.39	17 526.54	−2.93%
负债总额	4 612.98	−114.07	4 498.91	−2.47%
归属于母公司的权益	13 442.94	−415.32	13 027.62	−3.09%
利润总额	3 734.67	−255.48	3 479.2	−6.84%
所得税费用	531	−36.6	494.4	−6.89%
净利润	3 203.67	−218.87	2 984.8	−6.83%

2018 年及 2019 年发行人会计差错更正，对各期末资产总额的影响分别是 −0.13% 及 −2.93%，对各期末归属于母公司的权益（归属于母公司净资产）的影响分别是 −1.71% 及 −3.09%，对各期净利润的影响分别是 7.37% 及 −6.83%。

综上，本次会计差错更正金额占资产总额、归属于母公司的权益及净利润的比例均低于 20%，不属于重大会计差错。

评析：报告期内发行人如出现会计差错更正事项，保荐机构及申报会计师应重点核查以下方面并发表明确意见：会计差错更正的时间和范围，是否反映发行人存在故意遗漏或虚构交易、事项或者其他重要信息，滥用会计政策或者会计估计，操纵、伪造或篡改编制财务报表所依据的会计记录等情形；差错更正对发行人的影响程度，是否符合《企业会计准则第 28 号——会计政策、会计估计变更和差错更正》的规定。发行人是否存在会计基础工作薄弱和内控缺失，是否按照《公开发行证券的公司信息披露编报规则第 19 号——财务信息的更正及相关披露》及全国股转公司相关日常监管要求进行了信息披露。

关于如何解释差异原因的问题，财务信息产生差异的原因包括会计差错和会计政策的变更。关于挂牌期间信息披露差异对申报北交所上市的影响问题，一般来说，若不属于实质性差异或差异产生的原因具有合理性，监管部门会予以认可，在后续反馈中不再关注。但是若存在重大会计差错，或存在实质性差异，或未完整论述挂牌期间与上市申报材料的差异等，则会进一步引起监管部门的持续关注。

企业可以对信息披露差异进行列示和解释原因，需要注意完整论述挂牌期间的信息披露情况，并合理解释差异产生的原因。需要特别强调的是，重大会计差错更正或被指财务基础薄弱的，会受到监管部门的处罚，严重者会影响上市进程。

2. 业绩下滑

根据《全国中小企业股份转让系统精选层挂牌审查问答（一）》：发行人在报告期内出现营业收入、净利润等经营业绩指标大幅下滑情形的，保荐机构及申报会计师应当从以下方面充分核查经营业绩下滑的程度、性质、持续时间等。发行人最近一年（期）经营业绩指标较报告期可比期间最高值下滑幅度超过 50%，如无充分相反证据或其他特殊原因，一般应认定对发行人持续经营能力构成重大不利影响。

根据《北京证券交易所向不特定合格投资者公开发行股票并上市业务规则适用指引第 1 号》：发行人在报告期内出现营业收入、净利润等经营业绩指标大幅下滑情形的，保荐机构及申报会计师应当从以下方面充分核查经营业绩下滑的程度、性质、持续时间等：

（1）经营能力或经营环境是否发生变化，如发生变化应关注具体原因、变化的时间节点、趋势方向及具体影响程度。

（2）发行人正在采取或拟采取的改善措施及预计效果，结合前瞻性信息或经审核的盈利预测（如有）情况，判断经营业绩下滑趋势是否已扭转，是否仍存在对经营业绩产生重大不利影响的事项。

（3）发行人所处行业是否具备强周期特征、是否存在严重产能过剩、是否呈现整体持续衰退，发行人收入、利润变动情况与同行业可比公众公司情况是否基本一致。

（4）因不可抗力或偶发性特殊业务事项导致经营业绩下滑的，相关事项对经营业绩的不利影响是否已完全消化或基本消除。

发行人最近一年（期）经营业绩指标较上一年（期）下滑幅度超过50%，如无充分相反证据或其他特殊原因，一般应认定对发行人持续经营能力构成重大不利影响。

保荐机构及申报会计师应结合上述情况，就经营业绩下滑是否对发行人持续经营能力构成重大不利影响发表明确意见。

案例一　河南同心传动股份有限公司

案例简介（问询要点）：

请发行人补充披露向后续是否仍需通过股东借款等方式偿还银行贷款，结合相关股东资产负债情况等，说明相关股东是否能够持续为发行人提供资金周转，发行人是否对相关股东资金构成重大依赖，结合原材料价格上涨、下游行业趋势等，说明发行人是否存在业绩下滑和资金情况恶化的风险，如相关股东无法为发行人提供资金，发行人是否具备持续经营能力，并就相关流动性风险做重大事项提示和风险揭示。

企业回复（回复要点）：

（1）补充披露后续是否仍需通过股东借款等方式偿还银行贷款

报告期之前，公司向股东陈红凯拆借资金余额为280.97万元，已于报告期内全部归还；报告期内，公司未再发生向控股股东陈红凯拆借资金的情形。2018年公司归还许都农商行3 000万元长期借款后，公司财务状况、经营业绩和现金流量良好，无向股东临时性拆借大额资金的需求，无须通过股东借款等方式偿还银行贷款，故 2019 年、2020 年公司不存在公司向关联方拆入资金的情形。相关股东有意愿并能够持续为公司提供资金周转，但公司对相关股东资金不构成重大依赖。

（2）相关股东能够持续为发行人提供资金周转，发行人不对相关股东资金构成重大依赖

截至报告期末，发行人实际控制人陈红凯和刘倩夫妇及持股 5% 以上股东陈玉红名下合计流动性资产约为 2 809.71 万元（银行存款、银行理财、分红型保险等），故相关股东有一定周转资金；报告期内，陈红凯、陈玉红与发行人签署过资金拆借协议，在发行人需要时能够无偿向其提供周转资金。综上所述，相关股东有能力且有意愿为发行人提供周转资金，必要时能够持续为发行人提供日常经营所需的资金周转。

报告期内，公司经营活动产生的现金流量净额分别为 2 160.47 万元、1 495.14 万元、2 240.12 万元和 1 289.75 万元，报告期各期末银行存款余额分别为 595.51 万元、460.52 万元、1 239.84 万元和 1 712.73 万元，公司资金周转得到改善，现金流量情况良好。

2018 年发行人归还许都农商行 3 000 万元长期借款后，公司财务状况、经营业绩和现金流量良好，无向股东临时性拆借大额资金的需求，2019 年、2020 年发行人未向关联方拆入资金。综上所述，发行人不对相关股东资金构成重大依赖。

（3）发行人存在业绩下滑和资金情况恶化的风险，如相关股东无法为发行人提供资金，发行人仍具备持续经营能力，但将面临较大的流动性风险

1）存在原材料价格上涨引起经营业绩下滑和流动性风险的情况。

2020 年 5 月起钢材价格呈上涨趋势，根据"我的钢铁网 Mysteel.

com"查询显示，2020 年钢材平均价格为 3 974.67 元 / 吨，2021 年 1—8 月钢材平均价格上涨至 5 372.76 元 / 吨，涨幅高达 35.17%。2021 年公司其他经营条件和财务数据与 2020 年一致的条件下，在钢材价格涨幅 35.17% 的条件下，仅考虑公司承担钢材涨幅比例的变量因素，假设一（X_1）为公司向供应商转移 50% 的钢材上涨成本，即原材料价格上涨 17.59%；假设二（X_2）为公司向供应商转移 80% 的钢材上涨成本，即原材料价格上涨 7.03%；假设三（X_3）为公司向供应商转移 90% 的钢材上涨成本，即原材料价格上涨 3.52%。在公司 2020 年利润表的基础上，模拟公司 2021 年度的损益情况，以量化分析原材料价格上涨对公司成本、利润、毛利率和现金流量的具体影响，具体分析如表 8-8 所示（截取部分）。

表 8-8　数据分析表

单位：万元

项目	2021 年度模拟 X_3	2021 年度模拟 X_2	2021 年度模拟 X_1	2021 年度模拟 X_0
年内钢材平均价格—A（元/吨）	5 372.76	5 372.76	5 372.76	3 974.67
钢材价格变动比例—$B=(A-A_0)/A_0$	35.17%	35.17%	35.17%	
公司承担钢材价格上涨成本的比例—C	10%	20%	50%	
直接材料—$D=D_0 \times (1+B \times C)$	6 781.95	7 012.4	7 703.74	6 551.5
营业成本—$E=D+(E_0-D_0)$	9 378.49	9 608.93	10 300.28	9 148.04
直接材料占营业成本比例—F=D/E	72.31%	72.98%	74.79%	71.62%
原材料价格上涨对营业成本的影响程度 $G=(E-E_0)/E_0$	2.52%	5.04%	12.6%	—
营业收入—$H=H_0$	14 009.27	14 009.27	14 009.27	14 009.27
营业毛利—I=H-E	4 630.78	4 400.33	3 708.99	4 861.23

①公司承担50%的原材料价格上涨风险。

由表8-8可知，2021年度，若钢材平均价格上涨35.17%至5 372.76元/吨，公司承担50%的原材料价格上涨风险，在其他因素不变的情况下，毛利率将下降至26.48%，净利润将下降至1 949.61万元，经营活动产生的现金流量净额将下降至1 274.43万元，公司的经营业绩和现金流量情况将受到较大影响。

②公司承担20%的原材料价格上涨风险。

由表8-8可知，2021年度，若钢材平均价格上涨35.17%至5 372.76元/吨，公司向供应商转移80%的钢材价格上涨成本，在其他因素不变的情况下，毛利率将下降至31.41%，净利润将下降至2 556.20万元；经营活动产生的现金流量净额将下降至1 853.84万元，公司的经营业绩和现金流量情况将受到一定影响。

③公司承担10%的原材料价格上涨风险。

由表8-8可知，2021年度，若钢材平均价格上涨35.17%至5 372.76元/吨，公司向供应商转移及轴叉空心化消化90%的钢材价格上涨成本，在其他因素不变的情况下，毛利率将下降33.06%，净利润将下降至2 758.39万元，净利率将下降至18.36%，经营活动产生的现金流量净额将下降至2 046.98万元，对公司的经营业绩和现金流量情况的影响较小。

④2021年1—6月公司实际经营情况。

2021年1—6月公司净利润为1 388.82万元，毛利率为34.04%，经营活动产生的现金流量净额为1 289.75万元，钢材价格上涨对公司总体经营情况影响在可控的范围内。

2）发行人向下游消化原材料价格上涨的能力较弱。

发行人与主要客户主要合同约定、订单签订情况、报告期内发行人产品单价调整情况如表8-9所示。

表 8-9 调整情况表

主要类型	合同约定的价格调整条款	报告期内价格调整情况	报告期后新订单签订情况	对客户的议价能力
主要主机厂大客户	年度合同定价,确定价格清单执行订单;若原材料大幅波动时,进行价格调整	随钢材价格下降,产品单价存在5%左右降幅	随钢材价格上涨,产品单价存在3%左右涨幅	议价能力较弱
主要经销商客户	年度合同定价,确定价格清单执行订单;若原材料大幅波动时,进行价格调整	随钢材价格下降,产品单价存在3%左右降幅	随钢材价格上涨,产品单价存在8%左右涨幅	有一定议价能力

由表 8-9 可知,发行人对主要主机厂大客户的议价能力较弱,向其转移原材料价格上涨的能力较弱;报告期内,总体而言钢材价格呈先降后升的趋势,2020 年 5 月以来,钢材价格不断上涨,但主机厂向终端消费市场转移原材料上涨风险的可能性较低,尤其是主机厂面临消化"国五"标准商用车库存的压力。公司对外销客户、经销商客户及小客户存在一定议价能力,能够向其转移部分原材料上涨的成本。总体而言,发行人向下游消化原材料价格上涨的能力较弱。

2021 年度,若钢材平均价格上涨至 5 372.76 元/吨(2021 年 1-8 月的平均价格),即原材料价格同 2020 年相比上涨 35.17%,要达到上一年度的经营业绩,在公司承担钢材价格涨幅 50%(即向上游供应商转移 50% 的钢材价格上涨成本)的情况下,公司向下游客户销售均价需上涨 8.22%;在公司承担钢材价格涨幅 20%(即向上游供应商转移 80% 的钢材价格上涨成本)的情况下,公司向下游客户销售均价需上涨 3.29%;在公司承担钢材价格涨幅 10%(即向上游供应商转移 90% 的钢材价格上涨成本)的情况下,公司向下游客户销售均价需上涨 1.64%。综上所述,报告期后,2021 年若钢材价格持续处于高位,发行人存在业绩下滑和流动性的风险。

评析：该案例结合相关股东资产负债情况等，说明相关股东是否能够持续为发行人提供资金周转，发行人是否对相关股东资金构成重大依赖，结合原材料价格上涨、下游行业趋势等，说明发行人是否存在业绩下滑和资金情况恶化的风险，后续是否仍需通过股东借款等方式偿还银行贷款。

针对业绩下滑，企业应充分说明核心业务、经营环境、主要指标是否发生重大不利变化，业绩下滑程度与行业变化趋势是否一致或背离，经营业务和业绩水准是否仍处于正常状态等；详细分析发行人业绩变动的原因及合理性，明确说明业绩预计的基础及依据，核查发行人的经营与财务状况是否正常，报表项目有无异常变化，是否存在影响发行条件的重大不利影响因素等。

案例二　南通通易航天科技股份有限公司

案例简介（问询要点）：

请发行人结合个性定制化面罩及其他面罩等细分产品构成披露航空供氧面罩销售价格 2019 年大幅上升、2020 年大幅回落的原因，后续是否存在价格下降、业绩下滑的风险。

企业回复（回复要点）：

报告期内发行人个性化航空供氧面罩和非个性化航空供氧面罩的销售金额、销售数量和单价情况如表 8-10 所示（截取部分）。

表 8-10　销售金额、销售数量和单价情况表

产品类别	2020 年				
	金额（万元）	金额占比	数量	数量占比	均价（万元）
个性化产品	7 080.07	85.24%	4 116	37.57%	1.72
非个性化产品	1 225.69	14.76%	6 841	62.43%	0.18
合计	8 305.77	100%	10 957	100%	0.76

（续）

	2019年				
产品类别	金额（万元）	金额占比	数量	数量占比	均价（万元）
个性化产品	6 638.71	90.97%	4 749	55.63%	1.4
非个性化产品	658.7	9.03%	3 788	44.37%	0.17
合计	7 297.41	100%	8 537	100%	0.85

由表 8-10 可见，2018 年至 2019 年，发行人个性化产品的销售数量和销售金额均呈现上升趋势，相较非个性化产品，个性化产品的销售占比提升，个性化产品的单价较高，因此 2019 年发行人航空供氧面罩类产品的单价大幅上升。2020 年，尽管发行人的个性化产品的销售金额仍呈现上升趋势，但是非个性化产品的销售金额及其占比亦呈现一定的上升趋势，非个性化产品的销售单价较低，导致 2020 年当期发行人航空供氧面罩的单价有所回落。2020 年当期，根据客户需求，发行人交付了较多的某型号非个性化产品，该型号产品执行的销售单价较低，因此该型号产品于 2020 年的大量交付直接拉低了发行人航空供氧面罩类产品的整体销售价格。

报告期内，发行人的客户主要为军方，直接向军方交付的产品均执行审定价格或暂定价格，报告期内同一型号产品的交付价格未发生变动。虽然报告期内发行人航空供氧面罩类产品的整体销售价格存在一定程度的波动，但这主要是由下游客户的产品需求结构在历年存在差异导致的。

尽管发行人历史上未出现审定价格较暂定价格降低的情况，但是未来存在军方客户进行价格审定及批复时调降发行人过往交付产品的价格的风险，以及军方客户要求当期交付较多的价格较低的产品从而拉低航空供氧面罩整体销售单价的可能，进而因产品价格的变动导致公司存在业绩大幅下降的风险。

评析：该案例结合细分产品构成披露销售价格 2019 年大幅上升、2020 年大幅回落的原因，分析后续是否存在价格下降、业绩下滑的风险。分析该类问题应从以下几方面进行解释说明：①经营能力或经营环境是否发生变化，如发生变化应关注具体原因，变化的时间节点、趋势方向及具体影响程度；②发行人正在采取或拟采取的改善措施及预计效果，结合前瞻性信息或经审核的盈利预测（如有）情况，判断经营业绩下滑趋势是否已扭转，是否仍存在对经营业绩产生重大不利影响的事项；③发行人所处行业是否具备强周期特征、是否存在严重产能过剩、是否呈现整体持续衰退，发行人收入、利润变动情况与同行业可比公众公司情况是否基本一致；④因不可抗力或偶发性特殊业务事项导致经营业绩下滑的，相关事项对经营业绩的不利影响是否已完全消化或基本消除。

3. 政府补助

根据《全国中小企业股份转让系统精选层挂牌审查问答（一）》：发行人应结合政府补助的具体来源、获取条件、形式、金额、时间及持续情况、分类、政府补助与公司日常活动的相关性等，在公开发行说明书中披露报告期各期取得政府补助资金的具体情况和使用情况、计入经常性损益与非经常性损益的政府补助金额，以及政府补助相关收益的列报情况是否符合《公开发行证券的公司信息披露解释性公告第 1 号——非经常性损益》的规定；结合报告期各期计入损益的政府补助金额占同期净利润的比例说明对政府补助的依赖情况，报告期内经营业绩对政府补助存在较大依赖的，应当进行重大事项提示，并分析披露对发行人经营业绩和持续经营能力的影响。

根据《北京证券交易所向不特定合格投资者公开发行股票并上市业务规则适用指引第 1 号》：发行人应结合政府补助的具体来源、获取条件、形式、金额、时间及持续情况、分类、政府补助与公司日常活动的相关性等，在招股说明书中披露报告期各期取得政府补助资金的具体情况和使用情况、计入经常性损益与非经常性损益的政府补助金额，以及政府补助相关收益的列报情况是否符合《公开发行证券的公司信息披露解释性公告第 1 号——非经常性损益》的规定；结合报告期各期计入损益的政府补助金额占同期净利润的比例说明对政府补助的依赖情况，报告期内经营业绩对政府补助存在较大依赖的，应当进行重大事项提示，并分析披露对发行人经营业绩和持续经营能力的影响。

保荐机构及申报会计师应对发行人上述事项进行核查，就发行人是否已在招股说明书中充分披露上述情况及风险，报告期内经营业绩是否对政府补助存在较大依赖发表明确意见。

案例 **山西科达自控股份有限公司**

案例简介（问询要点）：

请发行人补充披露如何区分与收益和与资产相关的政府补助。

企业回复（回复要点）：

根据《企业会计准则第 16 号——政府补助》第四条"与资产相关的政府补助，是指企业取得的、用于购建或以其他方式形成长期资产的政府补助。与收益相关的政府补助，是指除与资产相关的政府补助之外的政府补助"，政府补助分为与资产相关的政府补助和与收益相关的政府补助。公司根据政府补助文件或项目申请资料中相关的用途，对公司收到的政府补助进行分类，具体的分类处理方法如下：

（1）与资产相关的政府补助判断依据及会计处理方法

政府文件规定用于购建或以其他方式形成长期资产的政府补助划分为与资产相关的政府补助。政府文件不明确的，以取得该补助必须具备的基本条件为基础进行判断，以购建或其他方式形成长期资产为基本条件的作为与资产相关的政府补助。与资产相关的政府补助，冲减相关资产的账面价值或确认为递延收益。与资产相关的政府补助确认为递延收益的,在相关资产使用寿命内按照合理、系统的方法分期计入损益。相关资产在使用寿命结束前被出售、转让、报废或发生毁损的,将尚未分配的相关递延收益余额转入资产处置当期的损益。

(2)与收益相关的政府补助判断依据及会计处理方法

除与资产相关的政府补助之外的政府补助划分为与收益相关的政府补助。对于同时包含与资产相关部分和与收益相关部分的政府补助,难以区分与资产相关或与收益相关的,整体归类为与收益相关的政府补助。与收益相关的政府补助,用于补偿以后期间的相关成本费用或损失的,确认为递延收益,在确认相关成本费用或损失的期间,计入当期损益和冲减相关成本;用于补偿已发生的相关成本费用或损失的,直接计入当期损益和冲减相关成本。

与公司日常经营活动相关的政府补助,按照经济业务实质,计入其他收益,与公司日常活动无关的政府补助,计入营业外收入。

案例简介(问询要点):

请发行人结合政府补助文件,逐项说明并披露报告期内收到的政府补助认定,与收益或与资产相关的政府补助的依据,确认为营业外收入的时点及其依据,说明与资产相关的政府补助的原值、摊销方法、期限及其确定依据、摊销开始时点及其摊销的具体情况,是否存在应划分为与资产相关的补助划分为与收益相关的补助的情形。

企业回复(回复要点):

结合政府补助文件,逐项说明并披露报告期内收到的政府补助认定,与收益或与资产相关的政府补助的依据。

公司已在公开发行说明书"第八节管理层讨论与分析"之"二、资产负债等财务状况分析"之"(九)其他资产负债科目分析"之"8.递延收益"之"1.与收益或与资产相关的依据"中补充披露如下:

报告期内，公司在进行政府补助分类时采用的具体标准为：

1）政府补助文件规定的补助对象用于购建或以其他方式形成长期资产，或者补助对象的支出主要用于购建或以其他方式形成长期资产的，划分为与资产相关的政府补助。

2）根据政府补助文件获得的政府补助全部或者主要用于补偿以后期间或已发生的费用或损失的政府补助，划分为与收益相关的政府补助。

3）若政府文件未明确规定补助对象，则采用以下方式将该政府补助款划分为与资产相关的政府补助或与收益相关的政府补助：①政府文件明确了补助所针对的特定项目的，根据该特定项目的预算中将形成资产的支出金额和计入费用的支出金额的相对比例进行划分，对该划分比例需在每个资产负债表日进行复核，必要时进行变更；②政府文件中对用途仅作一般性表述，没有指明特定项目的，作为与收益相关的政府补助。

公司在收到政府补助时，政府补助发放文件中明确说明款项用途为购建或以其他方式形成长期资产的，将其分类为以资产相关的政府补助，款项用途用于补偿以后期间或已发生的费用或损失的，将其分类为与收益相关的政府补助；政府补助发放文件中未明确说明款项用途的，公司根据政府补助申请文件中资金使用计划的款项用途判断拨付款项与资产相关还是与收益相关。

公司对收到的政府补助划分为与收益或与资产相关的情况如表8-11所示（截取部分）。

表 8-11 与收益或与资产相关的政府补助情况表

单位：万元

序号	项目名称	拨款单位	拨款时间	金额	文件依据	与资产或与收益相关
1	新型产业培训扶持基金	山西转型综合改革示范区管理委员会	2021/1/29	200	《山西转型综合改革示范区管理委员会关于2019年新兴产业培训兑现情况的通知》晋综示发[2020]226号	与收益相关

（续）

序号	项目名称	拨款单位	拨款时间	金额	文件依据	与资产或与收益相关
2	科技创新券兑付	山西转型综合改革示范区管理委员会	2021/2/5	5	《山西转型综改示范区2020年度科技创新券兑付名单公示》	与收益相关
3	危险场所安全监控平台	山西省财政厅、山西省经济和信息化委员会	2017/9/1	260	《关于促进企业技术改造工作的实施意见》（晋政发[2017]7号）、《山西省技术改造专项资金使用管理办法》（晋政发[2017]16号）、《山西省财政厅关于下达2017年山西省技术改造项目资金（第四批）的通知》晋财建一[2017]176号	与资产相关
4	装备物联网	山西省财政厅、山西省经济和信息化委员会	2017/6/29	280	关于促进企业技术改造工作的实施意见》（晋政发[2017]7号）、《山西省技术改造专项资金使用管理办法》晋政发[2017]16号）、2017年（第一批）省技术改造专项资金支持项目公示表	与资产相关

案例简介（问询要点）：

请发行人说明政府补助确认为损益的时点及其依据。

企业回复（回复要点）：

《企业会计准则第16号——政府补助》第八条规定，"与资产相关的政府补助，应当冲减相关资产的账面价值或确认为递延收益。与资产相关的政府补助确认为递延收益的，应当在相关资产使用寿命内按照合理、系统的方法分期计入损益。按照名义金额计量的政府补助，直接计入当期损益。相关资产在使用寿命结束前被出售、转让、报废或发生毁损的，应当将尚未分配的相关递延收益余额转入资产处置当期的损益"。

《企业会计准则第 16 号——政府补助》第九条规定,"与收益相关的政府补助,应当分情况按照以下规定进行会计处理:(一)用于补偿企业以后期间的相关成本费用或损失的,确认为递延收益,并在确认相关成本费用或损失的期间,计入当期损益或冲减相关成本;(二)用于补偿企业已发生的相关成本费用或损失的,直接计入当期损益或冲减相关成本"。

公司政府补助补偿内容、拨款时点和相关成本费用或损失发生时点如表 8-12 所示(截取部分)。

表 8-12 情况表

序号	项目名称	与资产或收益相关	拨款时点	公司确认损益时点	公司确认损益时点依据
1	新兴产业培育扶持资金	与收益相关	2021 年 1 月	2021 年 1 月	补偿已发生的相关成本费用或到时直接进入损益
2	科技创新券兑付	与收益相关	2021 年 2 月	2021 年 2 月	补偿已发生的相关成本费用或到时直接进入损益
3	危险场所安全监控平台项目	与资产相关	2017 年 9 月	2020 年 7 月至 2030 年 6 月	在资产使用寿命内,按照年限确认损益
4	装备物联网项目	与资产相关	2017 年 6 月	2019 年 4 月至 2029 年 3 月	在资产使用寿命内,按照年限确认损益
5	新动能专项资金	与收益相关	2021 年 5 月	2021 年 5 月	补偿已发生的相关成本费用或到时直接进入损益

报告期各期,公司计入利润表科目的政府补助金额分别为 570.14 万元、1 152.78 万元、1 268.61 万元、461.77 万元,具体情况如表 8-13 所示(截取部分)。

表 8–13 数据表

单位：万元

项目	2021 年 1—6 月	2020 年度	2019 年度
计入"其他收益"的政府补助金额	460.88	1 032.36	982.22
计入"营业外收入"的政府补助金额	0.89	1.25	10.56
计入"财务费用"的政府补助金额		235	160
合计	461.77	1 268.61	1 152.78
计入非经常性损益的金额	407.92	1 078.94	985.66
未计入非经常性损益的金额	53.85	189.67	167.12

报告期各期，公司根据政府补助的性质将其计入相应的科目，与日常生产经营活动有关的政府补助计入"其他收益"，与日常生产经营活动无关的政府补助计入"营业外收入"，收到的财政贴息冲减"财务费用"。

报告期各期，公司未计入非经常性损益的政府补助金额分别为 81.96 万元、167.12 万元、189.67 万元、53.85 万元，均为公司取得的实际税负超过 3.00% 而享受的即征即退税额。即征即退税额属于与公司正常经营业务密切相关，符合国家政策规定、按照一定标准定额或定量持续享受的政府补助，不属于非经常性损益项目。综上，报告期各期，公司不存在应计入非经常性损益而未计入的情形。

2019 年和 2020 年，上述金额占利润总额的比例分别为 5.81% 和 4.58%，占比较小，若认定非经常性损益，不会对公司本次精选层挂牌进入标准产生影响。测算过程如表 8–14 所示（截取部分）。

表 8–14 测算过程表

单位：万元

项目	即征即退税额不认定为非经常性损益			即征即退税额认定为非经常性损益	
	2020 年度	2019 年度	平均值	2020 年度	2019 年度
归属于母公司所有者的扣除非经常性损益后的净利润	2 009.51	2 265.77	2 137.64	1 855.26	2 116.75
扣除非经常性损益后净资产收益率	8.47%	10.72%	9.6%	7.82%	10.02%

案例简介（问询要点）：

请发行人说明与资产相关的政府补助的原值、摊销方法、期限及其确定依据、摊销开始时点及其摊销的具体情况，是否存在应划分为与资产相关的补助划分为与收益相关的补助的情形。

企业回复（回复要点）：

报告期内，发行人与资产相关的政府补助的原值、摊销方法、期限及其确定依据、摊销开始时点及其摊销的具体情况如表8-15所示。

表8-15 情况表

单位：万元

已补助项目名称	初始确认年度以及补助属性	补助金额	涉及资产	原值	摊销方法	摊销期限（月）	摊销期限确定依据	摊销开始时点
装备物联网系统	2017年与资产相关	280	无形资产	280	直线法	120	按照政府补助形成的相关资产的预期使用寿命作为确定摊销期限的依据	2019年4月
危险场所安全监控平台项目	2017年与资产相关	260	无形资产	260	直线法	120	预期使用寿命作为确定摊销期限的依据	2020年7月
合计	—	540	—	540	—	—	—	—

综上，发行人政府补助均按照《企业会计准则》的要求进行确认。报告期内，发行人不存在应划分为与资产相关的补助划分为与收益相关的补助的情形。

公司无形资产主要为自主研发形成的专利权和土地使用权，还包括少量外购的软件。公司与同行业可比公司无形资产摊销年限如表8-16、表8-17所示。

表 8-16　情况表

精准信息		
类别	使用寿命	摊销方法
土地使用税	50 年	直线法
专利权	10 年	直线法
著作权	4.5 年	直线法
梅安森		
类别	使用寿命	摊销方法
土地使用权	50 年	直线法
软件系统	5 年	直线法

表 8-17　情况表

科达自控		
类别	使用寿命	摊销方法
专利权	10 年	直线法
软件	10 年	直线法
土地使用权	50 年	直线法

公司各项无形资产与同行业可比公司的摊销方式、摊销期限不存在重大差异。公司针对自主研发形成的无形资产与外购的无形资产执行的摊销方式、摊销期限一致。

案例简介（问询要点）：

请发起人结合发行人申请取得政府补助的法定程序、拨款文件的主要条款、拨款来源等说明发行人收到的经济资源是否属于政府补助。

企业回复（回复要点）：

公司报告期申请取得政府补助的法定程序、拨款文件主要条款、拨款来源如表 8-18 所示（截取部分）。

表 8-18 情况表

项目名称	文件依据	文件主要条款	申请程序
新兴产业培育扶持基金	《山西转型综合改革示范区管理委员会关于2019年新兴产业培育兑现情况的通知》（晋综示发〔2020〕226号）	2020年7月13日山西转型综合改革示范区管理委员会发布《关于开展2019年新兴产业培育兑现扶持资金申报工作的通知》，文件第一点规定，申报企业需同时满足以下两个条件：①列入2018年、2019年新兴产业培育库的企业，名单详见《关于公布2018年新兴产业培育库名单的通知》（晋综示发〔2019〕84号）、《关于公布2019年新兴产业培育库名单的通知》（晋综示发〔2020〕109号）；②满足《新兴产业培育实施方案》（晋综示发〔2018〕226号）兑现要求，经申报评审，2020年12月15日山西转型综合改革示范区管理委员会发布	该项目为山西转型综合改革示范区奖励取得，具体流程为：由山西转型综合改革示范区发布申报指南及申报通知，公司通过申报方式取得。公司综合改革示范区发布申报通知，公司按要求提交申报书等，经山西转型综合改革示范区审查、评审，拟补助项目公示发付资金
83	一种矿用自动控制风门专利奖励	关于申报2018年年度山西转型综合改革示范区晋中开发区专利资助相关事项的通知（2018年11月20日）	按照山西转型综合改革示范区晋中开发区管理委员会关于晋中开发区印发《晋中开发区关于印发晋中开发区实施科技创新支撑引领人才发展的实施办法（试行）》（晋开管发〔2013〕33号）文件要求，以及关于印发《晋中开发区专利申请资助专项资金管理暂行办法的通知》规定，中科智能公司根据要求申报，获得实用新型专利补助0.1万元	由山西转型综合改革示范区晋中开发区发布申报通知，公司按要求提交申报资料，开发区审核，拟支持项目公示，下达资金
84	2017年科普展补助			公司参加科协组织的活动，综改区通知企业提供账号信息领取补助，下达资金

根据《企业会计准则第 16 号——政府补助》的相关规定，政府补助是指企业从政府无偿取得货币性资产或非货币性资产，具有来源于政府的经济资源和无偿性两个特征。其中来源于政府的经济资源指对于企业收到的来源于其他方的补助，有确凿证据表明政府是补助的实际拨付者，其他方只起到代收代付作用的，该项补助也属于来源于政府的经济资源；无偿性指企业取得来源于政府的经济资源，不需要向政府交付商品或服务等对价。从公司政府补助拨款文件、银行回单等原始凭证判断，发行人收到的政府补助不属于公司交付产品或提供服务收入的组成对价，且满足来源于政府、无偿性、能够收到这三个确认条件，可以将发行人收到的经济资源认定为政府补助。

案例简介（问询要点）：

说明发行人是否对政府补助存在重大依赖，政府补助是否具有可持续性，分析并披露政府补助对发行人经营业绩和持续经营能力的影响，充分披露相关风险，视情况进行重大事项提示。

企业回复（回复要点）：

（1）说明发行人是否对政府补助存在重大依赖，政府补助是否具有可持续性

1）说明发行人是否对政府补助存在重大依赖。

报告期各期，公司计入当期损益的政府补助占当期营业收入和经营活动现金流入的比例如表 8-19 所示。

表 8-19 数据表

单位：万元

项目	2021 年 1—6 月	2020 年	2019 年	2018 年
政府补助	407.92	1 078.94	985.66	488.04
营业收入	9 003.91	20 137.4	19 419.34	15 324.71
政府补助占营业收入比例	4.53%	5.36%	5.08%	3.18%

(续)

项目	2021年1—6月	2020年	2019年	2018年
利润总额	710.97	3 265.6	3 650.17	1 507.8
政府补助占利润总额比例	57.37%	33.04%	27%	32.37%
净利润	701.04	2 925.49	3 129.68	1 286.9
政府补助占净利润比例	58.19%	36.88%	31.49%	37.92%
经营活动现金流入	6 884.37	18 216.52	13 347.51	13 537.62
政府补助占经营活动现金流入比例	5.93%	5.92%	7.38%	3.61%
扣除非经营损益后归属于母公司股东的净利润	274.06	2 009.51	2 265.77	916.41

报告期各期，公司政府补助金额分别为488.04万元、985.66万元、1 078.94万元、407.92万元，占营业收入的比例分别为3.18%、5.08%、5.36%和4.53%，占净利润的比例分别为37.92%、31.49%、36.88%和58.19%；政府补助占经营活动现金流入比例分别为3.61%、7.38%、5.92%、5.93%。报告期内，政府补助金额占净利润的比例虽然较高，但是占营业收入的比例较小，且其现金流入对经营活动现金流入的占比也较小。公司的收入、利润及现金流等主要来源于公司的主营业务。公司在资产、财务、业务、人员方面均具有独立性，公司拥有独立面对市场、开发客户的能力，不依赖于政府补助而存在。公司的经营业绩对政府补助不存在重大依赖，但存在政府补贴在利润中占比较高的风险。若无法获取各项补助，可能会对公司的经营业绩和持续经营能力产生一定的不利影响。

2）政府补助的可持续性分析。

公司获得的各类政府补助与宏观经济政策、财政政策等息息相关，政府补助由于其具有特殊性，不属于公司能够主观控制的事项。公司收到的政府补助由于来源不同，其持续性存在差异。对于研发类补助资金，由于公司历来重视研发，报告期各期均开展了较多研发项目，且经常参与主管部门研发项目申报工作，因此研发相关补助资金具有一定的可持续性；其他补助项目属于偶发性补助，不具有可持续性。

（2）分析并披露政府补助对发行人经营业绩和持续经营能力的影响，充分披露相关风险，视情况进行重大事项提示

公司已在公开发行说明书"重大事项提示"之"三、特别风险提示"之"（六）政府补助的风险"中补充披露如下：

"近年来，我国智慧矿山和智慧市政建设已进入快速发展阶段，政府部门围绕工业互联网、智慧城市以及相关领域不断出台鼓励性产业政策和指引性法律法规。公司的业务发展符合国家政策发展方向，报告期各期收到了各种形式的政府补贴，其中计入当期损益的政府补助金额分别为 4 880 373.00 元、9 856 639.00 元、10 789 390.00 元和 4 079 177.09 元，占当期净利润的比例分别为 37.92%、31.49%、36.88% 和 58.19%。未来几年，预计国家和当地政府支持矿山智能化的政策不会发生重大改变，但公司每年实际收到的政府补助及确认的损益金额会因为具体项目的不同而有所变化，因此，其非经常性损益金额存在波动的可能。公司收入、毛利等主要来源于公司的主营业务，公司在资产、人员、业务、财务、机构方面具备完整的独立性，公司经营业绩对政府补贴不存在重大依赖，但政府补贴收入占公司当期净利润比重较高，若无法获取各项补助，对公司的经营业绩和持续经营能力可能产生重大不利影响。"

评析：政府补助审查关注点主要包括：政府补助的真实性与合法性、政府补助的会计处理是否正确、发行人的业绩对政府补助具有严重依赖性。比如各项政府补助等资金的内容、依据、取得条件和公司对相关条件的满足情况、到账时间，说明政府补助计入当期损益或递延收益的划分标准、依据和金额，对发行人业绩的影响，政府补助是否存在可持续性等。

该案例覆盖比较全面。结合《审查问答（一）》问题 16 的相关规

定,就发行人是否已在公开发行说明书中充分披露上述情况及风险,报告期内经营业绩是否对政府补助存在较大依赖发表明确意见。获取并检查政府补助文件、公司申请资料,结合这两项资料中的内容判断公司获取的政府补助属于与资产相关的政府补助还是与收益相关的政府补助,同时对于与资产相关的政府补助,检查公司与资产相关的政府补助是否与相关资产的摊销方式匹配;按照"《审查问答(一)》问题 16"的相关要求回答问询。

4. 研发支出

根据《全国中小企业股份转让系统精选层挂牌审查问答(一)》:①研发投入认定。研发投入为企业研究开发活动形成的总支出。研发投入通常包括研发人员工资费用、直接投入费用、折旧费用与长期待摊费用、设计费用、装备调试费、无形资产摊销费用、委托外部研究开发费用、其他费用等。本期研发投入为本期费用化的研发费用与本期资本化的开发支出之和。②研发相关内控要求。发行人应制定并严格执行研发相关内控制度,明确研发支出的开支范围、标准、审批程序以及研发支出资本化的起始时点、依据、内部控制流程。同时,应按照研发项目设立台账归集核算研发支出。发行人应审慎制定研发支出资本化的标准,并在报告期内保持一致。

案例 · 无锡吉冈精密科技股份有限公司

案例简介(问询要点):

请发行人说明如何准确地划分和核算各项研发支出,发行人研发费用与纳税申报表加计扣除数是否一致,是否存在应计入营业成本或其他费用项目,但计入研发费用的情形,研发费用和营业成本中的职工薪酬、折旧费用、材料费用如何区分计量。

企业回复（回复要点）：

1）发行人对各项研发支出的划分、研发费用和营业成本中的职工薪酬、折旧费用、材料费用的区分

公司制定了《研究开发组织管理制度》，建立了研发项目的跟踪管理机制、对应的人财物管理机制，明确了研发支出的开支范围和标准，健全了研发支出审批程序等内部控制流程，公司根据研发费用的实际发生情况建立了研发项目台账，按照研发项目归集核算各研发项目的支出。公司根据《企业会计准则》和《研究开发组织管理制度》等有关规定，明确了研发支出范围和标准。具体核算内容和核算依据如表 8-20 所示（截取部分）。

表 8-20 核算内容和核算依据表

项目	分类	归集范围
职工薪酬	研发费用	研发部门人员薪酬
	营业成本	车间生产人员、车间管理人员工资
折旧费用	研发费用	专门用于研发的设备折旧计入研发费用，非专门用于研发的设备根据生产部门和研发部门的使用工时分摊归集
	营业成本	生产设备的折旧计入生产成本再结转到营业成本，部分设备阶段性用于研发，根据使用工时分摊归集

报告期内，公司样品的会计处理方法为：①样品未实现销售的，样品成本计入研发费用，报告期内，公司的样品以该种会计处理为主；②样品实现销售的，相关收入计入营业收入，报告期内，公司的少量样品以该种方法进行会计处理。

公司研发费用按研发项目进行归集，研发人员工资薪酬及福利，研发部门用于研发领用的材料，用于研发的设备折旧摊销费，研发部门的办公费、专利申请费等，以上费用可以清晰地区分于营业成本，计入研发费用，不存在应计入营业成本的支出计入研发费用的情形。

2）关于研发费用与纳税申报表加计扣除数是否一致，是否存在应计

入营业成本或其他费用项目,但计入研发费用的情形。

报告期内,公司研发费用加计扣除金额与实际发生的研发费用金额之间的差异情况如表 8-21 所示。

表 8-21 差异情况表

单位:万元

项目	2020 年度	2019 年度	2018 年度
研发费用	1 094.17	955.56	786.4
用于申报所得税加计扣除的研发费用金额	1 062.84	921.64	770.45
账面研发费用与研发费用加计扣除数差异	31.33	33.92	15.95

注:所得税季度申报表不调整研发费用加计扣除金额,因此暂不分析 2021 年 1—6 月研发费用与纳税申报表加计扣除数差异的情况。

报告期各期,公司研发费用加计扣除金额均小于实际发生的研发费用,主要因为研发费用归集与加计扣除分别属于会计核算和税务核算的范畴,研发费用归集核算适用《企业会计准则》等规范,研发费用加计扣除适用《完善研究开发费用税前加计扣除政策》(财税 [2015]119 号)《关于研发费用税前加计扣除归集范围有关问题的公告》(2017 年第 40 号公告)《关于企业研究开发费用税前加计扣除政策有关问题的公告》(国家税务总局公告 2015 年第 97 号)等规范,二者存在一定口径差异。报告期内,公司研发费用中不属于加计扣除范围的相关费用主要是与研发活动直接相关的能源费、差旅费、相关杂费等支出。

综上所述,公司研发费用加计扣除金额与实际发生的研发费用金额之间的差异具有合理性。公司不存在应计入营业成本或其他费用项目,但计入研发费用的情形。

评析:该案例从研发投入归集是否准确、研发费用与营业成本的归集方法、相关数据来源及计算是否合规方面展示。针对研发支出问题,发行人及中介机构应从研发相关内控制度是否健全且被有效执行进行核查,就以下事项做出说明,并发表核查意见:①发行人是否建立研发项目的跟踪管理系统，有效监控、记录各研发项目的进展情况，并合理评估技术上的可行性；②是否建立与研发项目相对应的人财物管理机制；③是否已明确研发支出开支范围和标准，并得到有效执行；④报告期内是否严格按照研发开支用途、性质据实列支研发支出，是否存在将与研发无关的费用在研发支出中核算的情形；⑤是否建立研发支出审批程序等。

5. 现金交易

根据《全国中小企业股份转让系统精选层挂牌审查问答（一）》：发行人应在公开发行说明书中披露以下信息：①现金交易的必要性与合理性，是否与发行人业务情况或行业惯例相符，现金交易比例及其变动情况与同行业可比公众公司是否存在重大差异，现金使用是否依法合规；②现金交易的客户或供应商的基本情况，是否为自然人或发行人的关联方，现金交易对象含自然人的，还应披露向自然人客户（或供应商）销售（或采购）的金额及占比；③现金交易相关收入确认及成本核算的原则与依据，是否存在体外循环或虚构业务情形；④现金交易是否具有可验证性，与现金交易相关的内部控制制度的完备性、合理性与执行有效性；⑤现金交易流水的发生与相关业务发生是否真实一致，是否存在异常分布；⑥实际控制人及发行人董事、监事、高级管理人员等关联方是否与相关客户或供应商存在资金往来；⑦发行人为减少现金交易所采取的改进措施及进展情况。

根据《北京证券交易所向不特定合格投资者公开发行股票并上市业务规则适用指引第 1 号》：发行人存在销售或采购环节现金交易金额较大或占比较高情形的，应在招股说明书中披露以下信息：

（1）现金交易的必要性与合理性，是否与发行人业务情况或行业惯例相符，现金交易比例及其变动情况与同行业可比公众公司是否存在重大差异，现金使用是否依法合规。

（2）现金交易的客户或供应商的基本情况，是否为自然人或发行人的关联方，现金交易对象含自然人的，还应披露向自然人客户（或供应商）销售（或采购）的金额及占比。

（3）现金交易相关收入确认及成本核算的原则与依据，是否存在体外循环或虚构业务情形。

（4）现金交易是否具有可验证性，与现金交易相关的内部控制制度的完备性、合理性与执行有效性。

（5）现金交易流水的发生与相关业务发生是否真实一致，是否存在异常分布。

（6）实际控制人及发行人董事、监事、高级管理人员等关联方是否与相关客户或供应商存在资金往来。

（7）发行人为减少现金交易所采取的改进措施及进展情况。

保荐机构及申报会计师应对发行人上述事项进行核查，说明对发行人现金交易可验证性及相关内控有效性的核查方法、过程与证据，以及发行人是否已在招股说明书中充分披露上述情况及风险，并对发行人报告期现金交易的真实性、合理性和必要性发表明确意见。

案例一 安徽富乐德科技发展股份有限公司

案例简介（问询要点）：

请发起人补充说明报告期内是否存在客户对公司提供清洗服务的设备验收不通过的情况，如是，请说明具体情况、验收不通过的影响及相关会计处理；报告期内是否存在现金交易。

企业回复（要点）：

（1）报告期内是否存在客户对公司提供清洗服务的设备验收不通过的情况

公司建立并逐步完善内部控制制度，制定了《质量管理制度》《客户服务管理制度》等一系列内部管理制度，对部品质量进行规范。部品清洗完成后，在出荷之前公司有两道检验——FQC 检验和 OQC 检验，FQC 检验主要检验部品的外观、性能指标、组装尺寸、颗粒度、数量等，OQC 检验主要检验部品的包装是否漏气、部品上的贴纸信息是否正确以及出荷的检查表和清单是否正确等。通过这两道检验能够保证出厂前可能存在的清洗瑕疵被发现并在公司内部整改完毕，保证送到客户端的部品达到验收标准。报告期内，不存在客户对公司提供清洗服务的设备验收不通过的情况。

（2）报告期内现金交易情况

报告期内，公司销售及材料采购环节存在少量现金交易情形，具体如表 8-22 所示。

表 8-22 情况表

单位：万元

项目	2020 年度		2019 年度		2018 年度	
	金额	占比	金额	占比	金额	占比
现金销售	6.49	0.01%	7.33	0.02%	4.93	0.04%
现金采购	0.02	0.00%	0.25	0.00%	0.15	0.00%

注：现金销售占比为现金销售收款金额占营业收入的比例；现金采购占比为现金采购付款占采购总额的比例。

报告期内，公司的现金销售金额分别为 4.93 万元、7.33 万元和 6.49 万元，占营业收入的比例分别为 0.04%、0.02% 和 0.01%，占营业收入比例逐年下降。报告期内现金收款金额主要为废料销售的货款，金额较小。报告期内，公司的现金采购金额分别为 0.15 万元、0.25 万元和 0.02 万元，为生产所需耗材等零星采购款的支付。报告期内，公司主要通过银行对公账户和票据进行货款结算，现金交易金额及比例均较小，均不涉及关联方和关联交易。

综上所述，报告期内，不存在客户对公司提供清洗服务的设备验收不通过的情况；报告期内，公司存在少量现金交易，发生均有合理理由且金额很小，不会对公司治理及内控造成重大不利影响。

评析： 现金交易问题的审核关注点主要包括：现金交易的必要性与合理性，是否与发行人业务情况或行业惯例相符，与同行业或类似公司的比较情况；现金交易的真实性，现金交易流水的发生与相关业务发生是否真实一致，以及相关金额和比例波动的原因分析；发行人的内部控制制度能否保证成本控制和核算的真实性、准确性和完整性，发行人现金交易内部控制制度是否健全且有效执行；实际控制人及发行人董监高等关联方是否与客户或供应商存在资金往来；现金销售或个人卡收款认定为发行人销售收款的真实性，是否存在调节企业收入的情况；为减少现金交易所采取的改进措施及进展情况等。

该案例发行人在报告期内存在少量现金交易，发生均有合理理由且金额很小，不会对发行人治理及内控造成重大不利影响；现金交易问题核查时应对发行人现金交易可验证性及相关内控有效性的核查方法、过程与证据，以及发行人是否已在公开发行说明书中充分披露上述情况及风险，并对发行人报告期现金交易的真实性、合理性和必要性发表明确意见。

案例二　宁波瑞星时光商业股份有限公司

案例简介（问询要点）：

请发行人对照《全国中小企业股份转让系统精选层挂牌审查问答（一）》问题18的要求补充披露现金交易相关情况，包括不限于现金交易的必要性与合理性、现金交易的客户或供应商的基本情况、相关收入确认及成本核算的原则与依据、是否具有可验证性，现金收银、POS机刷卡、商场收银结算等内部控制设计以及执行情况等。

企业回复（回复要点）：

（1）现金交易的金额和占比情况（见表 8-23）

表 8-23 情况表

单位：万元

项目	2020 年度	2019 年度	2018 年度
自营收入	40 184.03	26 904.24	18 096.89
现金收款	732.06	548.79	525.37
占比（%）	1.82	2.04	2.9

报告期内，公司通过现金收款交易的金额分别为 525.37 万元、548.79 万元、732.06 万元，金额较小，报告期内累计现金收款占自营业务收入比例 2.12%，且逐年下降。报告期内，公司不存在通过现金支付供应商款项的情况。

（2）现金交易的必要性与合理性

本公司销售模式分为联营模式和自营模式。联营模式下，公司与商场的结算均通过银行转账结算，不存在现金交易；自营模式下，公司直接面对终端消费者，存在一定比例的现金销售具有商业合理性。公司属于线下商业零售，零售业客户群体复杂多样，体现在支付方式上则表现为多种支付方式并存，包括现金、银行转账、信用卡、支付宝、微信等一系列支付方式，本公司存在现金收款，符合公司所处行业特点，符合行业惯例。

申报期内各月现金收款情况如表 8-24 所示。

表 8-24 申报期内各月现金收款情况

单位：万元

期间	1月	2月	3月	4月	5月	6月	7月	8月	9月	10月	11月	12月
2018 年	55.32	79.01	55.55	39.37	18.58	31.75	28.13	68.53	56.25	25.38	31.27	36.23
2019 年	55.72	24.18	19.83	45.41	33.35	28.83	64.85	62.84	44.35	46.87	61.18	61.38
2020 年	48.81	10.51	14.41	16.94	62.73	35.16	37.81	91.3	93.42	51.94	44.1	224.93

如表 8-24 所示，除了 2020 年 12 月以外，其余各月的现金收款波动不大，2020 年 12 月现金收款大幅增加系个别客户用现金全款购买了几款价值较高的表款，属于偶然现象。

（3）现金交易的客户或供应商的基本情况

报告期内，公司向自然人客户销售中，现金收款金额及占比情况如表 8-25 所示。

表 8-25　现金收款金额及占比情况

单位：万元

项目	2020 年度	2019 年度	2018 年度
向自然人客户销售收入金额	40 184.03	26 904.24	18 096.89
向自然人客户销售收款金额	46 064.02	30 042.23	21 016.66
现金收款金额	732.06	548.79	525.37
占比（%）	1.59	1.83	2.5

公司现金交易的客户均为个人消费者，不存在现金采购行为。

评析：若发行人现金交易金额和比重较大，应就该事项进行风险提示；同时，发行人应就现金交易的原因及其合理性、真实性和必要性，相关金额占比及其波动进行充分的披露和分析。该案例展示了现金交易的必要性与合理性，现金交易的客户或供应商的基本情况。说明了发行人存在现金收款符合公司所处行业特点，符合行业惯例。发行人在回复该问题时需按照《全国中小企业股份转让系统精选层挂牌审查问答（一）》的规定进行具体解释说明。

6. 第三方回款

根据《全国中小企业股份转让系统精选层挂牌审查问答（一）》：第三方回款通常是指发行人收到的销售回款的支付方（如银行汇款的汇款方、银行承兑汇票或商业承兑汇票的出票方式或背书转让方）与签订经济合同的往来客户不一致的情况。企业在正常经营活动中存在的第三回款，通常情况下应考虑是否符合以下条件：

1）与自身经营模式相关，符合行业经营特点，具有必要性和合理性，例如：①客户为个体工商户或自然人，其通过家庭约定由直系亲属代为支付货款，经中介机构核查无异常的；②客户为自然人控制的企业，该企业的法定代表人、实际控制人代为支付货款，经中介机构核查无异常的；③客户所属集团通过集团财务公司或指定相关公司代客户统一对外付款，经中介机构核查无异常的；④政府采购项目指定财政部门或专门部门统一付款，经中介机构核查无异常的；⑤通过应收账款保理、供应链物流等合规方式或渠道完成付款，经中介机构核查无异常的；⑥境外客户指定付款，经中介机构核查无异常的。

2）第三方回款的付款方不是发行人的关联方。

3）第三方回款与相关销售收入钩稽一致，具有可验证性，不影响销售循环内部控制有效性的认定，申报会计师已对第三方回款及销售确认相关内部控制有效性发表明确核查意见。

4）能够合理区分不同类别的第三方回款，相关金额及比例处于合理可控范围。

根据《北京证券交易所向不特定合格投资者公开发行股票并上市业务规则适用指引第1号》：第三方回款通常是指发行人收到的销售回款的支付方（如银行汇款的汇款方、银行承兑汇票或商业承兑汇票的出票方或背书转让方）与签订经济合同的往来客户（或实际交易对手）不一致的情况。

企业在正常经营活动中存在的第三方回款，通常情况下应考虑是否符合以下条件：

（1）与自身经营模式相关，符合行业经营特点，具有必要性和合理性，例如：

1）客户为个体工商户或自然人，其通过家庭约定由直系亲属代为支付货款，经中介机构核查无异常的。

2）客户为自然人控制的企业，该企业的法定代表人、实际控制人代为支付货款，经中介机构核查无异常的。

3）客户所属集团通过集团财务公司或指定相关公司代客户统一对外付款，经中介机构核查无异常的。

4）政府采购项目指定财政部门或专门部门统一付款，经中介机构核查无异常的。

5）通过应收账款保理、供应链物流等合规方式或渠道完成付款，经中介机构核查无异常的。

6）境外客户指定付款，经中介机构核查无异常的。

（2）第三方回款的付款方不是发行人的关联方。

（3）第三方回款与相关销售收入勾稽一致，具有可验证性，不影响销售循环内部控制有效性的认定，申报会计师已对第三方回款及销售确认相关内部控制有效性发表明确核查意见。

（4）能够合理区分不同类别的第三方回款，相关金额及比例处于合理可控范围。

如发行人报告期存在第三方回款，保荐机构及申报会计师通常应重点核查以下方面：

（1）第三方回款的真实性，是否存在虚构交易或调节账龄情形。

（2）第三方回款形成收入占营业收入的比例。

（3）第三方回款的原因、必要性及商业合理性。

（4）发行人及其实际控制人、董事、监事、高级管理人员或其他关联方与第三方回款的支付方是否存在关联关系或其他利益安排。

（5）境外销售涉及境外第三方的，其代付行为的商业合理性或合法合规性。

（6）报告期内是否存在因第三方回款导致的货款归属纠纷。

（7）如签订合同时已明确约定由其他第三方代购买方付款，该交易安排是否具有合理原因。

（8）资金流、实物流与合同约定及商业实质是否一致。

同时，保荐机构及申报会计师还应详细说明对实际付款人和合同签订方不一致情形的核查情况，包括但不限于：抽样选取不一致业务的明细样本和银行对账单回款记录，追查至相关业务合同、业务执行记录及资金流水凭证，获取相关客户代付款确认依据，以核实和确认委托付款的真实性、代付金额的准确性及付款方和委托方之间的关系，说明合同签约方和付款方存在不一致情形的合理原因及第三方回款统计明细记录的完整性，并对第三方回款所对应营业收入的真实性发表明确意见。保荐机构应当督促发行人在招股说明书中充分披露第三方回款相关情况。

案例 南通大地电气股份有限公司

案例简介（问询要点）：

说明对 2018 年至 2020 年各期末的发函比例、回函比例、回函金额占期末应收账款余额的比例、是否存在回函不一致的情形及处理安排、是否存在第三方回款的情形及核查情况，并发表明确意见。

企业回复（回复要点）（见表 8-26）：

表 8-26 数据表

单位：万元

项目	时间			
	2021年6月30日	2020年12月31日	2019年12月31日	2018年12月31日
应收账款金额	24 933.58	23 740.39	24 534.34	21 043.63
应收账款发函金额	24 140.24	23 258.45	24 136.68	20 180.01
发函比例（%）	96.82	97.97	98.38	95.9
应收账款回函金额	24 097.52	23 394.52	23 739.63	19 954.35

报告期应收账款余额发函金额与回函金额差异金额较小,产生差异的主要原因是:①时间性差异,双方记录不一致;②单据传递不及时导致的挂账差异。报告期各期末应收账款已发函证均已回函,不存在未回函的情况。针对回函不一致的差异原因均已核实,并执行检查发票、出库单、发货运输单、客户确认单或结算凭证等相关替代测试程序,除合理的时间性差异外,相关会计处理已调整。

报告期内,公司存在第三方回款,具体情况如表8-27所示。

表8-27 数据表

单位:元

项目	时间			
	2021年1—6月	2020年度	2019年度	2018年度
第三方回款金额	11 729 860.28	43 832 558.48	61 874 862.13	10 712 149.31
当期营业收入	45 2816 530.49	765 843 936.38	591 522 596.68	524 878 554.12
占比(%)	2.59	5.72	10.46	2.04

公司的第三方回款均为集团内统一付款,应收账款客户分别为北京汽车股份有限公司株洲分公司、北京新能源汽车股份有限公司黄骅分公司、北汽(广州)汽车有限公司,代为回款的为北京汽车股份有限公司,这四家客户均属于北汽集团,回款都具有商业合理性,不存在虚构交易或调节账龄情形。报告期内,公司第三方回款笔数少且金额较小,占当期营业收入比重较低,且均为同一集团内公司代为支付,具有商业合理性。

评析:该案例通过访谈公司财务人员及销售人员,了解第三方回款的具体情况、占收入的比重、原因、必要性和商业合理性;公司第三方回款均为同一集团内代为支付,相关业务真实,不存在虚构交易或调节账龄情形,涉及第三方付款的实际付款方与公司不存在关联关系,公司不存在因第三方回款导致的货款归属纠纷,第三方回款具有商业合理性。

如发行人报告期存在第三方回款,应重点核查以下方面:①第三方回款的真实性,是否存在虚构交易或调节账龄情形;②第三方回款形成收入占营业收入的比例;③第三方回款的原因、必要性和商业合理性;④发行人及其实际控制人、董事、监事、高级管理人员或其他关联方与第三方回款的支付方是否存在关联关系或其他利益安排;⑤境外销售涉及境外第三方的,其代付行为的商业合理性或合法合规性;⑥报告期内是否存在因第三方回款导致的货款归属纠纷;⑦如签订合同时已明确约定由其他第三方代购买方付款,该交易安排是否具有合理原因;⑧资金流、实物流与合同约定及商业实质是否一致等。

7. 收入确认

根据《发行监管问答——关于申请首发企业执行新收入准则相关事项的问答》:申请首发企业应当自 2020 年 1 月 1 日起执行新收入准则。申请首发企业已在境外上市且其财务报表按照新收入准则或新收入准则相对应的国际财务报告准则或香港财务报告准则编制的,或者母公司在境外上市且其境外财务报表按照新收入准则或新收入准则相对应的国际财务报告准则或香港财务报告准则编制的,或者子公司在境外上市且其境外财务报表按照新收入准则或新收入准则相对应的国际财务报告准则或香港财务报告准则编制的,可以将首次执行日提前至 2018 年 1 月 1 日。其他申请首发企业原则上不允许提前执行新收入准则。申请首发企业应当按照新收入准则第七章有关规定做好执行新收入准则的衔接,对首次执行日前可比期间信息不予调整。

案例一 **山西科达自控股份有限公司**

案例简介(问询要点):

按季度列示主要产品和服务的收入构成情况及对应的收入确认方法,说明报告期内第四季度收入占比较高的原因及合理性,结合同行业可比公司收入季节性分布说明是否符合行业惯例。

企业回复（回复要点）：

（1）按季度列示主要产品和服务的收入构成情况（见表 8-28）（截取部分）

表 8-28 主要产品和服务的收入构成情况表

单位：万元

季度	项目	2021 年 1-6 月		2020 年度		2019 年度		2018 年度	
		金额	占比 %	金额	占比 %	金额	占比 %	金额	占比 %
第一季度	矿山数据监测与自动控制系统	2 902.56	32.24	1 130.42	5.61	1 135.02	5.84	361.31	2.36
	市政数据远程监测系统	26.32	0.29	0	0	3.79	0.02	17.17	0.11
	自动控制相关产品	257.77	2.86	72.5	0.36	198.51	1.02	283.7	1.85

（2）主要产品及服务收入确认方法

公司主营业务包括矿山数据监测与自动控制系统、市政数据远程监测系统、自动控制相关产品、365 在现（线）技术服务。

1）矿山数据监测与自动控制系统、市政数据远程监测系统：公司根据销售合同组织发货、安装和调试，客户最终验收后出具验收报告。客户出具验收报告后表明商品所有权上的主要风险和报酬转移给购货方，公司根据验收报告确认收入。

2）自动控制相关产品：公司根据销售合同组织发货，产品送达客户指定地点后，客户检验核对无误，在发货单上签字确认。客户在发货单上签字后表明商品所有权上的主要风险和报酬转移给购货方，公司根据客户签字的发货单确认收入。

3）365在现（线）技术服务：公司与客户签订合同，派遣人员入驻，按照合同提供服务并接受客户日常考核，客户定期对服务效果进行考核评价。公司根据合同、客户的考核评价文件确认收入。

（3）报告期内第四季度收入占比较高的原因及合理性

报告期内，公司第四季度销售收入分别为 8 952.83 万元、11 467.61 万元、11 452.30 万元，占全年主营业务收入的比例分别为 58.42%、59.05% 和 56.87%，矿山数据监测与自动控制系统第四季度销售收入分别为 6 729.94 万元、8 352.48 万元、8 470.07 万元，占全年主营业务收入比例分别为 43.92%、43.01%、42.06%。公司的营业收入存在较为明显的季节性波动。主要由于公司第四季度矿山数据监测与自动控制系统占比较大，其主要客户为大型国有煤炭企业，公司根据客户提供的验收报告确认收入，该类客户的采购主要遵循预算管理制度，每年的投资计划、立项申请和审批等工作通常集中在上半年，而公司项目实施更多集中在下半年，造成第四季度完工、验收较为集中。该特征导致公司经营与收入确认存在一定的季节性波动，符合业务的实际情况。

（4）与同行业可比公司收入季节性分布相比差异情况及原因分析

评析：财政部对《企业会计准则第 14 号——收入》进行了修订，其中的关键变化之一为收入确认的模式和理念发生了改变，原准则重点关注风险和报酬的转移，而新准则提供了详细的指引，强调控制权转移。

收入确认方式直接反映了会计核算的规范性，财务数据的真实性、准确性。该案例从公司的业务模式，主要产品和服务的收入确认原则，审查是否符合《企业会计准则》的规定；了解产品和服务验收的形式，具体验收时间，分析是否存在提前或者延迟确认收入的情形。

收入确认的审核主要关注是否合理、能否反映企业经营实质。要按业务类型（分产品、项目）结合具体情形说明收入确认的方法、时点；

审核也重点关注利用跨期确认平滑业绩的情形，要将申报报表收入情况与报税务局、工商局的原始报表进行比较分析。

案例二 成都中寰流体控制设备股份有限公司

案例简介（问询要点）：

请发行人详细披露需安装调试产品的收入确认政策，结合业务合同中关于产品安装调试的具体约定、安装调试时长、各阶段验收及款项支付安排，说明需安装调试产品的收入确认政策是否合规。

企业回复（回复要点）：

报告期内，需要安装调试产品收入情况如表 8-29 所示。

表 8-29 需要安装调试产品收入情况

单位：万元

年度	需要安装调试产品收入金额	需要安装调试产品收入占营业收入比例（%）
2018 年	3 153.94	23.08
2019 年	8 648.99	39.39
2020 年	2 372.02	12.61
2021 年 1—6 月	1 591.05	25.55

需要安装服务的产品根据安装周期划分为两类：一类为橇装设备产品的安装，产品运至客户指定地点，按照与客户协议或者是合同约定对橇装设备进行安装，此类安装服务安装周期较长，自接到安装通知至安装调试完毕，需时长 2~3 个月，安装后经客户验收或试运行合格后，发行人方可确认收入；一类为部分井口安全控制系统和阀门执行机构，根据合同约定产品运送至客户指定地点，根据客户指定时间对产品进行安装，该类产品安装时间较短，安装所需时长约 2~3 日，安装完毕经客户确认后发行人方可确认收入。

公司需安装调试的产品，以安装调试合格单确认的时间为收入确认时点。具体而言，在完成并满足下列六个条件时，公司确认相关产品销售收入：①所销售产品已与客户签订了合同或订单；②产品出库前已经公司质量管理部门检验合格；③产品已交付客户取得交货清单并且验收无异议；④已按照合同条款约定对产品进行安装调试取得售后服务报告；⑤需要进行试运行或连续运行一段时间的项目，在试运行或稳定运行一定时间后，获得相关书面确认；⑥相关经济利益很可能流入本公司。

对于需要安装调试的产品合同，一般为金额重大或合同对手方为中石油、中石化等国企或央企客户，对于合同条款的制定，对方处于主导地位，因此该类产品销售合同为非标准化合同，各项目的合同条款差异较大。

评析： 在实务中，由于各行业的特殊性和复杂性，不同行业的申报企业对于控制权转移迹象判断的重点不尽一致，在此情况下，同行业可比公司的收入确认时点就成了监管部门重要的参考标准。

该案例展示需安装调试产品具体的收入确认政策与收入政策的合规性，对于需安装调试的产品，公司均严格对照是否满足六个条件后再确认收入。收入确认的时点相关问题应符合《企业会计准则第 14 号——收入》要求。

8. 成本核算

根据《公开发行证券的公司信息披露内容与格式准则第 46 号——北京证券交易所公司招股说明书》：发行人盈利能力分析应按照利润表项目对最近三年及一期经营成果变化的原因、影响因素、程度和风险趋势进行充分说明，包括但不限于下列内容：……（二）最近三年及一期营业成本的主要构成情况；结合主要原材料和能源的采购数量及采购价格等，披露营业成本增减变化情况及原因。

案例：华维设计集团股份有限公司

案例简介（问询要点）：

请回答报告期内发行人个别项目成本核算存在跨期。请发行人补充披露报告期内各类业务各项成本的归集、结转、确认方法；结合外协采购的具体流程，披露外协采购成本的确认方式、流程、入账依据；说明各项成本入账是否及时、准确、完整。

企业回复（回复要点）：

成本核算准确性。

勘察设计业务、规划咨询业务成本归集、分配和结转方法。公司设计成本主要包括职工薪酬、项目直接费用（包括辅助设计费、咨询服务费、图文制作费等）和折旧及摊销等其他间接费用。

（1）职工薪酬

职工薪酬主要包括三部分，第一部分系按设计人员职级发放的固定薪酬，按员工实际参与的项目及其实际工时分配计入项目设计成本；第二部分系公司根据《生产奖金管理办法》计提的生产奖金，直接计入项目设计成本；第三部分系公司承担的员工福利、社保、公积金等，按员工固定薪酬的分配比例计入项目设计成本。

（2）项目直接费用

公司对实际发生的辅助设计费、咨询服务费、图文制作费、差旅费等项目直接费用，按项目进行归集和核算，并计入项目设计成本。其中，针对辅助设计费、咨询服务费等外协采购费，公司收到外协供应商交付的各阶段的成果后进行审查。审查通过后公司对供应商提交的《工作量确认单》进行确认，计提相关成本，按项目对外协成本进行归集核算计入"设计成本"，在确认收入时结转相应成本，在未达收入确认条件时，已发生的项目成本在"设计成本"中列示。由于公司已发生的劳务成本是否能够得到补偿取决于公司的设计成果是否能得到委托方的认可和外部机构的审核通过，该事项存在较大的不确定性，因此在资产负债表日，公司未取得明确证据证明已经发生的劳务成本能得到补偿（收回）的，将其计入营业成本，不确认劳务收入。

（3）折旧及摊销等其他间接费用

公司将应由设计部门承担的折旧及摊销等其他间接费用在项目设计成本进行归集，按当期项目人工成本比例进行分配，并在会计期末结转至当期营业成本。公司发生的项目设计成本在"设计成本"归集，并在确认收入时结转相应成本，在未达收入确认条件时，已发生的项目成本在"设计成本"中列示。由于公司已发生的劳务成本是否能够得到补偿取决于公司的设计成果是否能得到委托方的认可和外部机构的审核通过，该事项存在较大的不确定性，因此在资产负债表日，公司未取得明确证据证明已经发生的劳务成本能得到补偿的，将其计入营业成本，不确认劳务收入。

工程总承包业务成本归集、分配和结转方法。工程总承包业务的成本是指合同签订开始至合同完成所发生的、与执行合同有关的各项费用。公司工程总承包成本主要由直接材料、直接人工、分包成本、项目费用等构成。公司将当期实际发生的合同成本登记到"工程施工——合同成本"科目，并于工程结算时同时登记"工程结算"和"应收账款"科目。工程总承包项目合同的结果在资产负债表日能够可靠估计的，成本结转的具体方法如下：①当期确认的收入＝合同总收入 × 累计完工进度－以前会计期间累计已确认的收入；②当期确认的成本＝合同预计总成本 × 累计完工进度－以前会计期间累计已确认的成本；③当期确认的合同毛利＝当期确认的收入－当期确认的成本。报告期内，由于个别项目成本核算跨期，公司于 2020 年 8 月 19 日召开第二次董事会第十五次会议，审议通过了《关于前期差错更正的议案》（公告编号：2020-098），2017 年、2018 年、2019 年和 2020 年 1—6 月调整营业成本金额分别为 185.02 万元、-91.80 万元、-111.65 万元和 0 元，占调整后当期营业成本的 2.26%、-1.05%、-1.10% 和 0，调整后公司各项成本入账是准确、完整的。

评析：上市审核中，重点关注发行人申报期内成本核算的真实性、完整性和收入成本配比的合理性，具体包括：发行人成本核算的会计政策是否符合发行人实际经营情况；如果发行人毛利率与同行业公司相比明显偏高且与行业发展状况不符、存货余额较大、存货周转率较低，核查发行人是否存在通过少转成本虚增毛利润的行为。比如，发行人为满足高新技术企业认定条件，将应计入生产成本项目的支出在管理费用的研发费用中核算和列报；发行人是否向实际控制人及其关联方或其他第三方转移成本，以降低期末存货和当期营业成本；检查发行人是否通过调节成本确认期间在各年度之间调节利润。

部分拟上市公司缺乏必要的财务核算体系，内部的财务人员对于财务核算工作不够敏感，不具备专业的财务知识和工作能力，导致企业财务工作混乱无序，甚至可能导致收入成本核算不准确。该案例通过展示外协采购及工作量确认流程及报告期内主要项目成本核算情况，说明发行人已建立了完善的成本核算内部控制制度，如涉及成本归集、分配、结转等，应符合《企业会计准则》的规定，并与同行业公司保持一致。保证报告期内公司主要项目各期成本归集真实、准确、完整，毛利率符合公司实际情况。

9. 毛利率差异

根据《公开发行证券的公司信息披露内容与格式准则第 46 号——

北京证券交易所公司招股说明书》：发行人盈利能力分析应按照利润表项目对最近三年及一期经营成果变化的原因、影响因素、程度和风险趋势进行充分说明，包括但不限于下列内容：……（三）最近三年及一期的综合毛利率、分产品（或服务）的毛利率及变动情况；报告期内毛利率发生重大变化的，以数据分析方式说明相关因素对毛利率变动的影响程度。

案例 黑龙江省中瑞医药股份有限公司

案例简介（问询要点）：

请发行人补充披露报告期内不同产品毛利率差异较大的原因。请发行人结合报告期各期不同产品销售和采购价格、与各供应商合作模式、定价依据等，分析血液制品毛利率较高且不同产品毛利率相差较大的原因及合理性。

企业回复（回复要点）：

发行人已在公开发行说明书"第八节管理层讨论与分析"之"三、盈利情况分析"之"（三）毛利率分析"之"7。毛利率总体分析"中更新补充披露如下：报告期各期间，公司主要产品血液制品及普药的平均销售价格和平均采购成本情况如表8-30所示（截取部分）。

表 8-30 情况表

单位：元/瓶

产品名称	2020 年度	2019 年度	2018 年度
血液制品			
平均单位售价	425.79	422.14	411.79
平均单位成本	350.82	366.22	358.41
毛利率	17.61%	13.25%	12.96%
普药			
平均单位售价	38.59	34.99	32.19

公司血液制品与普药对外销售的定价流程是一致的，即对医院销售根据招标平台公布的价格执行，对药店及终端客户在参考医院中标价基础上给予对方一定的折扣。血液制品毛利率相对较高的原因在于：

由于血液制品的原材料供给存在短缺的情况，生产成本较高，导致血液制品的平均售价、平均成本均相对较高，近年来多个省市将血液制品列为紧缺、短缺、采购困难药品，血液制品在报告期内存在涨价的情形。

公司长期专注于血液制品领域，具备丰富的血液制品采购、储存及配送的经验，与主要血液制品供应商建立了长期稳定的合作关系，销售渠道覆盖黑龙江省、吉林省的主要三级甲等医院，血液制品供应商为扩大在东北地区的销量，通常会在采购价格及返利政策方面给予公司一定程度的优惠。

公司普药的平均销售价格和平均采购成本相对较为稳定，其增长趋势主要系单价较高的品种，例如盐酸埃克替尼片销售占比提升所致。由于公司普药的销量在东北地区市场占有率低于血液制品，因此普药供应商在定价政策上给予公司的优惠力度相对较小，导致毛利率低于血液制品。

关于血液制品不同产品毛利率差异较大的原因，公司血液制品主要包括人血白蛋白及静注人免疫球蛋白，公司人血白蛋白及静注人免疫球蛋白的平均销售价格和平均采购成本情况如表8-31所示（截取部分）。

表 8-31 情况表

单位：元/瓶

产品名称	2020 年度	2019 年度	2018 年度
人血白蛋白			
单位售价	367.87	375.02	372.4
单位成本	296.35	320.41	322.4
毛利率	19.44%	14.56%	13.43%
静注人免疫球蛋白			
单位售价	574.74	582.32	580.93

人血白蛋白及静注人免疫球蛋白根据产品规格、品牌、原产地等因素又可以细分为多种品类。不同细分品类的产品由于原材料成本差异、供应商返利政策差异、市场紧缺程度差异及医院平台招标价格差异等因素影响产品的采购价格及销售价格，从而导致不同品类的产品毛利率存在差异。

评析：毛利率是考量企业经营、盈利能力的重要财务指标，也是企业IPO过程中最为外界关注的财务指标之一。与同行业可比公司的毛利率对比是反映企业盈利能力的直观方法之一，拟上市企业大多会披露自身与同行业公司的业绩对比，毛利率与同行相比有偏差的IPO企业会被监管机构关注。另外，拟上市企业自身的毛利率在其报告期内波动也较易引起监管机构的质疑和问询。该案例通过获取报告期各期产品销售收入、销售成本及销量情况明细表，对报告期内各个品类的产品毛利率进行比对分析，比较不同产品单位价格变动趋势、单位成本变动趋势；分析血液制品毛利率较高且不同产品毛利率相差较大的原因及合理性。

10. 税收优惠

根据《全国中小企业股份转让系统精选层挂牌审查问答（一）》：对于税收优惠，发行人应遵循如下原则进行处理：①如果很可能获得相关税收优惠批复，按优惠税率预提预缴经税务部门同意，可暂按优惠税率预提并做风险提示，并说明如果未来被追缴税款的处理安排；同时，发行人应在公开发行说明书中披露税收优惠不确定性风险。②如果获得相关税收优惠批复的可能性较小，需按照谨慎性原则按正常税率预提，未来根据实际的税收优惠批复情况进行相应调整。③发行人依法取得的税收优惠，在《公开发行证券的公司信息披露解释性公告第1号——非经常性损益》规定项目之外的，可以计入经常性损益。

根据《北京证券交易所向不特定合格投资者公开发行股票并上市业

务规则适用指引第 1 号》：对于税收优惠，发行人应遵循如下原则进行处理：

（1）如果很可能获得相关税收优惠批复，按优惠税率预提预缴经税务部门同意，可暂按优惠税率预提并做风险提示，并说明如果未来被追缴税款的处理安排；同时，发行人应在招股说明书中披露税收优惠不确定性风险。

（2）如果获得相关税收优惠批复的可能性较小，需按照谨慎性原则按正常税率预提，未来根据实际的税收优惠批复情况进行相应调整。

（3）发行人依法取得的税收优惠，在《公开发行证券的公司信息披露解释性公告第 1 号——非经常性损益》规定项目之外的，可以计入经常性损益。

保荐机构、发行人律师及申报会计师应对照税收优惠的相关条件和履行程序的相关规定，对发行人税收优惠相关事项的处理及披露是否合规，发行人对税收优惠是否存在较大依赖，税收优惠政策到期后是否能够继续享受优惠进行专业判断并发表明确意见。

案 例 **漯河利通液压科技股份有限公司**

案例简介（问询要点）：

报告期内发行人享受的税收优惠是否合法合规，是否存在被追缴的风险，发行人经营业绩是否依赖于税收优惠。

企业回复（回复要点）：

发行人已在公开发行说明书"第五节 业务和技术"之"六、业务活动合规情况"之"（一）主要资格认证"补充披露如下：公司于 2017 年 8 月 29 日取得编号为 GR201741000319 的《高新技术企业证书》，有效期三年，截至 2020 年 8 月 29 日期满。

依据《中华人民共和国企业所得税法》《中华人民共和国企业所得

税法实施条例》规定的减免税条件，以及《科学技术部、财政部、国家税务总局关于印发＜高新技术企业认定注册办法＞的通知》（国科发火[2016]32号）《国家税务总局关于实施高新技术企业所得税优惠有关问题的公告》（国家税务总局公告2017年第24号）等规定，企业自高新技术企业证书注明的发证时间所在年度起申报享受税收优惠，减按15%的税率缴纳企业所得税；高新技术企业资格期满当年，在通过重新认定前，其企业所得税暂按15%的税率预缴，在年底前仍未取得高新技术企业资格的，应按规定补缴相应期间的税款。

依据财政部、国家税务总局、科技部联合印发《关于提高科技型中小企业研究开发费用税前加计扣除比例的通知》（财税[2017]34号），将科技型中小企业享受研发费用加计扣除比例由50%提高到75%。

报告期内，发行人子公司利通连锁、河南希法、上海希法、挖机无忧满足《关于实施小微企业普惠性税收减免政策的通知》（财税〔2019〕13号）等规定小微企业条件，享受小微企业税收优惠政策，对年应纳税所得额不超过100万元的部分，减按25%计入应纳税所得额，按20%的税率缴纳企业所得税；对年应纳税所得额超过100万元但不超过300万元的部分，减按50%计入应纳税所得额，按20%的税率缴纳企业所得税。

综上所述，公司相关税收优惠合法合规，不存在被追缴的风险，税收优惠对发行人经营业绩影响情况如表8-32所示。

表8-32 情况表

单位：元

税收优惠项目	2021年1-6月	2020年度	2019年度	2018年度
研发加计扣除的影响15%税率	—	1 044 062.77	1 200 353.46	624 835.11
高新技术企业减少10%税率的影响	2 862 104.87	2 152 280.97	3 322 126.5	2 881 993.53
小微企业减少20%税率的影响	5847.67	—	—	—

（续）

税收优惠项目	2021年1—6月	2020年度	2019年度	2018年度
税收优惠影响合计	2 867 952.54	3 196 343.74	4 522 479.96	3 506 828.64
利润总额	1 994 0709.39	35 557 8 37.39	4 522 479.96	3 506 828.64
占比（%）	14.38	8.99	16.89	13.16

报告期内，发行人税收优惠金额占公司利润总额之比在 8.99%~16.89% 之间波动，税收优惠金额虽然对发行人经营业绩有一定影响，但发行人经营业绩不存在依赖于税收优惠的情形。

评析：税收优惠风险是招股说明书中较为常见的被披露的风险之一，一般存在于拟上市企业的经营业绩对税收减免存在重大依赖的情况，如果拟上市企业使用的税收优惠政策发生不利变化，将对其经营业绩产生重大不利影响。实务中，在税收优惠依赖方面需要关注的问题主要有：①地方政府给予的税收优惠缺乏法律依据；②拟上市企业的税收优惠待遇可能面临被撤销的风险；③拟上市企业税收优惠金额占利润总额的比例。

该案例中，发行人说明税收优惠政策，评估是否存在被追缴的风险，评估公司经营业绩是否依赖于税收优惠；保荐机构应对照税收优惠的相关条件和履行程序的相关规定，对发行人税收优惠相关事项的处理及披露是否合规，发行人对税收优惠是否存在较大依赖，税收优惠政策到期后是否能够继续享受优惠进行专业判断并发表明确意见。

11. 股份支付

根据中国证监会《首发业务若干问题解答》：确认股份支付费用时，对增资或受让的股份立即授予或转让完成且没有明确约定服务期等限制条件的，原则上应当一次性计入发生当期，并作为偶发事项计入非经常性损益。对设定服务期的股份支付，股份支付费用应采用恰当的方法在服务期内进行分摊，并计入经常性损益，发行人及中介机构应结合股权激励方案及相关决议、入股协议、服务合同等有关服务期的条款约定，充分论证服务期认定的依据及合理性。

案例　北京汉仪创新科技股份有限公司

案例简介（问询要点）：

请发起人说明天津领富入股发行人所涉的 1 676.20 万元增资款来源支付方，是否为发行人支付；发行人对相关人员支付的奖励款是否为相关购买的费用，相关会计处理的合规性；相关人员利用发行人出资入股发行人是否涉及股份支付。

企业回复（回复要点）：

根据《企业会计准则第 11 号——股份支付》相关规定，股份支付是指企业为获取职工和其他方提供服务而授予权益工具或者承担以权益工具为基础确定的负债的交易。以权益结算的股份支付换取职工提供服务的，应当以授予职工权益工具的公允价值计量；以现金结算的股份支付，应当按照企业承担的以股份或其他权益工具为基础计算确定的负债的公允价值计量。

天津领富入股发行人所涉的 1 676.20 万元增资款均为新美互通对林斯坦、解潇斌和黄强在新美互通（Aa 字库）工作业绩及新美互通成功出售 Aa 字库业务的奖励款。后续三人以整体投后估值 15.93 亿元的价格通过天津领富入股发行人，主要基于对公司未来上市前景的看好（彼时公司已有明确的上市计划且中介团队已入场）。此外，三人的增资价格与最近一次机构投资者的增资价格相同，增资价格公允。

林斯坦、解潇斌和黄强出资入股发行人为其自身的投资行为，并非发行人为了换取其服务而向其授予权益工具或者承担以权益工具为基础确定的负债。且其出资价格为发行人股权的公允价格。因此天津领富以 1 676.20 万元入股发行人事项不涉及股份支付。

评析：发行人应在招股说明书及报表附注中披露股份支付的形成原因、权益工具的公允价值及确认方法。核查的重点包括：股份支付相关权益工具公允价值的计量方法及结果是否合理，与同期可比公司估值是否存在重大差异及原因；对于存在与股权所有权或收益权等相关的限制性条件的，相关条件是否真实、可行，服务期的判断是否准确，服务期各年/期确认的员工服务成本或费用是否准确；发行人报告期内股份支付相关会计处理是否符合《企业会计准则》相关规定等。

是否构成股份支付的一个必备前提是以获取职工和其他方提供服务为目的而进行股权交易或者与股份价值挂钩的奖励方案，如果不是为了获取职工和其他方提供服务的目的而进行股权交易，不属于股份支付的范畴。另外，是否存在与公允价值之间的差额也是判断是否构成股份支付的标准之一。该案例通过获取发行人历史工商档案、历次股权转让或增资的相关决议、协议及款项支付凭证，了解历次转让或增资的背景及价格合理性、公允性，判断天津领富的入股事项是否构成股份支付。

通常情况下，解决股份代持等规范措施导致股份变动，家族内部财产分割、继承、赠与等非交易行为导致股权变动，资产重组、业务并购、持股方式转换、向原股东同比例配售新股等导致股权变动等，在有充分证据支持相关股份获取与发行人获得其服务无关情况下，一般无须作为股份支付处理。

12. 境外收入

根据《全国中小企业股份转让系统精选层挂牌审查问答（一）》：发行人报告期存在来自境外的销售收入的，保荐机构、发行人律师和申报会计师应重点关注下列事项：①境外销售业务的开展情况，包括但不限于主要进口国和地区情况，主要客户情况、与发行人是否签订框架协议及相关协议的主要条款内容，境外销售模式、订单获取方式、定价原则、信用政策等；②发行人在销售所涉国家和地区是否依法取得从事相关业务所必需的法律法规规定的资质、许可，报告期内是否存在被境外销售所涉及国家和地区处罚或者立案调查的情形；③相关业务模式下的结算方式、跨境资金流动情况、结换汇情况，是否符合国家外汇及税务等相关法律法规的规定；④报告期境外销售收入与海关报关数据是否存在较大差异及差异原因是否真实合理；⑤出口退税等税收优惠的具体情况；⑥进口国和地区的有关进口政策、汇率变动等贸易环境对发行人持续经营能力的影响；⑦主要境外客户与发行人及其关联方是否存在关联方关系及资金往来。

根据《北京证券交易所向不特定合格投资者公开发行股票并上市业务规则适用指引第1号》：发行人报告期存在来自境外的销售收入的，保荐机构、发行人律师及申报会计师应重点关注下列事项：

（1）境外销售业务的开展情况，包括但不限于主要进口国和地区情况，主要客户情况、与发行人是否签订框架协议及相关协议的主要条款内容，境外销售模式、订单获取方式、定价原则、信用政策等。

（2）发行人在销售所涉国家和地区是否依法取得从事相关业务所必须的法律法规规定的资质、许可，报告期内是否存在被境外销售所涉及国家和地区处罚或者立案调查的情形。

（3）相关业务模式下的结算方式、跨境资金流动情况、结换汇情况，是否符合国家外汇及税务等相关法律法规的规定。

（4）报告期境外销售收入与海关报关数据是否存在较大差异及差异原因是否真实合理。

（5）出口退税等税收优惠的具体情况。

（6）进口国和地区的有关进口政策、汇率变动等贸易环境对发行人持续经营能力的影响。

（7）主要境外客户与发行人及其关联方是否存在关联方关系及资金

往来。

境外销售业务对发行人报告期经营业绩影响较大的，保荐机构、发行人律师及申报会计师应结合上述事项全面核查发行人的境外销售业务，说明采取的核查程序及方法。保荐机构及发行人律师应就境外销售业务的合规经营情况发表明确意见；保荐机构及申报会计师应就境外销售收入的真实性、准确性、完整性，收入确认是否符合企业会计准则规定，境外销售业务发展趋势是否对发行人持续经营能力构成重大不利影响等发表明确意见。

发行人应在招股说明书中对境外销售业务可能存在的风险进行充分披露。

 惠州市惠德瑞锂电科技股份有限公司

案例简介（问询要点）：

请保荐机构、发行人律师和申报会计师对上述事项进行核查，按照《审查问答（一）》问题19核查境外销售事项，重点说明对境外销售收入的核查情况，包括核查手段、核查内容、核查比例等，对境外收入的真实性及境外资金流转的合法合规性核查并发表意见。

企业回答（要点）：

（1）报告期内主要境外客户基本情况（见表8-33）

表8-33 情况表

单位：元

年度	序号	国家	销售收入	占境外销售比重（%）	占主营业务收入比重（%）
2020年度	1	美国	42 258 867.9	38.03	24.24
	2	德国	31 145 590.66	28.03	17.86
	3	韩国	15 538 333.17	13.98	8.91
	4	阿联酋	8 541 262.6	7.69	4.9
	合计		97 484 054.33	87.73	55.91

报告期各年，上述国家的合计销售金额占境外销售的比例均在 85% 以上。

报告期内，公司在美国、德国、韩国、阿联酋等国家的主要客户情况如表 8-34 所示（截取部分）。

表 8-34 情况表

单位：元

国别	客户名称	2020 年度		2019 年度	
		销售金额	占该国销售总额比例（%）	销售金额	占该国销售总额比例（%）
美国	BRK	24 929 930.00	58.99	18 692 287.72	42.48
	ASCENT	4 803 397.43	11.37	4 970 277.02	11.30
	东莞优卓	3 045 119.62	7.21	11 583 171.7	26.32
	Energizer（含 Spectrum）	3 462 015.25	8.19	5 560 503.07	12.64
	TENERGY	4 303 883.02	10.18	5 430.35	0.01
	小计	40 544 345.32	95.94	40 811 669.86	92.75
德国	VARTA	24 974 796.75	80.19	24 979 577.53	80.83
	小计	24 974 796.75	80.19	24 979 577.53	80.83

报告期内，主要境外销售地区中客户整体保持稳定。Spectrum 2019 年起未再有直接销售，主要原因是其在 2018 年并入 Energizer，订单随之转移至 Energizer；BRK 为美国安防领域品牌制造商，是公司 2018 年新客户；TENERGY 是一家美国知名的电池品牌商，于 2012 年开始合作，2018 年度、2019 年度因其尝试调整供应商结构，降低了对公司的采购量，2020 年其出于品质、服务等因素考虑重新加大对公司的采购；东莞优卓因其在 2020 年进行供应商调整，增加了其他供应商，导致对公司采购金额减少。

公司与主要境外客户签署框架协议情况、相关业务模式及业务约定情况如表 8-35 所示。

表 8-35 情况表

序号	客户名称	框架协议签署情况	框架协议内容	销售模式	订单获取方式	定价原则	信用政策	收款周期	退换货政策
1	VARTA	Supply chain Agreement	客户可不定期向公司发出采购订单，公司负责装运及出口清关，货物交付至客户地点且客户已接受交货后，货物所有权及损毁风险转移至客户，客户应按订单约定向公司付款	ODM	商务洽谈	商务谈判	赊销	月结90天	协商

（1）说明在销售所涉国家和地区是否已依法取得从事相关业务所必需的法律法规规定的资质、许可，报告期内是否存在被境外销售所涉及国家和地区处罚或者立案调查的情形

公司的产品已远销北美、欧洲、亚太等地区，并与多家国际知名品牌企业建立了长期稳定的合作关系。公司已获得 UL、UN、CE、RoHS 等多项认证，能够满足在所出口国家开展销售业务的相关要求。截至报告期末，公司已获表 8-36 所示的认证。

表 8-36 认证情况表

序号	认证名称	基本情况	适用国家
1	UL	美国保险商试验所印证，UL 是美国从事公共安全试验和鉴定的权威机构，凡在美国销售的电子产品均要获得该认证	美国
2	UN	联合国制定的锂电池运输安全标准测试印证方法，是一个比 UL 更严格的测试，被美国运输部及各国航空部门采纳作为标准，要求锂电池必须接受 UN 标准测试，共 8 个测试项目	全球通用
3	CE	凡贴有 CE 标志的产品都可以在欧盟各成员国内销售，无须符合每个成员国的要求，从而实现商品在欧盟各成员国间流通	欧盟成员国
4	RoHS	欧盟于 2006 年 7 月 1 日实施的关于电子电器设备中有害物质限制的指令，要求投发欧盟市场电子电器中铅、汞、六价铬、多溴联苯（PBB）和多溴联苯醚（PBDE）的含量不得超过 1000PPM，镉的含量不超过 100PPM，适用于 8 大类产品	欧盟成员国

截至报告期末，公司取得的进出口业务备案情况如下：

1）2019年10月18日，发行人取得中华人民共和国海关深惠州关核发的《海关进出口货物收发货人备案回执》（海关编码：4413361003），有效期为长期。

2）2020年10月16日，发行人取得惠州市商务局于出具的《对外贸易经营者备案登记表》，备案登记表编号为04792083。

报告期内，公司已依法取得在销售所涉国家和地区从事相关业务所必需的UL、UN、CE、RoHS等多项认证，不存在被境外国家和地区处罚或者立案调查的情形。

（2）境外收入确认时点的合理性

公司外销采用的是物流公司运输方式。公司以取得提单的日期作为出口商品外销收入确认的时点，根据提单和相应的订单、出货单、出厂放行条、报关单等确认收入。

境外销售货物出口报关时，一般先取得报关单再取得提单，发行人以取得提单作为收入确认的时点更为谨慎。发行人收入确认时点合理，不存在提前确认收入的情形，符合《企业会计准则》。

评析：该案例比较全面地诠释了境外收入的确认、核查过程。发行人主要境外销售地区的客户变动较小，客户、销售金额及占比的变动原因明确；发行人境外主要销售国家为美国、德国、韩国、阿联酋，目前中国与德国、韩国、阿联酋贸易政策相对稳定，与美国存在一定贸易摩擦，但目前对公司境外销售影响不大，但是，若未来贸易摩擦升级或其他国际贸易形势发生变化，可能对公司外销业务产生不利影响，发行人已就上述情形进行了风险提示。中介机构已按照《审查问答（一）》问题19核查境外销售事项对公司进行了逐项核查。

境外销售业务对发行人报告期经营业绩影响较大的，保荐机构、发行人律师和申报会计师应结合上述事项全面核查发行人的境外销售业务，说明采取的核查程序及方法。保荐机构及发行人律师应就境外销售业务的合规经营情况发表明确意见；保荐机构及申报会计师应就境外销售收入的真实性、准确性、完整性，收入确认是否符合企业会计准则规定，境外销售业务发展趋势是否对发行人持续经营能力构成重大不利影响等发表明确意见。发行人应在公开发行说明书中对境外销售业务可能存在的风险进行充分披露。

13. 关联方关系与关联交易

根据《全国中小企业股份转让系统精选层挂牌审查问答（一）》：发行人应严格按照《企业会计准则第 36 号——关联方披露》《非上市公众公司信息披露管理办法》和全国股转公司颁布的相关业务规则中的有关规定，完整、准确地披露关联方关系及其交易。发行人的控股股东、实际控制人应协助发行人完整、准确地披露关联方关系及其交易。发行人与控股股东、实际控制人及其关联方之间的关联交易应根据业务模式控制在合理范围。保荐机构、申报会计师及发行人律师应重点关注：关联方的财务状况和经营情况；发行人报告期内关联方注销及非关联化的情况，非关联化后发行人与上述原关联方的后续交易情况；关联交易产生的收入、利润总额合理性，关联交易是否影响发行人的经营独立性、是否构成对控股股东或实际控制人的依赖，是否存在通过关联交易调节发行人收入利润或成本费用、对发行人利益输送的情形；发行人披露的未来减少关联交易的具体措施是否切实可行。保荐机构、申报会计师及发行人律师在核查发行人与其客户、供应商之间是否存在关联方关系时，不应仅限于查阅书面资料，应采取实地走访，核对工商、税务、银行等部门提供的资料，甄别客户和供应商的实际控制人及关键经办人员与发行人是否存在关联方关系。

案例一　成都中寰流体控制设备股份有限公司

案例简介（问询要点）：

请发起人补充披露发行人与收购方的业务承接协议安排，四川科比科在被发行人出售当年成为发行人第二大客户的原因及合理性，发行人与四川科比科关联交易的主要构成、定价公允性及内部决策程序履行情况；说明发行人与蒋某、四川华气清源科技有限公司是否存在关联关系、是否存在应披露未披露的利益安排，发行人与四川科比科及其股东是否存在资金和业务往来、是否仍对四川科比科在经营和财务上存在控制，股权转让是否真实，是否为关联交易非关联化的情形，是否存在利益输送、纠纷或潜在纠纷；说明相关会计处理是否符合《企业会计准则》的规定。

企业回复（回复要点）：

（1）发行人与收购方的业务承接协议安排，四川科比科在被发行人出售当年成为发行人第二大客户的原因及合理性，发行人与四川科比科关联交易的主要构成、定价公允性及内部决策程序履行情况

根据发行人、成都科比科企业管理咨询中心（有限公司）、李瑜、李才军、朱江、陈斯、刘敏、张迪作为四川科比科原股东（以下简称"乙方"或"原股东"）与四川科比科受让方蒋玲玲（以下简称"甲方"）签订的《四川科比科油气工程有限公司股权转让协议》及《＜四川科比科油气工程有限公司股权转让协议＞之补充协议》约定的业务承接协议安排，具体如下：发行人与收购方的业务承接协议安排主要条款（包括基本条款、未接收项目约定主要条款）——四川科比科在被发行人出售当年成为发行人第二大客户的原因及合理性，发行人与四川科比关联交易的主要构成、定价公允性及内部决策程序履行情况。

1）中寰股份与四川科比科关联交易具有合理性。

中寰股份持有四川科比科 51% 股权，故在 2019 年 8 月转让四川科比科股权后 12 个月内，四川科比科仍为公司关联方。发行人与四川科比科发生的交易主要包括以下两类：

①股权转让前产品采购。2019 年 7 月 1 日，中寰股份与四川科比科签署《产品销售合同》，合同金额 1 050 575.00 元，合同内容主要为球阀和气动执行器。中寰股份于 2019 年 10—12 月期间完成了合同约定产品的交付，并确认了产品销售收入。

②股权转让时未接收项目。本次股权转让存在两个未接收项目，分别为大庆装备太阳大寨橇装项目和克拉美丽项目橇外物资采购项目，具体项目执行及会计处理详见公开发行说明书之"第四节 发行人基本情况"之"七、发行人子公司情况"之"（三）报告期收购与处置子公司情况"之"1.四川科比科"之"（3）四川科比科股权转让时定价依据、过程及未接收项目情况"之"4）未接收项目履行情况"。综上，在满足收入确认条件前提下，在四川科比科出售当年（即 2019 年），四川科比科成为公司第二大客户，具有合理性。

2）报告期内，发行人与四川科比科关联交易主要构成。

成都科比科向四川科比科提供成橇设备，具体如表 8-37 所示（截取部分）。

表 8-37 情况表

序号	签订日期	产品	数量	合同金额（元）	平均销售单价（元）	对应项目
1	2019 年	集气站仪控橇	4	3 958 020	989 505	大庆装备太阳大寨橇装项目
		采出水回用处理成套设备	2	2 327 520	1 163 760	
		大庆装备 - 太阳大寨橇装项目设计服务	1	177 234.66	177 234.66	
2	2019 年	出站阀组橇	5	1 005 584	201 116.8	
		进站阀组橇	24	3 706 404	154 433.5	
		仪表风橇	4	970 317	242 579.25	
		清管收球筒橇	18	3 121 788	173 432.67	

3）四川科比科关联交易的公允性。

①大庆装备太阳大寨橇装项目公允性分析。

因橇装项目属于非标类产品，市场上无可比市场公允价格、第三方市场价格。

根据《四川科比科油气工程有限公司股权转让协议之补充协议》，该项目收益应全部归中寰股份所有；但考虑到四川科比科仍为项目执行主体，因此中寰股份作为出让方代表与购买方协商确定，四川科比科收取该项目合同总价 2% 作为项目管理费，其余收益均归中寰股份所有。

该笔关联交易中，四川科比科仅收取合同总价 2% 作为管理费，作为其承担合同履约风险的收益，具有合理性。

四川科比科作为大庆装备太阳大寨橇装项目名义主体，向成都科比科采购橇装设备、向中寰股份采购咨询服务，发行人通过四川科比科执行该项目，毛利率如表 8-38 所示。

表 8-38 毛利率表

单位：万元

类别	项目收入	毛利	毛利率
成都科比科供应设备	1 542.69	348.63	22.6%
中寰股份提供咨询服务	1 012.08	258.13	25.51%
合计	2 554.77	606.76	23.75%

项目合同金额（不含税）A	四川科比科管理费 B=A×2%	发行人对四川科比科毛利 C	还原后项目毛利 D=B+C	还原后项目毛利率
2 606.91	52.14	606.76	658.9	25.28%

综上，发行人四川科比科执行大庆装备太阳大寨橇装项目毛利率为 23.75%，未通过四川科执行的话，大庆太阳大寨橇装项目毛利率测算为 25.28%。

该项目于 2019 年完成，因此该项目与发行人 2018 年、2019 年的设备平均毛利率对照如表 8-39 所示。

表 8-39 毛利率表

大庆装备太阳大寨橇装项目还原后的项目毛利率（A）	2018 年装备平均毛利率（B）	2019 年撬装设备平均毛利率（C）	差异1(A–B)	差异2(A–C)
25.28%	24.56%	28.22%	0.72%	−2.94%

通过表 8-39 可以看出，该项目毛利率与发行人 2018 年、2019 年同类业务毛利率相差较小，不存在重大差异，差异原因系不同项目之间存在定制化。

综上，发行人对四川科比科的交易具有公允性。

② 2019 年度中寰股份向四川科比科提供零部件公允性分析。

报告期内，公司向市场第三方销售类似产品，具体如表 8-40 所示（截取部分）。

表 8-40 情况表

序号	年份	客户	数量	合同金额（元）	平均销售单价（元）
1	2018 年	成都凯瑞特流体控制有限公司	32	1 800 000	56 250
2	2019 年	广西中管新桂机电设备有限公司	7	372 795	53 256.43
3	2019 年	重庆庆云石油工程技术有限责任公司	5	251 336	50 267.2
4	2019 年	中国石油天然气股份有限公司西南油气田物资分公司	9	445 000	49 444.44
5	2020 年	天津百利晨发集团有限公司	1	48 025	48 025

③决策程序。

对于前述产品采购，由于协议签署是在四川科比科股权转让前，系中寰股份合并范围内发生的交易，根据全国股转公司 2017 年 12 月 22 日生效的《全国中小企业股份转让系统挂牌公司信息披露细则》规定，公司无须按照关联交易履行决策和披露程序。

对于股权转让未接收项目产生的关联交易，根据全国股转公司 2017 年 12 月 22 日生效的《全国中小企业股份转让系统挂牌公司信息披露细则》规定，中寰股份无须认定四川科比科为关联方，因此公司未按关联交易相关规定履行决策和披露程序。但根据中国证监会 2019 年 12 月 18 日生效的《非上市公司信息披露管理办法》关于关联方的界定，四川科比科在 2019 年 8 月转让四川科比科股权后 12 个月内，四川科比科仍为公司关联方，因此中寰股份与四川科比科前述交易应该认定为关联交易。

综上，中寰股份于 2020 年 4 月 17 日召开的第二届董事会第九次会议对 2019 年度关联交易补充确认并提交股东大会审议通过；于 2021 年 3 月 23 日召开第二届董事会第十九次会议对 2020 年度发生的关联交易补充确认并提交股东大会审议通过。独立董事在第二届董事会第十九次会议中就追认 2020 年关联交易发表独立意见认为：关联交易系公司业务发展和生产经营正常所需，具有必要性和合理性，关联交易采用市场定价原则，定价方式公允，不存在损害公司及全体股东特别是中小股东利益的情形。

评析：关联交易很容易造假，引起虚增收入、成本费用等现象，因此要求存在关联交易情况的企业提高信息披露有效性、充分性，这是净化市场、提高上市公司质量、保护投资者的必要措施。该案例展示了发行人与四川科比科关联交易的主要构成、定价公允性及内部决策程序是否为关联交易非关联化的情形，是否存在利益输送。

发行人履行关联交易相关情况应重点关注：关联方的财务状况和经营情况；发行人报告期内关联方注销及非关联化的情况，非关联化后发行人与上述原关联方的后续交易情况；关联交易产生的收入、利润总额合理性，关联交易是否影响发行人的经营独立性、是否构成对控股股东或实际控制人的依赖，是否存在通过关联交易调节发行人收入利润或成本费用、对发行人利益输送的情形；发行人披露的未来减少关联交易的具体措施是否切实可行等。

案例二 山西科达自控股份有限公司

案例简介（问询要点）：

结合《企业会计准则第36号——关联方披露》《非上市公众公司信息披露管理办法》和相关业务规则的规定，说明是否充分披露关联方、关联关系和关联交易的情况，关联自然人控制或施加重大影响的其他企业是否已完整披露。

企业回复（回复要点）：

关联方及关联关系根据《公司法》和《企业会计准则》等法律法规的有关规定，截至本公开发行说明书签署日，公司的关联方、关联关系情况如下：

（1）控股股东、实际控制人及其一致行动人

公司控股股东、实际控制人为付国军、李惠勇，一致行动人为李更新、陈浩、高波、常青、季金荣、温晋忠、段克非、齐润平、张飚、张志峰、张永红、联盈科创。

（2）其他持有公司 5% 以上股份的股东

截至本公开发行说明书签署日，除公司控股股东、实际控制人及其一致行动人外，持有公司 5% 以上股份的股东为汇峰合盛、深创投及其一致行动人山西红土、金瑞兴业及其一致行动人嘉成兴业，具体详见本公开发行说明书"第四节发行人基本情况"之"四、发行人股东及实际控制人情况"之"（二）持有发行人 5% 以上股份的主要股东"。

（3）控股股东、实际控制人直接控制、间接控制的或施加重大影响的，或由其担任董事、高级管理人员的除发行人及其子公司以外的其他企业

截至本公开发行说明书签署日，除本公司及其控股子公司外，公司控股股东、实际控制人控制的其他企业包括泽州县汇丰苑农林科技有限

公司、山西科达智能科技有限公司、太原寿康食品有限公司、山西诚远投资管理有限公司和上海玺汇投资咨询有限公司，具体详见本公开发行说明书"第四节发行人基本情况"之"四、发行人股东及实际控制人情况"之"（三）控股股东、实际控制人所控制的其他企业"。除本公司及其控股子公司外，发行人控股股东担任董事、高级管理人员的其他企业为百强中兴投资基金管理（北京）股份有限公司，实际控制人付国军担任董事长。

（4）发行人控股股东、实际控制人家庭关系密切的家庭成员及前述人员直接控制、间接控制的或施加重大影响的，或由其担任董事、高级管理人员的除发行人及其子公司以外的其他企业

发行人控股股东、实际控制人其关系密切的家庭成员，包括其配偶、年满18周岁的子女及其配偶、父母及配偶的父母、兄弟姐妹及其配偶、配偶的兄弟姐妹、子女配偶的父母。前述关联方直接控制、间接控制的或施加重大影响的，或由其担任董事、高级管理人员的除发行人及其子公司以外的其他企业如表8-41所示（截取部分）。

表8-41 情况表

序号	企业名称	关联关系
1	智新启华科技（深圳）有限公司	董事长付国军担任监事；付国军的儿子付磊持股100%，担任董事兼总经理
2	太原旭汇商务咨询有限公司	实际控制人付国军的配偶持股20%，李惠勇的姐妹持股50%。2021年7月5日注销
3	运城加誉投资咨询服务有限公司	实际控制人付国军的配偶持股33.33%，李惠勇的配偶卢杏玲持股33.33%。2021年7月15日注销
4	山西中发天成招标代理有限公司	实际控制人付国军的配偶持股20%，李惠勇的配偶卢杏玲持股33.33%。2021年6月17日注销
5	山西中科炭能新材料科技有限公司	实际控制人李惠勇的儿子持股23%
6	北京同达合创信息技术有限公司	报告期内实际控制人李惠勇儿子的配偶持股30%

发行人控股股东、实际控制人及其关系密切的家庭成员直接控制、间接控制的或施加重大影响的,或由其担任董事、高级管理人员的除发行人及其子公司以外的其他企业存在注销情形。具体如表8-42所示。

表8-42 情况表

序号	企业名称	设立原因	经营期限	注销原因
1	山西诚远投资管理有限公司	拟从事投资管理相关业务	2009.8.31—2019.8.30	2011年吊销,后无经营,为规范管理注销
2	太原旭汇商务咨询有限公司	拟从事商务咨询相关业务	2007.2.9—2017.2.4	经营期限届满于报告期之前,报告期内无实际经营,故注销
3	运城加誉投资咨询服务有限公司	拟从事投资管理相关业务	2006.7.3—2009.5.7	
4	山西中发天成招标代理有限公司	拟从事招标代理相关工作	2006.4.24—2013.3.23	
5	霍林郭勒国贤服装加店	设立于商场内的布艺服装加工个体商户	1993.5.19—2008.3.31	2017年注销,已不实际开展业务

(5)发行人控股子公司及参股公司

截至本公开发行说明书签署日,公司控股子公司包括中科智能、科自达、科达玉成、科达星空、唐柏通讯、科达富升、科达西门、天科信安、物联网技术中心、中滦科技,具体详见本公开发行说明书"第四节发行人基本情况"之"七、发行人子公司情况"。

(6)自然人关联方

公司董事、监事、高级管理人员及其关系密切的家庭成员(包括其配偶、父母及配偶的父母、兄弟姐妹及其配偶、年满18周岁的子女及其配偶、配偶的兄弟姐妹和子女配偶的父母)均为公司的自然人关联方。公司董事、监事、高级管理人员的具体情况详见本公开发行说明书"第四节发行人基本情况"之"八、董事、监事、高级管理人员"。

（7）自然人关联方直接控制、间接控制的或施加重大影响的，或担任董事、高级管理人员的其他企业。报告期内关联自然人在其为公司关联方时，其关系密切的家庭成员，包括其配偶、年满18周岁的子女及其配偶、父母及配偶的父母、兄弟姐妹及其配偶、配偶的兄弟姐妹、子女配偶的父母为发行人关联方。

评析：该案例充分披露关联方、关联关系和关联交易的情况。中介机构应对发行人的关联方认定，关联交易信息披露的完整性，关联交易的必要性、合理性和公允性，关联交易是否影响发行人的独立性、是否可能对发行产生重大不利影响，以及是否已履行关联交易决策程序等进行充分核查并发表意见。

14. 销售费用

根据《公开发行证券的公司信息披露内容与格式准则第46号——北京证券交易所公司招股说明书》：发行人盈利能力分析应按照利润表项目对最近三年及一期经营成果变化的原因、影响因素、程度和风险趋势进行充分说明，包括但不限于下列内容：……（四）最近三年及一期销售费用、管理费用、财务费用的构成及变动情况，说明上述费用占同期营业收入的比例，以及与主营业务的匹配情况，并解释异常波动的原因；与同行业可比公司相比如存在显著差异，应结合业务特点和经营模式分析原因。

案例 先正达集团股份有限公司

案例简介（问询要点）：

请发行人：①说明销售经费及服务费的主要构成；会议费、第三方服务费的发生原因及支付对象；②结合招股说明书所披露的产品结构、经营规模、销售区域等因素的具体影响，进一步分析销售费用率高于境内外同行业公司的原因，与境外公司的比较情况。并结合发行人未来发展计划及经营模式，分析销售费用率较高的情形是否将持续。请申报会计师进行核查并发表明确意见。

企业回复（回复要点）：

（1）说明销售经费及服务费的主要构成；会议费、第三方服务费的发生原因及支付对象

报告期内，销售经费及服务费为519 849万元、505 726万元和491 801万元，占销售费用的比例分别为32.95%、30.85%和29.70%。销售经费及服务费主要包括为销售团队提供技术等支持性服务的费用、销售团队的会议费和差旅费、其他第三方服务费以及办公费等。

为销售团队提供技术支持等支持性服务的费用约占销售经费及服务费的30%。主要包括发行人销售部门使用处理客户订单和发票的SAP系统、高级客户关系管理系统（"CRM系统"）为销售团队提供支持性服务，以及公司不定期地对上述系统支付运营、维护和更新的费用。

会议费和差旅费约占销售经费及服务费的12%。该部分费用主要包括参加客户的会议、公司地区性或国家性销售会议产生的差旅费用和住宿费用。为总结销售问题，提高销售效率，商定营销计划，设定销售目标，公司定期和不定期地召开不同规模的销售会议。每个业务单元都会定期审查计划用于销售和营销的支出金额和类别。每个业务单元均会为所有销售费用类别制定年度预算并监控预算的执行情况。此外，所有差旅费均须经批准，仅用于业务相关目的，并符合公司关于会议费和差旅费的相关政策。

其他第三方服务费约占销售经费及服务费的12%。该部分费用主要为公司向市场研究机构（如CropLife International等）支付的市场研究服务费用。办公费约占销售经费及服务费的16%，主要包括支付销售部门房租等相关费用。

（2）结合招股说明书所披露的产品结构、经营规模、销售区域等因素的具体影响，进一步分析销售费用率高于境内外同行业公司的原因，与境外公司的比较情况

境外同行业公司中，美股上市公司科迪华主要在全球范围从事植保和种子产品的研发、生产和销售，2020年营业收入142.17亿美元，其中植保业务收入占比为45.45%，种子业务收入占比为54.55%；富美实主要在全球范围从事植保产品的研发、生产和销售，2020年营业收入46.42亿美元，其中植保业务收入占比达92.62%。作为全球农化行业龙头企业，科迪华和富美实的收入规模较大，产品销售网络遍布全球，与发行人在业务规模及销售区域等方面均较为可比；与拜耳相比，科迪华和富美实的主营业务构成与发行人更为接近，营业收入中植保及种子业务占比均达到90%以上。报告期内，先正达集团销售费用占营业收入的比重与境内外同行业公司的比较情况如表8-43所示。

表8-43 数据比较表

证券简称（代码）	2020年度	2019年度	2018年度
诺普信（002215.sz）	9.73%	11.5%	11.85%
联化科技（002250.sz）	0.24%	1.53%	1.33%
利尔化学（002258.sz）	2.51%	3.2%	2.9%
隆平高科（000998.sz）	11.62%	11.85%	10.04%
登海种业（002041.sz）	7.89%	11.05%	15.24%
丰乐种业（000713.sz）	5.16%	6.65%	7.16%

科迪华与富美实为美国上市企业，财务报告披露口径与境内不同，仅披露销售费用和管理费用之和，因此上述境外同行业公司数据为其销售与管理费用率。报告期内，先正达集团管理费用与销售费用的费用率之和分别为19.43%、20.35%和18.73%，科迪华与富美实的平均费用率为19.87%、19.67%和18.94%，两者较为相近。

报告期内，先正达集团销售费用率为11.29%、11.34%和10.90%，境内同行业公司的平均销售费用率为7.35%、7.03%和5.57%，先正达集团销售费用率高于境内同行业公司平均销售费用率，主要原因如下：

1）产品结构不同。

发行人的主营业务包括植保、种子、作物营养及现代农业服务，其中植保和种子业务占比较高且销售费用率接近。与发行人相比，境内同行业公司的主营业务构成相对单一，与发行人在业务结构上存在一定差异。境内同行业公司中，诺普信、联化科技及利尔化学为植保行业上市公司，隆平高科、登海种业及丰乐种业为种子行业上市公司，云天化和新洋丰为作物营养上市公司。除整体业务结构存在差异外，对于各细分业务，发行人与境内同行业公司在产品特征及产品种类上亦存在差异。

就植保产品而言，境内同行业公司中，诺普信与发行人销售费用率接近，联化科技和利尔化学销售费用率低于发行人，主要是各家公司产品结构和销售渠道存在差异。发行人的制剂产品主要为创新性的品牌产品，销售渠道以遍布全球的分销商为主，产品通过分销商面向终端客户，维护销售渠道和终端客户的人力成本相对较高，需要更多的市场和营销费用支出。境内同行业公司中，诺普信的主营业务以植保制剂的生产销售为主，销售渠道以县市级分销商和乡镇零售大店为核心，产品种类和销售模式与发行人较为接近，因此整体销售费用率亦较高。联化科技及利尔化学的植保业务以植保原药及中间体的生产销售为主，由于原药及中间体主要用于植保制剂的加工合成，其客户主要为国内及国际农化企业，下游客户较为集中，销售渠道的维护成本较低，两家公司2020年销售人员占比均低于5%，销售人员占比远低于发行人，因此整体销售费用率较低。

就种子产品而言，境内同行业公司中，隆平高科和登海种业的主营业务为种子产品销售，销售费用率与发行人较为接近；丰乐种业的销售费用率较低，主要系其主营业务包括种子、农化及香料业务，其中农化产品包括原药及化肥产品，收入占比超过70%。与种子产品主要通过分销商面向农户的销售模式不同，农化产品主要直接销售给下游生产厂商，因此，丰乐种业的整体销售费用率相对较低。就作物营养产品而言，报告期内，发行人作物营养产品的销售收入占整体收入比例较低，因此整体销售费用率与同行业主营作物营养生产销售的云天化及新洋丰存在差异。

2）经营规模和销售区域不同。

与发行人相比，境内同行业公司主营业务较为单一，经营规模相对较小，销售区域总体以境内为主，其2020年境内及境外收入占比情况如表8-44所示。

表8-44 数据表

公司名称		2020年营业收入			2020年销售费用
		金额（万元）	境内收入占比	境外收入占比	
诺普信（002215.sz）		413 142	99.05%	0.52%	9.73%
联化科技（002250.sz）	工业业务	449 024	30.4%	63.51%	0.24%
	贸易业务	1 052	0.11%	0.11%	
利尔化学（002258.sz）		496 875	61.96%	37.89%	2.51%
隆平高科（000998.sz）		329 053	93.04%	6.96%	11.62%

先正达集团主营业务包括植保、种子、作物营养及现代农业服务，经营规模远高于境内同行业公司。其中植保和种子业务销售遍布全球，主要覆盖拉美、欧洲、非洲及中东、北美、亚太地区及中国等地。与境内同行业公司相比，先正达集团的产品结构、经营规模、销售区域不完全一致。

综上，发行人管理与销售费用率与境外同行业公司相近，销售费用率与境内产品结构和销售模式相似的同行业公司接近，与其他境内同行业公司差异主要系产品结构、经营规模和销售区域的不同，具有合理性。

（3）结合发行人未来发展计划及经营模式，分析销售费用率较高的情形是否将持续

未来短期内，预计发行人的产品结构和经营模式保持稳定，各业务条线均衡发展，发行人未来发展计划需要稳定的营销费用支出投入，因而预计未来销售费用率将保持稳定。

就植保产品而言，发行人计划继续进行植保研发相关投入以应对日益严峻的病虫草害抗性问题，同时将非专利化合物进行复配，开发高性价比的新产品，提高植保业务收入和市场占有率。由于发行人植保产品主要为创新性的品牌产品，为开拓全球市场，需要强大的商务团队和覆盖全球的销售网络予以支持，因此，预计发行人的销售费用金额将与收入金额实现同步变动。发行人在全球各主要市场均建有植保产品的营销网络和体系，并配置专门的销售队伍，为客户提供技术服务、产品推广和市场支持。植保产品的销售主要通过分销模式或直销模式向终端用户（农户）进行销售，这一经营模式在可预计的将来不会发生变化，因此发行人整体销售费用率将保持稳定。

就种子业务而言，未来发行人将通过创新引领农业转型，抓住生物育种技术和基因编辑技术在中国的市场机遇，同时开发新的杂交小麦品种并推动植物基蛋白质领域的发展，增加种子产品多样性，从而提高种子收入水平。由于将新的种子产品推广至全球各地需要更多的营销费用支出，因此，新产品增加种子业务收入的同时也使得销售费用同步增长。发行人通过分销商与零售商销售种子；除各类产品销售外，公司还将部分种子产品和性状许可给第三方，并取得授权收入。未来发行人种子销售的业务模式将继续保持稳定，使得公司整体销售费用率将保持稳定。

就作物营养而言，发行人针对作物营养业务构建了多元化的渠道营销服务体系，形成了面对不同客户群的差异化营销和产品组合方案。由于作物营养产品属于传统的资源密集型产业，产品和销售渠道较为稳定，

因而作物营养产品销售费用率较低且预计将保持稳定。

综上，预计未来短期内发行人销售费用率将保持稳定，不会出现大幅波动。

评析： 销售费用是企业上市过程中除毛利率以外关注最多的一个科目之一，销售费用的波动直接关系到企业营业收入的真实性，审核机构可以从销售费用波动中关注到营业收入波动的真实情况。而很多营业收入造假的案例都是从销售费用的异常波动中发现线索从而追查出来的。费用的异常波动必然也是由业务的变化所引起的，异常波动只要是真实发生，能够由正常业务合理解释，都是可以接受的。

本案例核查要点： 该案例通过对公司管理层访问，了解销售经费及服务费的主要构成、主要发生原因及支付对象；取得报告期内发行人销售费用明细表，分析公司销售费用构成，检查是否存在异常或变动幅度较大的情况，分析变动原因及其合理性；了解销售费用率与同行业公司的对比情况及差异原因，分析发行人销售费用率未来变化趋势。

15. 现金分红

根据《全国中小企业股份转让系统精选层挂牌审查问答（一）》：发行人申报前就已提出了现金分红、分派股票股利或资本公积转增股本方案的，应充分披露相关方案的执行是否对发行人符合发行条件和精选层进层条件造成影响，相关方案应在中国证监会核准发行前执行完毕；保荐机构应对前述事项的披露情况和相关方案执行完毕后发行人是否符合发行条件和精选层进层条件发表明确意见。发行人在申报受理后至进入精选层前原则上不应提出分派股票股利或资本公积转增股本的方案。

根据《北京证券交易所向不特定合格投资者公开发行股票并上市业务规则适用指引第1号》：

1）申报前提出权益分派方案。发行人申报前就已提出了现金分红、分派股票股利或资本。

公积转增股本方案的，应充分披露相关方案的执行是否对发行人符合发行条件和上市条件造成影响，相关方案应在中国证监会同意注册前执行完毕；保荐机构应对前述事项的披露情况和相关方案执行完毕后发行人是否符合发行条件和上市条件发表明确意见。

2）审核期间新增现金分红方案。发行人在申报受理后至上市前原则上不应提出分派股票股利或资本公积转增股本的方案。发行人在审期间提出现金分红方案的，保荐机构和发行人应按重大事项报告要求及时进行报告，并遵循如下原则进行处理：

①发行人如拟现金分红的，应依据公司章程和相关监管要求，充分论证现金分红的必要性和恰当性，以最近一期经审计的财务数据为基础，测算和确定与发行人财务状况相匹配的现金分红方案，并履行相关决策程序。如存在大额分红并可能对财务状况和新老股东利益产生重大影响的，发行人应谨慎决策。

②发行人的现金分红方案应在中国证监会同意注册前执行完毕。

③已通过上市委员会审议的企业，在上市前原则上不应提出新的现金分红方案。

保荐机构应对发行人在审核期间进行现金分红的必要性、合理性、合规性进行专项核查，就实施现金分红对发行人财务状况、生产运营的影响，相关方案执行完毕后发行人是否符合发行条件和上市条件发表明确意见。

案例 **无锡吉冈精密科技股份有限公司**

案例简介（问询要点）：

现金紧张情况下大额现金分红的合理性。报告期内，发行人在资金紧张的情况下进行了三次权益分派，合计分红6 408.95万元。请发行人：

①结合资产负债情况等,说明报告期进行现金分红的主要考虑及合理性,现金分红是否会进一步提高发行人流动性风险,是否会影响发行人持续经营能力,是否存在大股东利用优势地位大额分红损害发行人及中小股东利益的情形;②结合相关公司治理制度,说明发行人进行权益分派的决策流程,在股权高度集中的情况下相关内控制度是否实际有效。

企业回复(回复要点):

(1)说明报告期进行现金分红的主要考虑及合理性

2018 年至 2019 年,控股股东周延持股 80.00%,其姐姐周斌持股 20.00%,公众性相对较低;且由于新三板挂牌公司的分红免税政策,主要股东获得较大的个税减免优惠。经过多年持续发展的积累,整体财务状况及盈利能力良好,公司具备现金分红的能力和条件。

报告期内,公司在精密金属制造业深耕多年,经营状况良好,具备持续稳定的盈利能力。在保持稳健经营的基础上,股东共享公司经营效益,进行权益分派。高额分红后,公司流动比例和资产负债率均未发生重大变化,公司偿债能力和流动性仍保持在合理水平,对公司财务状况影响较小,不会影响公司的正常生产经营。综上,公司报告期内在不影响发展的前提下,出于对新三板分红税收优惠的考虑,进行现金分红,具备合理性。

(2)现金分红是否会进一步提高发行人流动性风险,是否会影响发行人持续经营能力

报告期内,公司经营状况良好,归属于母公司所有者的净利润分别为 2 444.94 万元、2 682.45 万元、4 284.07 万元及 2 799.87 万元,经营所得现金可以满足分红及生产经营需要;公司营业收入分别为 19 960.36 万元、20 821.25 万元、26 018.27 万元及 17 003.80 万元,经营活动产生的现金流量净额分别为 2 003.05 万元、3 659.02 万元、2 549.47 万元及

1 426.88万元，具有稳定的盈利能力和现金流量；公司资产负债率分别为56.42%、58.94%、55.01%和53.95%，流动比率分别为1.20倍、1.08倍、1.26倍和1.28倍，速动比率分别为0.86倍、0.79倍、0.92倍和0.81倍，均未发生重大变化，公司偿债能力及流动性仍保持在合理水平。报告期内，公司现金分红与当时的财务状况相匹配，均未超过当期合并报表未分配利润，不存在超额分配的情形，不存在对公司财务状况、生产运营产生不利影响的情形。

因此，公司现金分红未进一步提高流动性风险，不影响持续经营能力。

（3）是否存在大股东利用优势地位大额分红损害发行人及中小股东利益的情形

报告期内，公司行使现金分红时，控股股东周延持股达80.00%，其姐姐周斌持股达20.00%，不存在其他中小股东，公众性相对较低。经过多年持续发展的积累，整体财务状况及盈利能力良好，公司具备分红的能力和条件，未因大额现金分红导致企业经营活动受到影响，现金分红与公司的财务状况相匹配。

2020年，公司完成定向发行股票，并通过二级市场向公众股东转让股票。随着公司公众性提高，业务规模扩大，在充分考虑公众股东利益、经营情况和资金需求的前提下，公司合理制定分红方案，2020年度未采用现金分红进行利润分配。

公司各年度分红均基于当期经营业绩，并在充分考虑业务发展资金需求的前提下进行合理分配。其中，2020年，公司业务规模扩张较快，营业收入为26 018.27万元，同比增长24.96%；公司客户开拓情况良好，订单增量较多；对子公司武汉吉冈的持续投入，以及募投项目的实施，均对流动资金有更多的需求。公司完成定向发行募集资金，并进一步完善公司治理结构，同时结合经营情况和资金需求，2020年度公司未采用现金分红，权益分派方案为未分配利润、资本公积转增股本。

公司历次利润分配已经充分地进行了审议程序和信息披露。同时，根据现行和精选层挂牌后适用的《公司章程》，明确规定控股股东不得利用利润分配、资产重组、对外投资、向关联方资金拆出、借款担保等方式损害公司和其他股东的合法权益；公司制定了精选层挂牌后适用的《利润分配管理制度》，公司的利润分配决策合法合规，利润分配制度完整有效，充分保证了公司及中小股东利益。

公司已制定完整的《利润分配管理制度》，对利润分配顺序、利润分配政策、利润分配监督约束机制、利润分配的执行及信息披露等事项做出约定，公司将重视对投资者的合理投资回报，并兼顾公司的长远利益和可持续发展进行利润分配方案的制定。

评析：该案例展示了报告期进行现金分红的主要考虑及合理性，现金分红是否会进一步提高发行人流动性风险，是否会影响发行人持续经营能力，是否存在大股东利用优势地位大额分红损害相关人利益。

发行人是在审期间提出现金分红方案的，应按重大事项报告要求及时进行报告，并遵循如下原则进行处理：①发行人如拟现金分红的，应依据公司章程和相关监管要求，充分论证现金分红的必要性和恰当性，以最近一期经审计的财务数据为基础，测算和确定与发行人财务状况相匹配的现金分红方案，并履行相关决策程序。如存在大额分红并可能对财务状况和新老股东利益产生重大影响的，发行人应谨慎决策。②发行人的现金分红方案应在中国证监会核准发行前执行完毕。③已通过挂牌委员会审议的企业，在进入精选层前原则上不应提出新的现金分红方案。④保荐机构应对发行人在审核期间进行现金分红的必要性、合理性、合规性进行专项核查，就实施现金分红对发行人财务状况、生产运营的影响，相关方案执行完毕后发行人是否符合发行条件和精选层进层条件发表明确意见。

16. 招股说明书财务报告审计截止日后的信息披露

根据《北京证券交易所向不特定合格投资者公开发行股票并上市业务规则适用指引第 1 号》：发行人提交的招股说明书应当充分披露财务报告审计截止日后的财务信息及主要经营状况，保荐机构应关注发行人在财务报告审计截止日后经营状况是否发生重大变化，并督促发行人做好信息披露工作。

（1）申请文件信息披露要求

1）发行人财务报告审计截止日至招股说明书签署日之间超过 1 个月的，应在招股说明书"重大事项提示"中披露审计截止日后的主要经营状况。相关情况披露的截止时点应尽可能接近招股说明书签署日。如果发行人生产经营的内外部环境发生或将要发生重大变化，应就该情况及其可能对发行人经营状况和未来经营业绩产生的不利影响进行充分分析并就相关风险作重大事项提示。

2）发行人财务报告审计截止日至招股说明书签署日之间超过 4 个月的，应补充提供经会计师事务所审阅的期间 1 个季度的财务报表，超过 7 个月的，应补充提供经会计师事务所审阅的期间 2 个季度的财务报表。发行人提供季度经审阅的财务报表的，应在招股说明书管理层分析中以列表方式披露该季度末和上年末、该季度和上年度同期及年初至该季度末和上年同期的主要财务信息，包括但不限于：总资产、所有者权益、营业收入、营业利润、利润总额、净利润、归属于母公司股东的净利润、扣除非经常性损益后归属于母公司股东的净利润、经营活动产生的现金流量净额等，并披露纳入非经常性损益的主要项目和金额。若该期的主要会计报表项目与财务报告审计截止日或上年同期相比发生较大变化，应披露变化情况、变化原因以及由此可能产生的影响，并在"重大事项提示"中披露相关风险。发行人应在招股说明书"重大事项提示"

中提醒投资者，发行人已披露财务报告审计截止日后经会计师事务所审阅的主要财务信息（如有）及经营状况。

3）发行人应在招股说明书"重大事项提示"中补充披露下一报告期业绩预告信息，主要包括年初至下一报告期末营业收入、扣除非经常性损益前后净利润的预计情况、同比变化趋势及原因等；较上年同期可能发生重大变化的，应分析披露其性质、程度及对持续经营的影响。若审计截止日后发行人经营状况发生较大不利变化，或经营业绩呈下降趋势，应在招股说明书"风险因素"章节及"重大事项提示"中披露相关风险。

4）前述经会计师事务所审阅的季度财务报表应当在申报、回复问询等提交申请文件或发行阶段更新招股说明书时提供，提供时需一并完成相关信息披露文件的更新。

（2）发行人及中介机构相关监管要求

1）发行人及其董事、监事、高级管理人员需出具专项声明，保证审计截止日后的财务报告不存在虚假记载、误导性陈述或者重大遗漏，并对其内容的真实性、准确性及完整性承担连带责任。发行人单位负责人、主管会计工作负责人及会计机构负责人（会计主管人员）应出具专项声明，保证该等财务报告的真实、准确、完整。会计师事务所就该等财务报表出具审阅意见的，应当切实履行审阅责任，保持应有的职业谨慎。

2）前述经审阅财务报表与对应经审计财务报表存在重大差异的，保荐机构及申报会计师应在15个工作日内向中国证监会、本所报告，说明差异原因、性质及影响程度。发行人按规定因终止审核等事项拟申请复牌或者因公开发行股票完毕拟上市的，如前述经审阅财务报表尚未完成审计，保荐机构及申报会计师应当结合当前审计程序执行情况，就经审阅财务报表与将完成的对应经审计财务报表（如有）的差异情况进行核查并出具专项说明，在申请复牌或上市时提交公司监管部门并同步报送上市审核机构；如存在较大差异，发行人应依规及时披露修正公告，并在修正公告中向投资者致歉、说明差异原因。

3）保荐机构应督促发行人切实做好审计截止日后主要财务信息及经营状况信息披露，核查发行人生产经营的内外部环境是否发生或将要发生重大变化，包括但不限于：产业政策重大调整，进出口业务受到重大限制，税收政策出现重大变化，行业周期性变化，业务模式及竞争趋势发生重大变化，主要原材料的采购规模及采购价格或主要产品的生产、销售规模及销售价格出现大幅变化，新增对未来经营可能产生较大影响的诉讼或仲裁事项，主要客户或供应商出现重大变化，重大合同条款或实际执行情况发生重大变化，重大安全事故，以及其他可能影响投资者判断的重大事项等。保荐机构应当在发行保荐书中说明相关结论，并在发行保荐工作报告中详细说明核查的过程、了解并收集到的相关情况、得出结论的依据，并在此基础上就发行人审计截止日后经营状况是否出现重大不利变化出具核查意见。

（3）与挂牌公司定期报告和临时报告信息披露的衔接

1）发行人提供经审阅的季度财务报表前，应先按照挂牌公司信息披露相关监管规定，通过临时公告或在法定期限内披露的定期报告披露经审阅的季度财务报表。

发行人拟提供经审阅的第一季度财务报表的，其公告披露时间不得早于上一年的年度报告的披露时间；发行人拟提供经审阅的第二季度财务报表的，其公告披露时间不得早于对应的半年度报告的披露时间。

2）发行人在财务报告审计截止日至发行启动前披露年度报告的，招股说明书引用的财务报表应当包括该定期报告对应年度经审计的财务报表。发行人应及时更新招股说明书对应期间的财务信息及经营状况，依规做好信息披露和风险揭示。

案例　杭州国泰环保科技股份有限公司

案例简介（问询要点）：

请发行人按照《关于首次公开发行股票并上市公司招股说明书财务报告审计截止日后主要财务信息及经营状况信息披露指引（2020年修订）》相关要求提供财务报告更新情况。

企业回复（回复要点）：

发行人在招股说明书"重大事项提示"中补充披露如下：

提醒投资者关注财务报告审计截止日后公司主要财务信息及经营状况。财务报告审计截止日后至本招股说明书签署日之间，公司经营状况良好，公司主营业务、经营模式未发生重大变化，公司董事、监事、高级管理人员保持稳定，未出现对公司经营能力产生重大不利影响的事项，也未出现其他可能影响投资者判断的重大事项。

（1）2021年1-6月审阅情况

1）会计师事务所的审阅意见

公司财务报告审计截止日为2020年12月31日。天健会计师事务所（特殊普通合伙）对公司2021年6月30日的合并及母公司资产负债表，2021年1-6月的合并及母公司利润表、合并及母公司现金流量表，以及财务报表附注进行了审阅，并出具了《审阅报告》（天健审（2021）9099号）。审阅意见如下：根据我们的审阅，我们没有注意到任何事项使我们相信财务报表没有按照《企业会计准则》的规定编制，未能在所有重大方面公允反映国泰环保公司的合并及母公司财务状况、经营成果和现金流量。

2）发行人专项说明

公司及全体董事、监事、高级管理人员确认招股说明书中披露的信息不存在虚假记载、误导性陈述或者重大遗漏，并对其内容的真实性、准确性及完整性承担相应的法律责任。

公司法定代表人、主管会计工作负责人及会计机构负责人已出具专项声明，保证招股说明书中披露未经审计财务报表的真实、准确、完整。

（2）2021年上半年主要财务信息和经营状况（略）

（3）2021年1–9月业绩预计情况

根据公司经营情况，公司预计2021年1–9月实现营业收入为2.33亿~2.49亿元，较上年同期下降32.73%~36.96%，归属于母公司股东的净利润为0.94亿~1.00亿元，较上年同期下滑29.06%~33.70%，扣除非经常性损益后归属于母公司股东的净利润为0.86亿~0.92亿元，较上年同期下滑33.70%~38.21%。

公司2021年1–9月预计实现营业收入和净利润较上年同期下降幅度较大，主要系2020年1–9月实现成套设备销售收入1.1亿元，实现毛利0.35亿元。剔除成套设备业务影响后，公司2021年1–9月业绩预计与上年同期基本一致。

发行人在招股说明书"重大事项提示"之"四、特别风险提示"及"第四节风险因素"之"三、财务风险"中进行了补充披露如下：

（4）成套设备销售业务引起经营业绩波动的风险

2019年和2020年，公司成套设备销售收入分别为4 903.11万元和10 963.48万元，占主营业务收入的比重分别为13.49%和24.06%；成套设备销售业务实现毛利分别为1 638.20万元和3 500.58万元，占主营业务毛利的比重分别为9.13%和14.21%，对公司当期的经营业绩有较大贡献。

2021年1–6月，公司实现成套设备销售收入1 236.50万元，较上年同期下降81.46%；成套设备销售实现毛利672.62万元，较上年同期下降74.19%。

截至本招股说明书签署日，公司成套设备销订单均已完成交付、验收并实现销售。如未能获取并完成新的成套设备销售订单，将存在公司2021年经营业绩较上年同期下滑的风险。

评析：财务报告审计截止日后的信息披露，是为了进一步提高信息披露质量，增强信息披露的及时性，保护投资者的合法权益。发行人需要切实做好审计截止日后主要财务信息及经营状况信息披露，核查发行人生产经营的内外部环境是否发生或将要发生重大变化，包括但不限于：产业政策重大调整，进出口业务受到重大限制，税收政策出现重大变化，行业周期性变化，业务模式及竞争趋势发生重大变化，主要原材料的采购规模及采购价格或主要产品的生产、销售规模及销售价格出现大幅变化，新增对未来经营可能产生较大影响的诉讼或仲裁事项，主要客户或供应商出现重大变化，重大合同条款或实际执行情况发生重大变化，重大安全事故，以及其他可能影响投资者判断的重大事项等。

本案例中，发行人披露了财务报告审计截止日后公司主要财务信息及经营状况，会计师事务所出具了期后1—6个月财务报告审阅意见，分析了1—9月业绩预计情况。同时对预计有重大影响的潜在风险进行了阐述。

17. 转贷

根据《北京证券交易所向不特定合格投资者公开发行股票并上市业务规则适用指引第1号》："转贷"行为通常是指发行人为满足贷款银行受托支付要求，在无真实业务支持情况下，通过供应商等取得银行贷款或为客户提供银行贷款资金走账通道。首次申报审计截止日后，发行人原则上不能再出现"转贷"情形。中介机构应关注发行人连续12个月内银行贷款受托支付累计金额与相关采购或销售（同一交易对手或同一业务）累计金额是否基本一致或匹配，是否属于"转贷"行为。

如发行人存在"转贷"行为，保荐机构、发行人律师及申报会计师应重点关注下列事项：

（1）关注"转贷"行为的合法合规性，由中介机构对公司前述行为违反法律法规（如《贷款通则》等）的事实情况进行说明认定，是否存在被处罚情形或风险，是否构成重大违法违规，是否满足相关发行上市条件的要求。

（2）发行人对前述行为的财务核算是否真实、准确，与相关方资金往来的实际流向和使用情况，是否通过体外资金循环粉饰业绩。

（3）发行人是否已通过收回资金、完善制度、加强内控等方式积极整改，是否已建立针对性的内控制度并有效执行，且申报后未发生新的不合规资金往来等行为。

（4）相关行为不存在后续影响，已排除或不存在重大风险隐患。

（5）发行人前述行为信息披露充分性，如相关交易形成原因、资金流向和使用用途、利息、违反有关法律法规具体情况及后果、后续潜在影响的承担机制、整改措施、相关内控建立及运行情况等。

案例一　潍坊智新电子股份有限公司

案例简介（问询要点）：

根据公开发行说明书，报告期内公司存在通过供应商取得银行贷款以及为客户提供银行贷款资金走账通道的情形。发行人2020年1-8月通过供应商取得银行贷款的资金往来金额为1 000.00万元，2020年1-7月为客户A及其相关方银行贷款提供资金走账通道的往来金额为14 800.00万元。

（1）转贷发生背景及整改情况。请发行人：①列表补充披露报告期内受托支付取得银行贷款的金额、提供走账通道取得的银行贷款的金额、贷款发放机构、每笔贷款发放日期、期限及转入转出时间、资金往来款方名称及是否与发行人存在关联关系、资金流向及用途、与资金往来款方的销售或采购金额、转贷金额及转贷原因、截至发行说明书签署日是否已履行完毕，是否存在直接支付应收账款的情形。②披露最近一期资产负债表日后发行人仍出现转贷行为的原因，是否已针对性建立内控制度并持续有效执行。③结合与相关方资金往来的实际流向和使用情况、资金使用明细，披露转贷业务的会计处理方式，说明是否符合《企业会计准则》规定，是否存在通过体外资金循环粉饰业绩的情形。

（2）与供应商和客户发生转贷的合理性。请发行人：①补充披露与发行人发生转贷业务的供应商和客户名称及等基本信息，列示报告期各期发生的正常采购或销售金额及占比、转贷金额及笔数，获取贷款的基础合同情况及实际执行情况，是否存在虚增收入或收入确认不准确的情形，发行人及其控股股东、实际控制人、董监高与相应供应商、客户是否存在特殊利益安排。②说明发行人是否通过提供转贷服务以维护客户关系，解除转贷关系是否将影响或已影响双方合作，量化分析对发行人业务经营的影响。

（3）受到处罚情况及风险。请发行人披露转贷行为是否违反《贷款通则》等法律法规规章制度，是否构成重大违法违规，是否存在被处罚情形或风险；就转贷及其影响做重大事项提示。

企业回复（回复要点）：

发行人收入以公司发出商品后与客户对账结果作为确认的依据，不存在虚增收入或收入确认不准确的情形。发行人将正常交易的资金与转贷涉及资金进行区分。

发行人不存在未与转贷合作方沟通，直接发生转贷的情形，也不存在除上述已经在《公开发行说明书》披露以外的转贷行为。

根据相关规定中关联方定义，比泽尔不属于关联方。报告期内比泽尔与发行人未发生交易行为，与发行人不存在特殊的利益安排，未造成发行人利益倾斜的情形。

发行人报告期内，使用转贷资金购买电线、胶壳、端子等货款，不存在向客户或供应商转移资金、虚构交易输送利益的情形，也未用于证券投资、股权投资、房地产投资或国家禁止生产、经营的领域和用途，亦不存在以非法占有为目的的骗贷行为。

评析：在 IPO 审核过程中，"转贷"问题一直是审核机构和监管机构关注的重点。为满足贷款银行受托支付要求，在无真实业务支持情况下，通过供应商等取得银行贷款或为客户提供银行贷款资金走账通道（简称"转贷"行为）。

关于转贷问题的关注点主要有：涉及转贷的公司与公司股东等之间的关系、与发行人之间是否存在交易、是否实质上为发行人关联方；转贷资金的去向，是否构成重大违法违规；是否构成对内控制度有效性的重大不利影响，是否属于主观故意或恶意行为。

参考本案例，发行人可从以下角度回复和整改：

转贷的背景、原因及合理性，不构成重大违法违规的分析；分析资金流向，说明不属于违反《贷款通则》中规定的情节特别严重的情形，发行人不存在被金融监管机构处罚的风险。不存在关联方利用体外资金支付货款、虚减成本、虚构利润的情况；对于报告期内还存在的转贷事实，原则上要求在辅导期内就要开始规范（不能有新增），在申报基准日之前全部清理完毕，不能有余额。最迟在回复问询时应该整改完毕。

案例二　山西科达自控股份有限公司

案例简介（问询要点）：

转贷发生背景及整改情况。根据申报文件，报告期内，发行人存在通过供应商江苏海虹电子有限公司、太原市晋源区奇佳电子服务部、山西晋路同创信息技术有限公司、山西西门高科科技有限公司等多个供应商取得银行贷款的情形，2018年至2020年，转贷的金额分别为3 285万元、4 595万元和1 900万元。请发行人：①列表补充披露报告期内通过转贷取得的银行贷款的金额、贷款发放机构、贷款发放日期及期限、资金往来款方名称及是否与发行人存在关联关系、资金流向及用途、与资金往来款方的销售或采购金额、转贷金额及转贷原因、截至公开发行说明书签署日是否规范完毕。②结合与相关方资金往来的实际流向和使用情况、资金使用明细，披露转贷业务的会计处理方式，说明是否符合《企业会计准则》规定，是否存在通过体外资金循环粉饰业绩的情形。③补充披露报告期内发行人持续通过供应商及关联方转贷的原因，发行人对于转贷等财务不规范情形的整改情况，是否已针对性建立内控制度并能有效执行。④补充披露转贷行为是否违反《贷款通则》等法律法规、规章制度，是否属于主观故意或恶意行为，是否构成重大违法违规，是否存在被处罚情形或风险。

企业回复（回复要点）：

2018年至2020年，为满足经营活动对流动资金的需求，在不具有真实交易背景的情况下，发行人存在通过供应商进行转贷的行为。即银行在发放贷款后，以受托支付方式将贷款资金通过公司账户支付给供应商账户，上述供应商将收到的款项在短时间内转回发行人账户，用于发行人日常经营活动。公司通过供应商进行转贷各期金额分别为3 285万元、4 595万元和1 900万元。

截至本公开发行说明书签署日，公司上述涉及转贷的银行贷款均已归还。2018年至2020年，天科信安为公司实际控制人之一控制的企业，为公司的关联方，公司已于2021年2月收购天科信安，并成为控股子公司。

保荐机构和发行人会计师经过核查采购合同、银行流水、原材料入库凭证等相关材料，认为发行人向上述供应商的实际采购均为真实发生。

综上，发行人财务核算真实、准确，与相关方资金往来的流向符合交易实质。截至本公开发行说明书出具日已规范完毕。

发行人上述转贷行为的财务核算真实、准确，符合《企业会计准则》规定。

发行人在取得银行贷款后均用于日常经营活动，不存在通过体外资金循环粉饰业绩的情形。

2021年，发行人未再发生转贷事项，截至本公开发行说明书签署日，涉及转贷的银行借款均已还清，相关内部控制制度能有效执行。

发行人2018年至2020年存在通过供应商取得银行贷款的情形，上述转贷情形违反了《贷款通则》中关于借款用途和贷款人受托支付等相关规定。

发行人转贷行为具有如下特征：①发行人转贷资金主要用于公司采购原材料等日常生产运营；②发行人转贷资金未用于证券投资、股权投资、房地产投资或国家禁止生产、经营的领域和用途，亦不存在以非法占有为目的的骗贷行为；③发行人均能按期偿还上述通过供应商取得的到期银行贷款本息，在贷款合同履行过程中不存在债务违约情形，未给相关银行造成损失；④发行人未因前述转贷情形受到监管机构行政处罚或被相关银行机构追究违约责任；⑤截至2020年12月31日，转贷资金均已转回至发行人，且至今发行人未再发生新的转贷行为。

综上，上述转贷行为违反了《贷款通则》关于借款用途和贷款人受托支付的相关规定，但不属于恶意行为，不构成重大违法违规行为，不属于《刑法》第175条规定的骗取贷款、票据承兑、金融票证罪、193条规定的贷款诈骗罪。发行人所获贷款等融资均全部用于日常生产经营，贷款等各项融资行为均正常还本付息，未对金融稳定和金融支付结算秩序产生不利影响，发行人亦未因此受到相关监管机构的处罚，上述转贷行为对本次发行不构成实质性障碍。

发行人已取得太原市人民政府金融工作办公室于 2021 年 4 月 12 日出具的《证明》，证明了公司与金融机构的业务合作均在正常的授信范围内，所获贷款等融资均全部用于公司的日常生产经营。未发现公司对金融秩序稳定和金融支付结算秩序产生不利影响的情形，同时未发现相关重大违法违规行为。

评析：本案例中，发行人重点阐述了转贷行为违反了《贷款通则》关于借款用途和贷款人受托支付的相关规定，但不属于恶意行为，不构成重大违法违规行为。转贷的银行贷款均用于日常经营活动，不存在通过体外资金循环粉饰业绩的情形。在审核当期，发行人未再发生转贷事项，截至公开发行说明书签署日，涉及转贷的银行借款均已还清。更为重要的是，发行人同时取得了政府金融部门"未发现相关重大违法违规行为"的证明。

8.3 法律规范类问题

1. 股份代持

根据《全国中小企业股份转让系统业务规则》：股份有限公司申请股票在全国股份转让系统挂牌，不受股东所有制性质的限制，不限于高新技术企业，应当符合下列条件：股权明晰，股票发行和转让行为合法合规。

江苏浦漕科技股份有限公司

案例简介（问询要点）：

请发行人补充披露发行人董事、监事、高管是否存在替实际控制人或主要股东代持股权的情况。

企业回复（回复要点）：

公司董事、高级管理人员芮黎春、芮黎辉，监事薛峰持有的公司股份均系真实出资取得，不存在替实际控制人或主要股东代持股权的情况。

评析： 控股股东以及实际控制人的诚信和经营状况直接影响到市场对上市公司的信心和广大中小投资者的切身利益。为了防止因股权代持引发不必要的纠纷，进而对上市公司的正常经营产生重大不利影响，如存在股份代持的情形，发行人应采取合法合理的方式进行"清理"。

案例二 　金麒麟建设科技股份有限公司

案例简介（问询要点）：

拟入职员工参与股权激励的合理性。为吸引外部人才加盟，2019年5月至6月发行人对部分员工开展股份支付，其中曹鹏、董志刚、李维山、李强、刘子华、王鼎新等6名自然人作为拟入职员工参与本次股份支付，并在股份支付实施前正式入职。请发行人补充披露：①上述6人的工作履历、学历背景，上述6人未入职前即参与员工股权激励的原因，是否存在为他人代持股份的情况，若有，请披露股份代持情况。②公司董事、监事、高级管理人员以及上述6人的近亲属是否在公司客户任职的情况，若有，请披露近亲属姓名、职位、客户名称、项目名称、合同金额。请保荐机构、发行人律师核查并发表明确意见。

企业回复（回复要点）：

为吸引外部人才加盟公司，公司将曹鹏、董志刚、李维山、李强、刘子华、王鼎新等6名拟入职公司的自然人也包含在股份支付名单中，该部分拟入职员工于股份支付实施前均已入职，具体入职情况如表8-45所示。

表 8-45 入职情况表

序号	拟入职员工姓名	任职情况	签订《拟入职员工持股的意向协议》日期	入职时间
1	曹鹏	董事长助理	2019.6.22	2019.12.02
2	董志刚	工程部经理	2019.6.05	2019.08.05
3	李维山	事业部总监	2019.5.01	2019.10.01
4	李强	设计部经理	2019.6.24	2019.07.04
5	刘子华	运维经理	2019.6.18	2019.10.18
6	王鼎新	采购专员	2019.6.08	2019.10.08

上述人员所持股份不存在为他人代持的情况。

经访谈曹鹏、董志刚、李维山、李强、刘子华、王鼎新，查阅其用于出资的银行流水及其填写关联关系调查表，以及出具的确认函，上述人员所持股份不存在为他人代持的情况。

公司董事、监事、高级管理人员以及上述 6 人的近亲属是否在公司客户任职的情况，若有，请披露近亲属姓名、职位、客户名称、项目名称、合同金额。

关于公司董事、监事、高级管理人员以及上述 6 人的近亲属是否在公司客户任职的情况，公司已于公开发行说明书"第四节发行人基本情况"之"四、（三）、其他机构股东情况"中修改、补充披露如下：

报告期内，公司的董事、监事、高级管理人员以及上述 6 人，除下表所列情形之外，公司董事、监事、高级管理人员以及上述 6 人的近亲属不存在公司客户任职的情况（见表 8-46）。

表 8-46 情况表

相关近亲属的任职情况	公司在该任职单位承揽业务的情况
公司设计部经理李强的配偶担任中国人民财产保险股份有限公司沈阳市东陵支公司综合部费用核算岗职务	2018 年度，公司曾承揽中国人民财产保险股份有限公司长春市分公司驻一汽集团支公司维修改造工程，实际结算金额 119.88 万元

经查阅公司董事、监事、高级管理人员以及上述 6 人填写的近亲属

任职情况调查表、报告期内公司的客户清单，访谈董事、监事、高级管理人员以及上述6人，除上表所列情形之外，公司董事、监事、高级管理人员以及上述6人的近亲属不存在公司客户任职的情况。

评析："股份代持"是拟IPO公司必须核查的问题，原则上申报时点前必须解除代持。历史沿革中涉及外资、关联方、员工持股平台、新引入的机构投资者的股权出资或转让，与关联交易、同业竞争相关的股权转让，出现代持概率较大。股份代持整改、清理的难点则在于对股份代持形成、演变及解除过程的确认。

基于企业发展考虑，部分首发企业上市前通过增资或转让股份等形式实现高管或核心技术人员、员工、主要业务伙伴持股。与上市公司实施股权激励相比，首发企业股份支付成因复杂，激励条件不明确，公允价值难以计量。该案例主要集中在股权激励的合理性以及是否存在股份代持，发行人从提供激励对象入职时间、访谈、查阅银行流水、出具关联关系确认函等予以回复。6名拟入职公司的自然人也包含在股份支付名单中，该部分拟入职员工于股份支付实施前均已入职。

股份代持整改方式大致可以分为：隐名股东直接将股份转让给名义股东；将股份转让给实际股东指定的第三方。

2. 同业竞争

根据《全国中小企业股份转让系统精选层挂牌审查问答（一）》：发行人与控股股东、实际控制人及其控制的其他企业间如存在同业竞争情形，认定同业竞争是否对发行人构成重大不利影响时，保荐机构及发行人律师应结合竞争方与发行人的经营地域、产品或服务的定位，同业竞争是否会导致发行人与竞争方之间的非公平竞争、是否会导致发行人与竞争方之间存在利益输送、是否会导致发行人与竞争方之间相互或者单方让渡商业机会情形，对未来发展的潜在影响等方面，核查并出具明确意见。

根据《北京证券交易所向不特定合格投资者公开发行股票并上市业务规则适用指引第 1 号》：发行人与控股股东、实际控制人及其控制的其他企业间如存在同业竞争情形，认定同业竞争是否对发行人构成重大不利影响时，保荐机构及发行人律师应结合竞争方与发行人的经营地域、产品或服务的定位，同业竞争是否会导致发行人与竞争方之间的非公平竞争、是否会导致发行人与竞争方之间存在利益输送、是否会导致发行人与竞争方之间相互或者单方让渡商业机会情形，对未来发展的潜在影响等方面，核查并出具明确意见。

发行人应在招股说明书中，披露保荐机构及发行人律师针对同业竞争是否对发行人构成重大不利影响的核查意见和认定依据。

案例 湖北华阳汽车变速系统股份有限公司

案例简介（问询要点）：

根据公开发行说明书，华丰吉顺、华阳制动、湖北神帆等关联方与发行人同属于汽车配件产业链，发行人与部分关联方企业生产经营所在地均为湖北十堰，且发行人董监高存在持有关联方股份、在关联方兼职等情形，并披露关联方企业"均与发行人存在明显差异，属于同业不竞争，不构成同业竞争"，但未充分说明理由依据。请发行人结合实际经营业务、经营范围、经营区域、产品类型、市场定位等，详细对比分析发行人与关联方的具体差异，充分披露认定关联方与发行人"存在明显差异""不构成同业竞争"的理由依据。

企业回复（回复要点）：

发行人控股股东、实际控制人控制的其他企业中，十堰市首铨昇丰科工贸有限公司主要从事批发业务且已多年未实际经营；十堰华阳投资有限公司主要进行各类产业投资；湖北振鑫物业管理有限公司主要从事物业管理业务；十堰华阳工业园开发有限公司、十堰华阳置业发展有限公司、十堰昇华工业园有限公司主要从事房地产开发、工业园开发等业务，上述公司在所属行业、主营业务等方面均与发行人存在较大差别。

湖北力鸣差速器有限公司与湖北省华阳企业集团实业开发有限公司报告期内未开展过实际业务，已于2019年注销。

湖北神帆专用汽车有限公司为湖北华阳汽车制动器股份有限公司子公司，主要生产自有品牌神帆汽车，该公司现有业务为不动产对外租赁，并未实际开展汽车业务。

襄阳市华丰吉顺汽车零部件有限公司、湖北华阳汽车制动器股份有限公司与公司同属于汽车配件产业链，但细分行业不同。湖北华阳汽车制动器股份有限公司专注于汽车制动器业务，是汽车制动系统领域的二级供应商；襄阳市华丰吉顺汽车零部件有限公司专注于汽车冲压件及汽车底盘部件的业务，是汽车悬挂系统领域的二级供应商；均与发行人存在明显差异，属于同业不竞争，不构成同业竞争。

以下为公司对比华丰吉顺和华阳制动的详细分析，二者的主营业务及主营产品各不相同。

（1）发行人主营业务为商用车变速器零部件的研发、生产与销售，是汽车传动系统领域的二级供应商。

主要产品以专业化的汽车换挡机构系统总成为主，包括汽车拨叉、叉轴、上盖及总成、顶盖及总成、变速箱壳体、操纵装置壳体、离合器壳体、取力器壳体等汽车变速系统相关零部件，发动机支架及其他精密铸钢类零件、铝合金压铸类零件。

（2）华丰吉顺的主营业务为汽车冲压件、汽车底盘零部件的研发、生产与销售，是汽车悬挂系统领域的二级供应商。

主要产品为汽车底盘的冲压件、焊接总成、切割件等。

（3）华阳制动则一直专注于汽车制动器总成及其相关零部件的研发、

制造、销售，是汽车制动系统领域的二级供应商。

主要量产的制动器包括重型铸造蹄制动器、重型冲焊蹄制动器、轻型制动器等。

因此，发行人与华丰吉顺、华阳制动分属于完全不同的行业子分类，主营产品在产品性质、构成、类别、功能、用途等方面完全不同，不存在任何竞争性和相互替代性。主营业务体系完全独立，业务上互相之间不存在任何上下游关系，也不存在其他相同或相似的情形。

评析： 在进行同业竞争判定时，发行人应该从两个维度来进行分析。第一个维度是对主体边界的分析，包括股东、亲属、比例等，即是对"人"的分析；第二个维度是对竞争程度的分析，包括产品类型、目标客户、市场区域等，即是对"业务"的分析。

发行人可以从以下几个方面论证同业不竞争（双方虽然从事的业务相同或相近，但销售区域或销售对象存在很大差异，致使双方并不能形成直接的竞争格局及发生利益冲突的情况）：①主营业务。对双方所提供的产业或服务的功能、种类、形式、价格及核心技术存在相同或相似的程度进行分析比较，并分析双方业务的独立性及可替代程度。②目标群体。对双方提供的产品或服务所针对的目标群体进行分析，可从目标群体的性别、年龄、收入水平、职业及企业客户的细分行业差别等方面进行对比分析，从而判定双方的目标群体的相同或相似程度。③销售区域。对双方提供的产品或服务所能够辐射的区域范围进行对比，分析其相同或相似程度。分析是否存在区域重叠现象，是否存在直接竞争或利益冲突的情况。④客户及供应商。对双方主要客户及供应商进行对比分析，是否存在重要客户或供应商一致的情况，判断其相同或相似程度。同时也可对关联企业与重要客户或供应商发生合作的时间及其原因进行具体分析，分析是否存在通过隐性关系促使关联企业获取客户或供应商的情形，判断是否存在利益输送的现象。

如确实构成重大不利影响的同业竞争,可以通过以下几种方式解决同业竞争的问题:收购合并、资产或股份转让、停业或注销、资产托管等。

虽然在注册制下,从"不得有同业竞争"到"不存在对发行人构成重大不利影响的同业竞争",同业竞争上市"红线"正在悄然松动,但建议发行人尽量避免同业竞争的存在。

3. 关联交易

根据《全国中小企业股份转让系统精选层挂牌审查问答(一)》:发行人应严格按照《企业会计准则第 36 号——关联方披露》《非上市公众公司信息披露管理办法》和全国股转公司颁布的相关业务规则中的有关规定,完整、准确地披露关联方关系及其交易。发行人的控股股东、实际控制人应协助发行人完整、准确地披露关联方关系及其交易。发行人与控股股东、实际控制人及其关联方之间的关联交易应根据业务模式控制在合理范围。

根据《北京证券交易所向不特定合格投资者公开发行股票并上市业务规则适用指引第 1 号》:发行人应严格按照《企业会计准则第 36 号——关联方披露》《上市规则》以及相关业务规则中的有关规定,完整、准确地披露关联方关系及其交易。发行人的控股股东、实际控制人应协助发行人完整、准确地披露关联方关系及其交易。发行人与控股股东、实际控制人及其关联方之间的关联交易应根据业务模式控制在合理范围。

保荐机构、申报会计师及发行人律师应重点关注:关联方的财务状况和经营情况;发行人报告期内关联方注销及非关联化的情况,非关联化后发行人与上述原关联方的后续交易情况;关联交易产生的收入、利润总额合理性,关联交易是否影响发行人的经营独立性、是否构成对控股股东或实际控制人的依赖,是否存在通过关联交易调节发行人收入利润或成本费用、对发行人利益输送的情形;发行人披露的未来减少关联交易的具体措施是否切实可行。

保荐机构、申报会计师及发行人律师在核查发行人与其客户、供应商之间是否存在关联方关系时,不应仅限于查阅书面资料,应采取实地走访,核对工商、税务、银行等部门提供的资料,甄别客户和供应商的实际控制人及关键经办人员与发行人是否存在关联方关系。

保荐机构、申报会计师及发行人律师应对发行人的关联方认定,关联交易信息披露的完整性,关联交易的必要性、合理性和公允性,关联交易是否影响发行人的独立性、是否可能对发行人产生重大不利影响,以及是否已履行关联交易决策程序等进行充分核查并发表意见。

案例一 金麒麟建设科技股份有限公司

案例简介(问询要点):

根据公开发行说明书,沈阳市大东区瀛瑞经贸企业(有限合伙)(以下简称"大东瀛瑞")持有发行人7.71%的股份,与公司主营业务无关,大东瀛瑞部分合伙人为发行人员工。请发行人补充披露大东瀛瑞各合伙人身份,与发行人及其实际控制人、发行人客户、供应商是否存在关联关系,是否能够为发行人获取订单提供便利,是否存在股权代持。

企业回复(回复要点):

大东瀛瑞合伙人构成如表8-47所示。

表8-47 情况表

单位:万元

序号	合伙人	合伙人类型	职务或身份背景	财产份额	比例(%)
1	董玉奎	公司员工	总经理	65.05	13.20
2	吴穷	公司员工	经营部经理	57.23	11.61
3	何俊仕	公司员工	工程部业务经理	36.07	7.32

（续）

序号	合伙人	合伙人类型	职务或身份背景	财产份额	比例（%）
4	丁莹	公司员工	曾任监事会主席、职工代表监事、总经理助理，2021年2月离职	35.35	7.17
5	丁红林	公司员工	项目经理	26.14	5.30
6	王江桥	公司员工	项目经理	18.60	3.77
7	刘云	公司员工	董事、财务总监	18.60	3.77
8	童小燕	公司员工	财务经理	18.00	3.65
9	王传佳	公司员工	监事、预算部经理	12.00	2.43
10	严丽	公司员工	成本核算员	3.60	0.73
11	李成洋	公司员工	项目经理	2.40	0.49
12	马龙沂	外部投资者	原沈阳铁道建设工程有限公司职工，已退休	24.00	4.87
13	张英兰	外部投资者	原沈阳市货运一公司职工，已退休	18.57	3.77
14	王鹤睿	外部投资者	经营沈阳市沈河区金伦语服饰店	18.57	3.77
15	刘晓娜	外部投资者	沈阳食家壹餐饮管理有限公司业务经理	15.72	3.19
16	王春宇	外部投资者	内蒙古公路交通投资发展有限公司工程师	14.40	2.92
17	魏世新	外部投资者	沈阳市皇姑区荣晋美术装饰中心负责人	14.10	2.86
18	林伟	外部投资者	巴林左旗鑫安电力承装有限公司法定代表人	12.00	2.43
19	张锋	外部投资者	沈阳凯利电气有限公司法定代表人	9.28	1.88
20	张志强	外部投资者	沈阳先惠蓝锋广告有限公司法定代表人	9.28	1.88
21	郝开强	外部投资者	南京皓客旺矿业有限公司法定代表人	9.28	1.88
22	范传玉	外部投资者	从事服装贸易工作	9.28	1.88
23	张绪新	外部投资者	从事五金贸易工作	9.28	1.88
24	许芳	外部投资者	自由职业者，以家庭财产进行投资	6.00	1.22
25	李慧颖	外部投资者	内蒙古能源发电兴安热电有限公司员工	6.00	1.22
26	沈海波	外部投资者	曾任公司董事会秘书，现为国盛电力员工	5.58	1.13

（续）

序号	合伙人	合伙人类型	职务或身份背景	财产份额	比例（%）
27	邵秀双	外部投资者	沈阳妙香润商贸有限公司业务经理	5.57	1.13
28	何丽飞	外部投资者	与丈夫刘广恩经营南京卓冠环保科技有限公司	5.57	1.13
29	王迎东	外部投资者	经营无为县艺剪形象设计部	3.71	0.75
30	张玉琴	外部投资者	经营无为县汪记老鸡汤快餐店	3.71	0.75

大东瀛瑞合伙人中，除何俊仕为公司实际控制人丁岗姐夫之外，其他合伙人与丁岗不存在关联关系；大东瀛瑞外部投资者中，除沈海波曾经担任公司董事会秘书外，其他外部投资者与公司及其实际控制人、公司客户、供应商之间不存在关联关系，不存在为公司获取订单提供便利及股份代持情形。

评析： 关联关系的问题既是财务问题，又是法律问题，同时也是业务问题。财务问题是指相关主体可能通过关联交易调节利润，导致财务数据的失真甚至财务造假。业务问题是指关联交易的存在可能影响发行人的独立性，进而影响发行人未来的持续经营能力。法律问题是指关联交易的审议程序以及信息披露情况可能反映出公司治理和内控制度的不完善，并且不当的关联交易还可能损害相关主体的利益。

发行人应当应严格按照《企业会计准则第 36 号——关联方披露》《非上市公众公司信息披露管理办法》和全国股转公司颁布的相关业务规则中的有关规定，完整地认定并披露关联方，做到"应披尽披"。

案例二 潍坊智新电子股份有限公司

案例简介（问询要点）：

根据公开发行说明书，公司以自主生产为主，部分非核心生产环节如组装、贴胶带、线束折弯等进行委外加工，前五大外协供应商中存在较多关联方。请发行人补充披露报告期各期外协加工金额及占营业成本比例，各期与关联外协供应商的交易情况，关联交易金额占同类交易的比重。

企业回复（回复要点）：

报告期内，发行人外协加工金额分别为1 833.54万元、2 710.23万元、4 215.95万元，外协加工金额占营业成本的比重分别为10.11%、14.47%、15.40%。随着发行人经营规模快速增长，外协加工金额相应增大，报告期内发行人逐步加大了外协加工的比例。报告期内，部分外协供应商为发行人关联方，关联方外协金额分别为346.19万元、424.89万元、299.41万元，占外协加工金额的比例分别为18.88%、15.68%、7.10%，关联方外协加工的占比呈逐年降低的趋势。报告期内，部分外协供应商为发行人员工设立，交易金额分别为208.99万元、707.25万元、593.08万元，占外协加工金额的比例分别为11.40%、26.10%、14.07%，2020年度与2019年度相比，员工控制的外协供应商交易金额及占比呈降低趋势。外协加工方式是行业通行做法，有利于提高发行人的经营效率。发行人建立了严格的外协加工管理制度，外协加工金额占公司生产成本比重较小，外协加工为非核心的、操作简单、附加值低的生产环节，外协生产方式对发行人营业成本的影响较小。

评析： 利用关联交易违规向发行人输送利益，是审核中的红线。发行人如存在一定比例的关联交易，建议从以下几个方面进行规范和说明：①报告期内关联交易逐年递减；②结合市场情况和可比上市公司，充分说明关联交易价格与非关联交易价格相比的公允性和该业务的可持续性；③说明关联交易对发行人独立性的影响；④关联交易的销售毛利率符合市场行情；⑤关联交易的必要性。

4.公开承诺

根据《全国中小企业股份转让系统精选层挂牌审查问答（一）》：发

行人及其控股股东或实际控制人曾出具公开承诺的，应当诚实守信，最近 12 个月内不得存在违反公开承诺的情形。

针对发行人及其控股股东或实际控制人做出的尚未履行完毕和新增的公开承诺，发行人和中介机构在进行信息披露和核查时应当重点关注下列事项：

1）承诺事项内容应当具体、明确、无歧义、具有可操作性，符合法律法规和业务规则的相关要求。承诺无法履行或者无法按期履行的，发行人应按照《全国中小企业股份转让系统挂牌公司治理规则》（以下简称《公司治理规则》）的要求及时履行变更程序并做重大事项提示。

2）承诺事项不符合《公司治理规则》相关规定的，承诺相关方应当进行规范，中介机构应当对规范后的承诺事项是否符合《公司治理规则》的规定发表意见。

根据《北京证券交易所向不特定合格投资者公开发行股票并上市业务规则适用指引第 1 号》：发行人及其控股股东或实际控制人曾出具公开承诺的，应当诚实守信，最近 12 个月内不得存在违反公开承诺的情形。

针对发行人及其控股股东或实际控制人做出的尚未履行完毕和新增的公开承诺，发行人和中介机构在进行信息披露和核查时应当重点关注下列事项：

1）承诺事项内容应当具体、明确、无歧义、具有可操作性，符合法律法规和业务规则的相关要求。承诺无法履行或者无法按期履行的，发行人应及时履行变更程序并作重大事项提示。

2）承诺事项不符合《上市规则》相关规定的，承诺相关方应当进行规范，中介机构应当对规范后的承诺事项是否符合《上市规则》的规定发表意见。

案例一

案例简介（问询要点）：

根据公开发行说明书，发行人申请挂牌时承诺待转让条件具备时将会按照公允价值将宏金星粘土矿的资产转让给秉扬科技，以解决同业竞争问题。为简化资产过户程序，2017年桑红梅设立宏金星并在将宏金星粘土矿采矿权按照账面净值转让给宏金星后，注销宏金星粘土矿。2020年4月2日，宏金星完成工商变更登记手续，成为发行人全资子公司。

请发行人结合承诺履行时点、履行方式、履行承诺前的关联交易情况，说明是否存在履行承诺不及时、变更承诺的情形，是否符合《全国中小企业股份转让系统挂牌公司治理规则》等相关规则的规定，并进一步论证是否违背公开承诺。

企业回复（回复要点）：

根据2016年秉扬科技挂牌时的公开转让说明书所披露，桑红梅承诺如下："截至本承诺函出具之日，本人控制的宏金星因开采、销售耐火粘土、赤铁矿、褐铁矿，与秉扬科技的子公司秉扬矿业存在同业竞争；因宏金星持有的《矿产资源勘查许可证》核发时间尚不足两年，不具备转让条件，待转让条件具备时，本人将会按照公允价值将宏金星的资产转让给秉扬科技，同时将宏金星注销或者变更经营范围，彻底解决宏金星与秉扬矿业的同业竞争问题。"

根据樊荣、桑红梅出具的《承诺函》及书面说明，该承诺履行时点为"转让条件具备时"。转让条件具备分为法律条件具备和商业条件具备两个方面。挂牌时，法律条件和商业条件均不具备。法律条件不具备主要指当时宏金星粘土矿所持有的《矿产资源勘查许可证》尚未满2年，根据《探矿权采矿权转让管理办法》，转让探矿权需满足"自颁发勘查许可证之日起满2年"。商业条件不具备是指当时该粘土矿勘探工作尚未完成，矿产资源储量和后续开发价值均有重大不确定性，探矿权价值存在减值风险，如转让至秉扬科技可能导致挂牌公司受到损失。为探明矿产储量需进行延伸勘探，延伸勘探完成后矿产储量及后续开发价值将得到明确，宏金星粘土矿资产将具备转让的商业条件。但延伸勘探需办理新的《矿产资源勘查许可证》，彼时又会出现新《矿产资源勘查许可证》尚未满 2 年而无法及时转让的情况。"未满 2 年无法转让"指探矿权证颁发的 2 年内，探矿权证持有人不得发生变化。为确保在宏金星粘土矿资产满足转让的商业条件后可及时转让给公司，在宏金星粘土矿探矿权期限届满 2 年前，公司及桑红梅即着手准备收购宏金星粘土矿矿业权资产相关程序事项，鉴于与主管部门沟通了解到直接收购矿业权资产程序较为复杂且秉扬科技作为法人不满足直接收购个人独资企业的条件等因素，桑红梅决定通过简化转让程序完成秉扬科技对宏金星粘土矿资产的实质收购，以尽早消除同业竞争，完成挂牌时的承诺。桑红梅立即启动设立有限责任公司并在宏金星粘土矿探矿权期限届满 2 年后及时将宏金星粘土矿采矿权和探矿权变更登记至该有限责任公司名下。桑红梅于 2017 年注销了个人独资企业盐边县宏金星粘土矿，设立了宏金星，并先后将采矿权、探矿权变更登记至宏金星名下。待四川省资源自然厅于 2020 年 2 月完成宏金星探矿权勘探工作评审结论备案后，秉扬科技立即启动并完成对宏金星 100% 股权的收购，即完成了对粘土矿资产的收购。

桑红梅决定将宏金星粘土矿整体注入挂牌公司，是为了尽早完成挂牌时的承诺，同时设立有限责任公司宏金星为尽早完成承诺的步骤之一。桑红梅将宏金星股权转让给公司后，间接将原宏金星粘土矿资产转让给了挂牌公司，转让结果与挂牌时的承诺无实质性差异，不存在变更承诺的情况。

2019 年下半年，宏金星延伸勘探工作已全部完成。2020 年 1 月通过四川省矿产资源储量评审中心评审确认宏金星探矿权范围内的保有资源储量。2020年2月，评审结论在四川省资源自然厅完成备案。此时，宏金星股权价值以及后续开发工作才有较强的确定性，宏金星基本具备转让条件，公司与宏金星立刻启动转让相关工作。

公司在宏金星粘土矿资产具备转让条件后，立刻启动收购工作，通过收购宏金星100%的股权，间接收购了宏金星的资产。公司不存在承诺履行不及时、变更承诺或违背公开承诺的行为。

评析： 承诺的履行本质上属于承诺人自治的范畴，对承诺的履行体现着承诺人对市场诚信环境的推动，也有助于发行人未来的发展。

针对发行人及其控股股东或实际控制人做出的公开承诺（包括但不限于解决同业竞争、资产注入、股权激励、解决产权瑕疵、持股意向等各项承诺事项），发行人应当关注承诺相关方是否存在超期未履行承诺或违反承诺的情形。

案例二　观典防务技术股份有限公司

案例简介（问询要点）：

发行人稳定股价的承诺、关于填补被摊薄即期回报的措施及承诺分别引用《观典防务技术股份有限公司关于发行后三年内稳定公司股价的预案》及未来三年股东回报规划。

请发行人结合相关议案内容补充披露稳定股价承诺、关于填补被摊薄即期回报的措施及承诺，说明相关公开承诺是否具体、明确、无歧义、具有可操作性，是否符合信息披露、公司治理、交易等相关法律法规、部门规章和业务规则的要求。

企业回复（回复要点）：

（1）关于稳定股价的承诺

根据上述承诺，稳定股价承诺引用了《观典防务技术股份有限公司关于发行后三年内稳定公司股价的预案》，该预案中包含了启动条件、启动程序、停止条件，承诺具体、明确、无歧义。关于承诺的可操作性，公司拟定了稳定股价的措施，包括：①实施利润分配或资本公积转增股本；②公司回购股票；③公司控股股东增持公司股票；④公司董事、高级管理人员增持公司股票。

对于公司未来新聘的董事（独立董事除外）、高级管理人员，本公司将在其做出继续履行公司在精选层挂牌时董事、高级管理人员已做出的相应承诺要求后，方可聘任。

因此，在稳定股价预案规定的启动条件满足时，公司及相关主体将采取上述措施中的一项或多项稳定公司股价，关于实施主体未实施措施时也将受到相应的约束，保荐机构、发行人律师认为，承诺是具有可操作性的。

综上，关于稳定股价的承诺是具体、明确、无歧义、具有可操作性的。

（2）关于填补被摊薄即期回报的措施及承诺

根据上述承诺，填补被摊薄即期回报承诺引用了《观典防务技术股份有限公司关于未来三年的股东回报规划》，该规划中包含了股利分配政策、股东分红规划等内容，承诺具体、明确、无歧义。关于承诺的可操作性，公司拟定了股东回报规划措施，包括：①利润分配政策的基本原则；②利润分配的方式；③现金分红的条件、比例及时间；④股利分配的条件；⑤利润分配政策方案的决策程序；⑥股东分红规划。

综上，关于填补被摊薄即期回报的措施及承诺是具体、明确、无歧义、具有可操作性的。

评析：发行人及其控股股东或实际控制人做出的承诺应当符合中国证监会《上市公司监管指引第4号——上市公司实际控制人、股东、关联方、收购人以及上市公司承诺及履行》的相关规定，承诺应当具体、明确、无歧义、具有可操作性。同时，也建议承诺人在承诺中做出履约保证声明并明确违约责任。

5. 上市公司子公司

根据《全国中小企业股份转让系统精选层挂牌审查问答（一）》：发行人为上市公司直接或间接控制的公司的，应当独立于上市公司并在信息披露方面与上市公司一致、同步。

中介机构应当重点核查下列事项并发表明确意见：①发行人是否存在上市公司为发行人承担成本费用、利益输送或其他利益安排等情形，对上市公司是否存在重大依赖，是否具有直接面向市场独立持续经营的能力；②发行人信息披露与上市公司是否一致、同步；③发行人及上市公司关于发行人本次申请股票公开发行并在精选层挂牌的决策程序、审批程序与信息披露等是否符合中国证监会、证券交易所的相关规定，是否符合境外监管的相关规定（上市公司在境外上市的），如果存在信息披露、决策程序等方面的瑕疵，是否存在影响本次发行的争议、潜在纠纷或其他法律风险。

根据《北京证券交易所向不特定合格投资者公开发行股票并上市业务规则适用指引第1号》：发行人为上市公司直接或间接控制的公司的，应当独立于上市公司并在信息披露方面与上市公司一致、同步。中介机构应当重点核查下列事项并发表明确意见：

（1）发行人是否存在上市公司为发行人承担成本费用、利益输送或其他利益安排等情形，对上市公司是否存在重大依赖，是否具有直接面向市场独立持续经营的能力。

（2）发行人信息披露与上市公司是否一致、同步。

（3）发行人及上市公司关于发行人本次申请向不特定合格投资者公开发行股票并上市的决策程序、审批程序与信息披露等是否符合中国证监会、证券交易所的相关规定，是否符合境外监管的相关规定（上市公司在境外上市的），如果存在信息披露、决策程序等方面的瑕疵，是否存在影响本次发行的争议、潜在纠纷或其他法律风险。

案例 苏州轴承厂股份有限公司

案例简介（问询要点）：

根据公开发行说明书，发行人为深交所上市公司创元科技的子公司。

请发行人说明是否符合《全国中小企业股份转让系统精选层挂牌审查问答（一）》问题23的要求。

企业回复（回复要点）：

发行人系深交所上市公司创元科技（股票代码：000551）的控股子公司。发行人与创元科技保持独立性、信息披露规范、股票在精选层挂牌决策程序合规。

（1）独立性

发行人具有直接面向市场独立持续经营的能力，不存在上市公司为发行人承担成本费用、利益输送或其他利益安排等情形，对上市公司不存在重大依赖。

（2）信息披露规范性

1）关于本次公开发行事项信息披露的一致和同步性。

针对发行人本次公开发行事项，发行人披露了《苏州轴承厂股份有限公司第三届董事会第三次会议决议公告》《向不特定合格投资者公开发行股票并在全国股转系统精选层挂牌之辅导公告》《苏州轴承厂股份有限公司第三届董事会第五次会议决议公告》《苏州轴承厂股份有限公司第三届监事会第四次会议决议公告》《关于拟申请向不特定合格投资者公开发行股票并在精选层挂牌的提示性公告》等公告。

创元科技相应同步披露了《关于控股子公司苏州轴承拟申报全国股转公司股票向不特定合格投资者公开发行并在精选层挂牌辅导备案的自愿性信息披露公告》《关于控股子公司苏州轴承申报全国股转公司股票向不特定合格投资者公开发行并在精选层挂牌辅导备案进展的自愿性信息披露公告》《第九届董事会2020年第一次临时会议决议公告》《第九届监事会2020年第一次临时会议决议公告》等公告。

发行人与创元科技就关于本次公开发行事项的信息披露保持一致、同步。

2）报告期内定期报告信息披露的一致和同步性。

报告期内，发行人与创元科技披露定期报告保持一致和同步。

3）报告期内临时报告信息披露的一致和同步性。

报告期内，需发行人和创元科技同时披露的临时报告信息保持一致和同步。

（3）股票公开发行并在精选层挂牌决策程序合规性

1）苏轴股份决策程序。

2020年3月20日，发行人召开第三届董事会第五次会议，审议通过了《关于公司拟申请在全国中小企业股份转让系统向不特定合格投资者公开发行股票并在精选层挂牌的议案》《关于公司向不特定合格投资者公开发行股票募集资金投资项目及其可行性研究报告的议案》等与本次发行并挂牌有关的议案，并决定将上述议案提请发行人召开的2019年年度股东大会审议。

2020年4月15日，发行人召开2019年年度股东大会审议并作出决议，同意公司申请在全国股转系统向不特定合格投资者公开发行不超过800万股普通股股票，并申请公司本次发行的股票在精选层挂牌交易，同意授权董事会处理与公司本次发行并挂牌有关的具体事宜。

2）上市公司创元科技决策程序。

2020年3月24日，创元科技召开第九届董事会2020年第一次临时会议，审议通过了《关于公司控股子公司苏州轴承拟申请在全国中小企业股份转让系统向不特定合格投资者公开发行股票并在精选层挂牌的议案》，同意发行人本次发行并挂牌及募集资金投资项目的相关事宜。

3）国资相关的审批程序。

①本次公开发行并挂牌精选层事项的审批。

根据《企业国有资产交易监督管理办法》（国务院国有资产监督管理委员会、财政部令第32号）"第三十五条国家出资企业决定其子企业的增资行为。"

苏州市国资委100%持股创元集团，创元集团作为国家出资企业，决定其子企业的增资行为。苏轴股份本次公开发行股票并在精选层挂牌事项已经取得创元集团的批复文件，即创元集团《关于同意苏州轴承厂股份有限公司公开增发募资实施技术改造项目的批复》（苏创投发〔2020〕63号），符合国资监管的相关要求。

②本次公开发行募投项目的审批。

根据《市政府办公室关于印发苏州市市属国有企业投资监督管理办法的通知》（苏府办[2018]53号）的有关规定，市属国有企业及子企业从事的固定资产投资，投资额在1亿元以上、3亿元以下的投资项目，需报市政府国资委审核，审核通过后，市政府国资委出具核准意见。

苏轴股份系苏州市市属国有企业创元集团实际控制的企业，本次募投项目投资规模1.69亿元，故按前述规定取得苏州市国资委的核准意见，即苏州市国资委出具的《关于苏州轴承厂股份有限公司实施技术改造项目的核准意见》（苏国资改〔2020〕22号）。

发行人及上市公司关于发行人本次申请股票公开发行并在精选层挂牌的决策程序、审批程序合法合规，并遵守相关规定进行了信息披露等，符合中国证监会、证券交易所相关规定。

综上,发行人符合《审查问答(一)》问题 23 的要求。

评析: 上市公司子公司是新三板重要板块,成长性与盈利能力表现优秀。但是作为上市公司的子公司,除了要满足相关的审核条件之外,还需要满足上市公司对应的监管环境,特别是信息披露、审议流程等方面,需要做到两者兼顾。

6. 对外担保

根据中国证监会《首次公开发行股票并上市管理办法》:发行人的公司章程中已明确对外担保的审批权限和审议程序,不存在为控股股东、实际控制人及其控制的其他企业进行违规担保的情形。

> **案例** 中大建设股份有限公司

案例简介(问询要点):

根据公开发行说明书,发行人报告期存在 2 笔对外担保。

请发行人说明上述 2 笔对外担保的被担保人宏盛建业投资集团有限公司、阜阳市五星和匠建筑劳务有限公司与发行人及其控股股东、实际控制人等关联方是否存在关联关系,与发行人及其关联方是否存在业务和资金往来;发行人为其提供担保的原因及合理性,上述担保涉及的借款资金最终流向,是否流入发行人及关联方,是否存在转贷行为。

企业回复(回复要点):

(1)宏盛建业投资集团有限公司

2017 年 1 月 5 日,发行人与北京银行股份有限公司南昌红谷滩支行签订《最高额保证合同》,发行人为宏盛建业投资集团有限公司与北京银行股份有限公司南昌红谷滩支行签订的编号为 0388724 的《综合授信合同》项下的 700 万元的债务提供最高额保证。被担保主债权的发生时间为所担保的编号为 0388724 的《综合授信合同》下的可发生具体业务的期间，即 2017 年 1 月 5 日至 2018 年 1 月 4 日（具体以主合同为准）。

2016 年 12 月 30 日，发行人第一届董事会第十四次会议审议通过上述对外担保事项。发行人及宏盛建业投资集团有限公司分别向北京银行股份有限公司南昌红谷滩支行申请流动资金贷款 700 万元，双方互为对方提供连带责任担保。截至本问询函回复之日，该最高额保证合同已履行完毕。

发行人为宏盛建业投资集团有限公司提供担保的原因主要是：宏盛建业投资集团有限公司也作为发行人的担保方对发行人在北京银行红谷滩支行的 700 万贷款（合同编号：0392594）提供担保，合同注明贷款期限 2017 年 3 月 29 日至 2018 年 3 月 21 日，发行人于 2017 年 7 月 4 日提前偿还贷款。

发行人及其控股股东、实际控制人与宏盛建业投资集团有限公司不存在关联关系，也不存在业务和资金往来。宏盛建业投资集团有限公司的贷款资金未流入发行人及关联方，不存在转贷行为。

（2）阜阳市五星和匠建筑劳务有限公司

2019 年 5 月 22 日，发行人与阜阳颍东农村商业银行股份有限公司签订《保证合同》，发行人为阜阳市五星和匠建筑劳务有限公司与阜阳颍东农村商业银行股份有限公司签订编号为 3805961220190428 的借款合同提供连带责任保证。被担保的借款合同金额为 2 500 万元，借款期限 2019 年 5 月 22 日至 2020 年 5 月 22 日。2020 年 4 月，借款方与银行协商将借款延期六个月，借款期限延期至 2020 年 11 月 22 日。

2019 年 3 月 27 日，发行人第二届董事会第七次会议，审议通过上述对外担保事项。2020 年 4 月 26 日，公司第二届董事会第十九次会议审议通过公司继续为此笔借款提供连带责任担保，期限半年。截至本问询函回复出具之日，该保证合同正在履行。

阜阳市五星和匠建筑劳务有限公司系发行人的劳务分包商，阜阳市五星和匠建筑劳务有限公司与公司签署了《阜阳市颍州区公共文化活动中心和文峰社区综合体施工项目合同》，合同金额为 185 580 566.30 元，计划工期 500 天，预计 2020 年 8 月 31 日竣工，目前处于装饰装修阶段。公司为其向银行借款提供担保系应当地政府要求。担保方还包括阜阳市建设投资控股集团有限公司和阜阳市重点工程管理处（合同发包人）。被担保人 2018 年 12 月 31 日资产负债率为 23.65%，2019 年 12 月 31 日资产负债率为 45.03%，被担保人经营情况良好、资产负债结构合理，有能力偿还到期债务，且其为公司提供劳务服务，公司在考虑该担保风险可控和利于双方长远合作的基础上同意上述担保。

发行人及其控股股东、实际控制人与阜阳市五星和匠建筑劳务有限公司不存在关联关系，也不存在业务和资金往来。阜阳市五星和匠建筑劳务有限公司的贷款资金未流入发行人及关联方，不存在转贷行为。

评析： 违法违规对外担保，不仅可能会使公司出现经营问题、陷入财务困境而最终损害公司利益，而且还可能直接或间接损害股东、债权人等利益关联主体的权益。所以对外担保一直是审核的关注点。监管机构通常重点关注发行人大额对外担保的情况，一是担保责任或将为发行人带来不可承受的担保责任风险，二是可能构成与关联方的利益输送。发行人应在公司章程中明确对外担保的审批权限和审议程序，且在报告期内不存在为控股股东、实际控制人及其控制的其他企业进行违规担保的情形。

本审核案例关注对外担保是否存在关联关系，以及提供担保的原因及合理性。发行人对担保行为进行了细致描述，列举了担保双方真实关系、担保的背景、被担保方的企业质地、履行的决策程序，阐述了该担保不是关联担保，对外担保风险可控，担保行为真实且合理，且有利于公司发展等。

7. 资金占用

根据中国证监会《首次公开发行股票并上市管理办法》：发行人有严格的资金管理制度，不得有资金被控股股东、实际控制人及其控制的其他企业以借款、代偿债务、代垫款项或者其他方式占用的情形。

> **案 例** 　**四川省羌山农牧科技股份有限公司**

案例简介（问询要点）：

根据申请材料，发行人 2018 年收到个人借款 5 286 万元，归还个人借款 6 428.81 万元。2017 年发行人未发生向个人借款的情形。请发行人说明向个人借款的对象、利率约定，借款金额与归还金额差异较大的原因及合理性，是否存在非经营性资金占用情形。

企业回复（回复要点）：

报告期内，特别是 2017 年、2018 年，因开展的在建工程项目较多，同时生猪价格处于下行阶段，发行人面临较大的资金压力，为此发行人向张鑫义等股东以及外部个人借款，资金压力缓解后发行人予以及时归还。报告期内，发行人除向股东、外部单位和个人借款外，发行人控股股东、实际控制人、董事、监事、高级管理人员、5% 以上股东以及其他外部单位和个人，皆不存在非经营性占用发行人资金的情形。

申报会计师于 2020 年 4 月 27 日出具了编号为 XYZH/2020CDA10231 的《关于四川省羌山农牧科技股份有限公司 2019 年度控股股东、实际控制人及其关联方资金占用的专项说明》，发行人不存在被控股股东、实际控制人及其关联方占用资金的情况。

评析： 关于资金占用问题，根据审核实践来看，最迟应在申报前解决完毕，但报告期内存在大量往来会影响公司的独立性。如报告期内资金占用比较突出，虽然已经清理规范，但是规范运行时间较短的，则该等问题仍有可能构成障碍。

另外，《北交所上市规则（试行）》将资金占用主体范围扩大到了控股股东、实际控制人及其关联方，紧盯"关键少数"。发行人应建立明确、具有可操作性的相关内控制度，例如《防范控股股东及关联方资金占用管理制度》《对外担保管理制度》《承兑汇票管理制度》等，保证公司运行效率、合法合规和财务报告的可靠性，相关内部控制制度有效运行，能够持续防范出现资金占用的情况。

8. 重大违法行为

根据《全国中小企业股份转让系统精选层挂牌审查问答（一）》：最近36个月内，发行人及其控股股东、实际控制人在国家安全、公共安全、生态安全、生产安全、公众健康安全等领域，存在以下违法行为之一的，原则上视为重大违法行为：被处以罚款等处罚且情节严重；导致严重环境污染、重大人员伤亡、社会影响恶劣等。

根据《北京证券交易所向不特定合格投资者公开发行股票并上市业务规则适用指引第1号》：《上市规则》第2.1.4条第（一）项规定了发行人及其控股股东、实际控制人最近三年内不得存在重大违法行为。

最近36个月内，发行人及其控股股东、实际控制人在国家安全、公共安全、生态安全、生产安全、公众健康安全等领域，存在以下违法行为之一的，原则上视为重大违法行为：被处以罚款等处罚且情节严重；导致严重环境污染、重大人员伤亡、社会影响恶劣等。

有以下情形之一且保荐机构及发行人律师出具明确核查结论的，可以不认定为重大违法：违法行为显著轻微、罚款数额较小；相关规定或处罚决定未认定该行为属于情节严重；有权机关证明该行为不属于重大违法。但违法行为导致严重环境污染、重大人员伤亡、社会影响恶劣等并被处以罚款等处罚的,不适用上述情形。

 金居建设发展股份有限公司

案例简介(问询要点):

根据公开发行说明书,公司所从事的建筑施工业务过程存在众多不可控风险,可能使工程承包业务面临多样的风险、甚至人身伤害。请发行人补充披露报告期内是否存在因施工安全问题导致人员伤亡、财产损失的情形,是否存在受到主管部门处罚的情形,是否存在重大违法行为。

企业回复(回复要点):

发行人已于公开发行说明书"第六节 公司治理"之"四、发行人报告期内违法违规行为情况"补充披露如下:

根据郑州城乡建设局2020年4月15日出具的《关于金居建设发展股份有限公司城乡建设守法情况的证明》:"公司自2017年1月1日至该证明出具之日,发行人严格遵守国家和地方有关城乡建设管理的法律法规、规章及其他规范性文件,未发现发行人在郑州市有招投标、工程质量、安全事故及建筑市场重大违法违规行为记录,也未因违反国家和地方关于城乡建设管理方面的法律法规、规章及其他规范性文件而受到郑州建设局的立案调查或行政处罚。"

通过对发行人相关主管部门官网公开信息进行检索,主要客户的现场访谈等手段核查确认,报告期内不存在因施工安全问题导致人员伤亡、财产损失的情形,不存在受到主管部门处罚的情形。

评析: 在现行审核实践中,所谓"重大违法行为"是指违反国家法律、行政法规,受到刑事处罚或行政处罚且情节严重的行为。有以下情形之一且保荐机构及发行人律师出具明确核查结论的,可以不认定为重大违法:违法行为显著轻微、罚款数额较小;相关规定或处罚决定未认定该行为属于情节严重;有权机关证明该行为不属于重大违法。但违法行为导致严重环境污染、重大人员伤亡、社会影响恶劣等并被处以罚款等处罚的，不适用上述情形。

由此可见，重大违法行为是审核的红线，因此拟上市公司应保证在报告期内不存在重大违法行为。为了成功上市，发行人应尽量避免行政处罚。若行政处罚已经存在，应如实详细披露，并取得有关机关非重大违法违规行为的证明文件。

9. 实际控制人

根据中国证监会《首发业务若干问题解答》，实际控制人是拥有公司控制权的主体。在确定公司控制权归属时，应当本着实事求是的原则，尊重企业的实际情况，以发行人自身的认定为主，由发行人股东予以确认。保荐机构、发行人律师应通过对公司章程、协议或其他安排以及发行人股东大会（股东出席会议情况、表决过程、审议结果、董事提名和任命等）、董事会（重大决策的提议和表决过程等）、监事会及发行人经营管理的实际运作情况的核查对实际控制人认定发表明确意见。

发行人股权较为分散但存在单一股东控制比例达到 30% 的情形的，若无相反的证据，原则上应将该股东认定为控股股东或实际控制人。存在下列情形之一的，保荐机构应进一步说明是否通过实际控制人认定而规避发行条件或监管，并发表专项意见：①公司认定存在实际控制人，但其他股东持股比例较高与实际控制人持股比例接近的；②第一大股东持股接近 30%，其他股东比例不高且较为分散，公司认定无实际控制人的。

案例 江苏浦漕科技股份有限公司

案例简介（问询要点）：

根据公开发行说明书，芮黎春持有发行人 43.57% 的股份，为发行人控股股东及实际控制人；芮黎辉与实际控制人芮黎春系兄弟关系，持有发行人 9.68% 的股份，为发行人第二大股东，但未被认定为共同实际控制人或一致行动人。

请发行人结合公司历史沿革、公司章程、协议安排、发行人股东大会（股东大会出席会议情况、表决过程、审议结果、董事提名和任命等）、董事会（重大决策的提议和表决过程等）、发行人经营管理的实际情况，以及芮黎辉与实际控制人的亲属关系、在发行人的任职情况、持股比例情况，说明未将芮黎辉认定为共同实际控制人或一致行动人的理由是否充分、合理。

企业回复（回复要点）：

通过对公司历史沿革、公司章程、协议或其他安排以及芮黎春、芮黎辉对发行人股东大会、董事会决议的实质影响、对董事和高级管理人员的提名及任免等方面所起的作用及发行人经营管理的实际运作情况进行分析，再结合芮黎辉与芮黎春的亲属关系、在发行人的任职情况、持股比例情况等，未将芮黎辉与芮黎春认定为共同实际控制人或一致行动人的原因如下：

（1）芮黎春依其持有股份所享有的表决权已足以对股东大会的决议产生重大影响，能够实际支配发行人行为

芮黎春直接持有公司 81 006 240 股股票，持股比例为 43.57%。发行人股东结构分散，除芮黎辉持股 9.68% 外，其余股东持股比例均低于 3%。发行人《公司章程》规定，发行人股东每一股份享有一票表决权，根据发行人的具体情况，芮黎春所持表决权的比例已足以对股东大会的决议产生重大影响，符合《全国中小企业股份转让系统挂牌公司信息披露规则》第七十一条第（七）项关于"控制"的规定："有下列情形之一的，为拥有挂牌公司控制权（有确凿证据表明其不能主导公司相关活动

的除外）；2.可以实际支配挂牌公司股份表决权超过30%；4.依其可实际支配的挂牌公司股份表决权足以对公司股东大会的决议产生重大影响。"

（2）芮黎春对发行人的经营管理及发展起到核心作用

结合公司历史情况，发行人系芮黎春之父芮正东于1998年8月创立，芮黎春于公司创立起即加入公司，2005年8月芮黎春成为发行人股东，2011年，芮黎春成为公司第一大股东，自2011年至今，芮黎春始终为发行人第一大股东。自2015年8月至今，芮黎春始终担任发行人董事长兼总经理、法定代表人职务，不仅对外代表发行人，还负责发行人战略、重大人事及整体运营管理。从其在发行人任职、在发行人实际经营过程中的影响力及主导发行人发展战略等多方面来看，芮黎春自2015年8月至今，统筹领导发行人的业务、技术、销售等工作，对发行人的经营方针、经营决策及重大经营管理事项等公司行为起到决定性支配作用。

（3）芮黎春对发行人股东大会、董事会的决议和董事、高级管理人员的提名与任免具有实质影响力

发行人向不特定合格投资者公开发行并在精选层挂牌、制度制定等与发行人经营、管理、发展有关的重要议案，均由芮黎春提出；芮黎春作为董事长主持发行人股东大会、召集并主持发行人董事会会议的召开；经核查发行人历次股东大会、董事会的表决情况、投票结果，发行人所召开的股东大会、董事会决议中不存在否决会议议案的情形，且发行人其他股东、其他董事表决结果与芮黎春的表决意见相一致；发行人的董事、高级管理人员均由芮黎春根据《公司章程》规定提名任免，符合《全国中小企业股份转让系统挂牌公司信息披露规则》第七十一条第（七）项关于"控制"的规定："有下列情形之一的，为拥有挂牌公司控制权（有确凿证据表明其不能主导公司相关活动的除外）：3.通过实际支

配挂牌公司股份表决权能够决定公司董事会半数以上成员选任"。

（4）芮黎辉与芮黎春之间不存在通过《公司章程》、一致行动协议或其他安排明确共同控制的情形，均各自独立行使股东权利，认定芮黎辉为共同实际控制人或一致行动人的依据不充分

芮黎辉与芮黎春各自独立行使股东权利，独立决策，独立表决，不存在通过《公司章程》、一致行动协议明确共同控制的情形。

2020年11月21日，芮黎辉出具《关于浦漕科技实际控制人的确认函》："自持有浦漕科技及其前身无锡市浦漕电缆有限公司股权/股份至今，本人与兄长芮黎春均由各自分别享有股东权利，独立行使表决权；本人确认，本人并非浦漕科技实际控制人，本人兄长芮黎春能够通过股东大会、董事会对浦漕科技重大经营决策产生决定性影响，芮黎春为浦漕科技实际控制人。"

因此，认定芮黎辉为共同实际控制人或一致行动人的依据不充分。

（5）芮黎辉与实际控制人股份锁定期相同

公司实际控制人芮黎春及其亲属芮黎辉已出具《关于股份流通及自愿锁定的承诺》，承诺内容如下：

"自发行人股票在精选层挂牌之日起12个月内，不转让或委托他人代为管理本次发行前本人持有或控制的发行人股份（包括由该部分派生的股份，如送红股、资本公积转增等），也不由发行人回购该部分股份。

发行人股票在精选层挂牌之日起后六个月内如发行人股票连续20个交易日的收盘价均低于发行价，或者精选层挂牌后6个月期末收盘价低于发行价，则本人直接或间接持有的发行人股份在上述锁定期限届满后自动延长6个月（若上述期间发生分配股利、送红股、转增股本或配股等除息权行为的，则发行价以经上述因素调整后的价格计算，下同）。

本人所持股票在锁定期后两年内减持的，减持价格不低于发行价。"

芮黎辉虽然不是实际控制人或一致行动人,但其股份锁定限制与实际控制人芮黎春相同。不存在通过未认定共同控制或一致行动关系规避监管的风险。

综上,未将芮黎辉认定为浦漕科技的共同实际控制人符合发行人的实际情况,相关理由充分、合理。

评析: 实际控制人是拥有公司控制权的主体。在确定公司控制权归属时,应当本着实事求是的原则,尊重企业的实际情况,以发行人自身的认定为主,由发行人股东予以确认。保荐机构、发行人律师应通过对公司章程、协议或其他安排以及发行人股东大会(股东出席会议情况、表决过程、审议结果、董事提名和任命等)、董事会(重大决策的提议和表决过程等)、监事会及发行人经营管理的实际运作情况的核查对实际控制人认定发表明确意见。

实际控制人的身份还关系到关联交易、同业竞争、股份锁定期、买卖规则等一系列问题,可谓关系重大。因此,对于企业实际控制人的正确认定是监管机构非常重视的。

虽然目前相关规则对"实际控制人"的界定不尽相同,但是实务中的认定都可归纳为"实际控制公司的人"。通过总结审核实践对实际控制人的认定,可以发现"尊重企业的实际情况,以发行人自身的认定为主"是基础,不能"通过实际控制人认定而规避发行条件或监管"是底线,在基础和底线之上适用认定条件,即是对发行人实际控制人的合理、审慎判断。

本案例中芮黎辉与实际控制人芮黎春系兄弟关系,但没有被认定为一致行动人。发行人回复的逻辑很清晰:芮黎春所持表决权的比例已足以对股东大会的决议产生重大影响;芮黎春对发行人的经营管理及发展起到核心作用;芮黎春对发行人股东大会、董事会的决议和董事、高级管理人员的提名与任免具有实质影响力;芮黎辉与芮黎春均各自独立行使股东权利。通过法规引用和对企业实际情况进行多维度分析，说明未将芮黎辉认定为浦漕科技的共同实际控制人符合发行人的实际情况，相关理由充分、合理。

10. 董监高是否发生重大变化

根据《全国中小企业股份转让系统精选层挂牌审查问答（一）》：保荐机构对发行人的董事、高级管理人员是否发生重大不利变化的认定，应当本着实质重于形式的原则，综合两方面因素分析：一是最近24个月内变动人数及比例，在计算人数比例时，以上述人员合计总数作为基数；二是上述人员离职或无法正常参与发行人的生产经营是否对发行人生产经营产生重大不利影响。变动后新增的上述人员来自原股东委派或发行人内部培养产生的，原则上不构成重大不利变化；发行人管理层因退休、调任、亲属间继承等原因发生岗位变化的，原则上不构成重大不利变化，但发行人应当披露相关人员变动对公司生产经营的影响；如果最近24个月内发行人上述人员变动人数比例较大或上述人员中的核心人员发生变化，进而对发行人的生产经营产生重大不利影响的，应视为发生重大不利变化。

案例 安徽伊普诺康生物技术股份有限公司

案例简介（问询要点）：

根据公开发行说明书，财务总监戴颖于2017年1月辞职；独立董事连国军于2019年11月辞职；副总经理李锐于2019年11月辞职。请发行人说明戴颖、连国军、李锐辞职的具体原因，是否对发行人生产经营产生重大不利影响，并按照《审查问答（一）》问题5相关要求，说明发行人最近2年内董事、高管是否发生重大不利变化。请保荐机构、发行人律师核查上述问题并发表明确意见。

企业回复（回复要点）：

（1）请发行人说明戴颖、连国军、李锐辞职的具体原因，是否对发行人生产经营产生重大不利影响

戴颖离任后由财务负责人许亮接替其工作；连国军未在发行人担任除独立董事外的其他职务，且发行人及时选聘薛绍礼为独立董事；李锐辞职后，其负责的行政管理工作已由相关人员正常接任，上述变动未对发行人原有的重大决策机制和管理产生重大不利影响，发行人保持了经营上的稳定性和发展战略上的连贯性，对发行人生产经营未产生重大不利影响。

（2）按照《审查问答（一）》问题5相关要求，说明发行人最近2年内董事、高管是否发生重大不利变化

董事王浩系发行人内部培养产生，换届被选为董事不构成不利变化，除王浩外，发行人董事、高级管理人员最近24个月内变动人数合计4人，占总数比例较小，其中连国军为独立董事，未担任发行人其他职务；张金东辞去副总经理职务后仍于发行人任职；李锐辞职后其负责的行政管理工作已由相关人员正常接任；何畏辞职后，公司将尽快选聘新任董事会秘书，在完成选聘新任董事会秘书前，公司董事长为信息披露负责人，代为履行董事会秘书职责。综上，该等董事、高级管理人员变动不构成重大不利变化。

发行人上述董事、高级管理人员的变化除了部分因个人发展原因属于正常人员流动外，主要是为了进一步规范公司治理、加强公司管理、提高决策的科学性，为公司长远发展提供良好保障，上述人员变动履行了必要的决策程序，符合相关法律、法规和《公司章程》规定。

综上，保荐机构、发行人律师认为，发行人最近24个月内董事和高级管理人员变动未对发行人生产经营产生重大不利影响，发行人的管理

团队较为稳定，董事、高级管理人员未发生重大不利变化。

评析：公司的董事、高管属于决策层、执行层，需要将公司的目标形成决策，并指导监督公司各级人员执行落实。频繁的变动，势必会造成目标不明确、工作流程不稳定，工作得不到有效的执行，从而对公司的发展造成一定的阻碍。

由于"重大变化"的标准并不统一，如公司董事会正常换届造成人员重大变化是否属于发行上市障碍。实践中，"董事、高级管理人员没有发生重大变化"，是指发行人董事、高级管理人员的变动依法履行了相应的程序，且每一会计年度内累计未发生三分之一以上的变化。高级管理人员的范围应以公司章程为准。本案例中，发行人在回复时应从质和量两个角度考虑判断对生产经营的影响，一是变动人数及比例，二是对发行人生产经营的影响，主要从高管变动原因来解释对公司生产经营、经营战略是否存在重大影响。另外也需要关注具体的岗位，与股东、实际控制人的关系。如果是职业经理人，变化影响较小。如果是公司创始人等，即使是一人变动也可能会视为重大变化。

11. 挂牌期间信息披露

根据《全国中小企业股份转让系统挂牌公司信息披露及会计业务问答（三）》，若挂牌公司申请首次公开发行股票并上市的申报文件与在全国股份转让系统指定信息披露平台披露的定期报告内容不一致，应当及时进行更正。

伟志股份公司

案例简介（问询要点）：

根据保荐工作报告，"项目组在开展尽职调查工作的过程中，已保持了对发行人挂牌期间信披材料的关注，在编制申报文件时，已就相关数据进行了交叉比对的工作，保证了信息的一致性。"发行人 2020 年 12 月 30 日提交的申请材料存在如下信息披露质量问题：

1）错漏字。如公开发行说明书第 126 页"采集、处理地理信息的设备需要不断更新、、进行"；再如第 44 页"截至本公开发行说明书签署日，公司共有高级管理人员 3 名"，紧跟着的表格明确列示了高级管理人员 4 名。

2）遗漏主要内容。如公开发行说明书第 87 页"目前，公司自主研发用于国土资源数字化项目的部分软件及系统情况如下所示："，"所示"后面无内容；未披露在全国股转系统挂牌期间的发行融资等基本情况；保荐工作报告第 57 页"发行人在参与项目招投标过程中存在以下情况"，未紧跟着列示具体情况。

3）同一部分大篇幅简单复制粘贴同一分析内容。如公开发行说明书"（五）利润情况分析""1.利润变动情况"与"5.利润变动情况分析"简单重复。

4）应发表结论性意见的未明确发表。如公开发行说明书第 326 页"发行人报告期税收优惠情况以及是否对税收优惠存在重大依赖"；再如第 173 页关联采购中"向晋鹏服务实际采购劳务"。

5）财务信息披露简略。如大量资产、负债类项目仅列示和分析最近一期的情况，且无具体情况说明、变动及趋势分析、比较分析等。

6）信息披露准确性存疑。如：①2018 年与中科雅图签订的服务采购合同金额为 11 683 508.48 元，当年前五大供应商中第一名中科雅图的采购金额为 11 683 508.48 元，披露的采购合同执行情况仍然为"履行中"，是否准确。②"对于其他测试项目，于资产负债表日根据项目完工进度确认劳务收入"，此处为"测试"还是"测绘"。③根据《发行保荐书》，保荐代表人王志曾主持或参与龙竹科技（831445）、三友科技（834475）公开发行并在精选层挂牌项目，三友科技（834475）为国融证券2020年保荐的项目，根据中国证券业协会网站信息，王志在2014年已从国融证券离职。

请发行人说明出现上述相关披露问题的原因及整改措施，严格对照《非上市公众公司信息披露内容与格式准则第11号——向不特定合格投资者公开发行股票说明书》的相关规定，对公开发行说明书有关内容进行调整。

企业回复（回复要点）：

（1）错漏字

公司已在公开发行说明中进行更新："采集、处理地理信息的设备需要不断更新，进行技术研发的投入需要不断提升"。

公司已在公开发行说明中进行更新："截至本公开发行说明书签署日，公司共有高级管理人员4名，基本情况如下"。

（2）遗漏主要内容

1）公司已在公开发行说明书中更新。

2）公司已在公开发行说明书"第四节发行人基本情况"之"二、发行人挂牌期间的基本情况"之"（四）报告期内发行融资情况"补充披露全国股转系统挂牌期间的发行融资情况。

（3）同一部分大篇幅简单复制粘贴同一分析内容

由于公开发行说明书编制校验原因，仅支持"（五）利润情况分析"之"1.利润变动情况"与"5.利润变动情况分析"披露相同内容，因此公司未对相关内容进行补充披露或修改。

（4）发表结论性意见的未明确发表

1）公司已在公开发行说明书"第八节管理层讨论与分析"之"六、税项"之"（二）税收优惠"中补充披露如下：

"报告期各期,发行人税收优惠金额占当期利润总额的比例在20%以下,发行人经营成果对税收优惠不存在严重依赖。"

2)公司已在公开发行说明书"第六节公司治理"之"七、关联交易"中补充披露如下:

"公司向晋鹏服务实际采购劳务主要系为满足劳务采购需求,具备合理性,采购价格公允,不存在损害公司利益和全体股东利益的情形。"

(5)财务信息披露

公司已在公开发行说明书对资产、负债类项进行具体说明,变动及趋势分析和比较分析。

(6)信息披露准确性

1)公开发行说明书中2018年公司与中科雅图签订的服务采购合同,由于公司尚未结清合同款项,执行情况为"履行中",披露准确。

2)公开发行说明书中"对于其他测试项目,于资产负债表日根据项目完工进度确认劳务收入",中"测试"应为"测绘",公司已在公开发行说明书中进行更正。

3)根据三友科技公开发行说明书披露,三友科技向不特定合格投资者公开发行股票并在精选层挂牌的保荐机构及主承销商为国融证券,联席主承销商为兴业证券,兴业证券项目经办人包括本次发行保荐代表人王志。为提高信息披露准确性,保荐机构在《发行保荐书》中更新如下:"保荐代表人王志曾主持或参与龙竹科技(831445)公开发行并在精选层挂牌项目,三友科技(834475)联席主承销项目"。

发行人就上述问题进行整改,并严格对照《非上市公众公司信息披露内容与格式准则第11号——向不特定合格投资者公开发行股票说明书》的相关规定,对公开发行说明书有关内容进行调整。

评析: 部分企业存在申报材料与公司在全国股份转让系统指定信息

披露平台披露的内容存在差异的情况,发行人应及时进行更正。若定期报告中存在重要的前期差错,更正公告内容还应包括以下方面:①前期差错更正事项的性质及原因;②各个列报前期财务报表中受影响的项目名称和更正金额;③前期差错更正事项对公司财务状况和经营成果的影响及更正后的财务指标;④若存在无法追溯重述的情况,应当说明该事实和原因,以及对前期差错开始进行更正的时点、具体更正情况;⑤公司董事会和管理层对更正事项的性质及原因的说明。

另外,发行人还应注意申报文件的质量,尽量减少出现低级错误或出现多处笔误,或未按照相关要求充分披露的情形。

12. 劳动社保

根据中国证监会《首发业务若干问题解答》:发行人报告期内存在应缴未缴社会保险和住房公积金情形的,应当在招股说明书中披露应缴未缴的具体情况及形成原因,如补缴对发行人的持续经营可能造成的影响,揭示相关风险,并披露应对方案。保荐机构、发行人律师应对前述事项进行核查,并对是否属于重大违法行为出具明确意见。

案例 易景环境科技(天津)股份有限公司

案例简介(问询要点):

请发行人说明报告期内社保、公积金缴纳情况,是否存在应缴而未缴情形,如存在,请披露具体情况及形成原因,补缴对发行人的持续经营可能造成的影响、应对方案。

企业回复(回复要点):

2021年1月15日,公司分别取得天津市人力资源和社会保障局出具的证明,证明公司在报告期内,"市级劳动保障监察机构未发现易景环境科技(天津)股份有限公司存在违反劳动保障法律法规的行为,未受到市人社部门的行政处罚"；"市社会保险基金管理中心未接到易景环境科技（天津）股份有限公司在社会保险费缴纳方面的投诉举报，未发现（或存在）违法违规记录"。

2021年1月14日，易景检测分别取得天津市西青区人力资源和社会保障局出具的证明，证明易景检测在报告期内，"无违反劳动保障法律法规记录，未受到过劳动保障行政处罚"。

2021年1月12日，新生代分别取得天津市静海区人力资源和社会保障局出具的证明，证明新生代在报告期内，"未发现违反劳动和社会保障相关法律、法规和规范性文件的行为，没有因违反劳动保障法律法规受到人力社保部门的行政处罚"。

2021年1月5日，公司、易景检测、新生代均已取得天津市住房公积金管理中心出具的《住房公积金缴存证明》，证明"至本证明开具之日，住房公积金缴至2020年12月，自开户缴存以来未受到我中心的行政处罚"。

另外，公司控股股东、实际控制人杨罡先生已出具承诺："若相关主管部门认定公司存在欠缴社会保险费或住房公积金的情况而要求公司及其控股子公司为其员工补缴社会保险费或住房公积金，或公司及其控股子公司被任何一方追偿该等社会保险费或住房公积金，或公司及其控股子公司因此被相关主管部门处以罚款，本人承诺将无条件以现金全额支付该部分需补缴或被追偿的社会保险费或住房公积金或相关罚款，保证公司不因此遭受任何损失或支出"。

综上，发行人报告期内社保和公积金的缴纳存在一定不规范情形，但对发行人的持续经营不会产生重大不利影响。

评析： 多数企业存在不同程度上的社保问题，特别是传统型劳动密集型企业，不缴、少缴、欠缴社保问题尤为突出。

建议发行人从以下几个方面规范或解决社保问题：①尽早规范全员

足额缴纳；②对于报告期内未缴纳及未足额缴纳的部分，披露报告期社保缴纳的具体情况，解释未能足额缴纳的原因，以及说明目前的补缴情况；③公司控股股东、实际控制人兜底承诺因未缴纳社保引起的纠纷承担赔偿责任；④取得社保主管部门的证明文件（无违法违规证明）。

13. 与上市公司监管规定的衔接

根据《北京证券交易所向不特定合格投资者公开发行股票并上市业务规则适用指引第1号》：

（1）关于发行人上市前公司治理方面的衔接准备情况，保荐机构及发行人律师应重点核查发行人是否符合以下要求并发表明确意见：

1）发行人申报时提交的公司章程（草案）内容应当符合《上市规则》等相关规定，对利润分配、投资者关系管理、独立董事、累积投票等内容在公司章程（草案）中予以明确或者单独制定规则。

3）发行人申报时的董事（独立董事除外）、监事、高级管理人员（包括董事会秘书和财务负责人）应当符合《上市规则》等规则规定的任职要求，并符合本所上市公司董事兼任高级管理人员的人数比例、董事或高级管理人员的亲属不得担任监事的相关要求。

4）在上市委员会审议之前，发行人独立董事的设置应当符合本所上市公司独立董事的相关规定。

（2）发行人申报时存在全国股转系统挂牌期间发行的可转换公司债券（以下简称可转债）的，保荐机构及发行人律师应重点核查发行人是否符合以下要求并发表明确意见：

1）发行人应当在董事会、股东大会审议通过公开发行股票并上市议案时，同步审议通过已发行可转债在本所挂牌转让的议案。

2）发行人应当按照全国股转系统可转债暂停与恢复转股的相关规定，在申报当日办理完成暂停转股事宜并披露可转债暂停转股的公告，在收到终止审核决定书或者股票上市后及时办理恢复转股事宜。

3）发行人应当在招股说明书中充分披露以下事项：报告期初至申报前可转债的发行、转股、赎回与回售等情况，历次可转债转股价格调整情况；在申报前调整转股价格、限售安排等可转债基本条款的，相应决策程序的合规性，是否存在损害可转债持有人利益的情形；转股价格的公允性；上市后可转债的转股、赎回、回售及价格修正等条款的执行对发行人控制权稳定性、财务状况等可能存在的不利影响。

（3）发行人申报时存在全国股转系统挂牌期间发行的优先股的，保荐机构及发行人律师应重点核查发行人是否符合以下要求并发表明确意见：

1）发行人应当在董事会、股东大会审议通过公开发行股票并上市议案时，同步审议通过已发行优先股在本所挂牌转让的议案。

2）发行人应当在招股说明书中充分披露以下事项：报告期初至申报前优先股的发行、付息与调息、赎回与回售等情况，优先股股东表决权的恢复、行使、变动及优先股股东分类表决情况等，前述事项对发行人控制权稳定性、财务状况可能存在的不利影响。

（4）发行人申报时存在全国股转系统挂牌期间依法实行的期权激励计划的，保荐机构及发行人律师应重点核查发行人是否符合以下要求并发表明确意见：

1）发行人应当在招股说明书中充分披露以下事项：期权激励计划的基本内容、制定计划履行的决策程序、目前的执行情况；期权行权价格的确定原则，与最近一年经审计的净资产或评估值的差异与原因；期权激励计划对公司经营状况、财务状况、控制权变化等方面的影响；涉及股份支付费用的会计处理等。

2）在审期间，发行人不应新增期权激励计划，相关激励对象原则上不得行权。

案例一　山西科达自控股份有限公司

案例简介（问询要点）：

结合上述事项说明发行人治理机制是否健全、内控是否有效，不规范情形是否已完全整改，是否已采取有效措施避免再次发生类似情形，请充分披露相关风险并进行重大事项提示。

企业回复（回复要点）：

公司自 2015 年在股转系统挂牌以来，已经建立股东大会、董事会、监事会和高级管理人员的公司治理结构，并建立了《公司章程》及三会议事规则等公司内控管理制度。报告期内，公司的内控管理制度逐步完善。公司 2021 年第三次临时股东大会已结合修订后的《挂牌公司治理规则》和《信息披露规则》的要求，修订并通过了在向不特定合格投资者公开发行股票并在精选层挂牌后适用的《公司章程（草案）》《山西科达自控股份有限公司股东大会议事规则》《山西科达自控股份有限公司董事会议事规则》《山西科达自控股份有限公司独立董事工作细则》《山西科达自控股份有限公司防止控股股东、实际控制人及关联方占用公司资金管理制度》《山西科达自控股份有限公司网络投票实施细则》《山西科达自控股份有限公司累积投票制实施细则》《山西科达自控股份有限公司对外投资管理办法》《山西科达自控股份有限公司对外担保管理办法》《山西科达自控股份有限公司关联交易管理办法》《山西科达自控股份有限公司募集资金管理制度》《山西科达自控股份有限公司承诺管理制度》《山西科达自控股份有限公司年报信息披露重大差错责任追究制度》《山西科达自控股份有限公司资金借贷管理制度》等制度。目前，公司的内控制度完整有效。

评析： 由于新三板包容性的监管思路，对基础层和创新层相对要求较低，而对于申请精选层和北交所的企业会提出更高的内控监管要求。

本案例中，监管层关注发行人治理机制是否健全、内控是否有效。发行人从以下角度进行了阐述：三会治理结构的建立，公司章程的完善，以及符合监管要求的制度体系的完善，说明公司的内控制度完整有效。

案例二　南通通易航天股份有限公司

案例简介（问询要点）：

根据公开发行说明书，发行人于2019年12月制定《股权激励方案》，向15名激励对象以3元/股的价格授予激励股份共300万股，激励对象通过员工持股平台上海炽一企业管理咨询合伙企业（有限合伙）持有激励股份，限售期自取得之日起12个月。激励股份来源于公司通过全国股转系统回购的公司库存股股份。截至2021年1月14日，发行人已完成员工持股计划股票划转。

请发行人补充披露：①股权激励的主要条款约定、资金与股票来源、管理模式、存续期限、报告期内员工持股计划持有的股票总额及占发行人股本总额的比例、报告期内人员变动情况、因员工持股计划持有人处分权利引起的计划股份权益变动情况。②员工持股计划各项安排与《非上市公众公司监管指引第6号——股权激励和员工持股计划的监管要求（试行）》的衔接情况。③权益工具的公允价值及确认方法、股份支付费用的具体确定依据，说明相关会计处理是否符合《企业会计准则》的规定。

企业回复（回复要点）：

根据发行人于2019年12月制定并经股东大会审议通过的《股权激励方案》，主要条款包括：

……

截至本问询函回复出具之日，发行人员工持股计划未发生人员变动，未发生因员工持股计划持有人处分权利引起的计划股份权益变动。

本次员工持股计划已于 2019 年 12 月 25 日经发行人股东大会审议通过。2020 年 8 月 21 日，中国证监会发布并施行《证监会发布＜非上市公众公司监管指引第 6 号——股权激励和员工持股计划的监管要求（试行）＞》，"政策适用方面，《监管指引》发布施行时，新三板挂牌公司已经发布股权激励和员工持股计划草案，但未经股东大会审议通过的，应当按照《监管指引》的各项要求对照调整；已经股东大会审议通过的，可继续执行。"因此，发行人本次员工持股计划制定的《股权激励方案》可继续执行。

根据中证登出具的《证券过户登记确认书》《股份登记确认书》，激励股票已于 2021 年 1 月 13 日登记为上海炽一持有。

发行人承诺，如本次《股权激励方案》发生变更、终止等情形的，将依照《非上市公众公司监管指引第 6 号——股权激励和员工持股计划的监管要求（试行）》执行。

公司授予激励股份共 300 万股的价格即权益工具成本为 3 元/股，授予日公司股票的公允价值为 5.52 元/股，公司按照授予权益工具公允价值与授予权益工具成本差额 2.52 元/股，与授予股数 300 万股的乘积为当期服务成本，计入管理费用和资本公积，符合《企业会计准则》的规定。

评析：近年来，新三板持续改革，有些政策从无到有，有些制度不断修订和完善。所以，企业在上市前必然会被问到与现有规定是否冲突的问题。本案例涉及的是股权激励问题。对于拟上市企业，在实施股权激励时，不仅要考虑股权激励本身的激励效果，以及操作上可行性和便利性，还要关注其是否符合上市监管的规则要求。

发行人需要结合自身和企业实际，回答股权激励的背景、当时的法律规定、如何实施股权激励等。还要分析说明是否符合相关法律法规规定,包括股份支付问题、纳税问题、财务核算问题等。

14. 共同投资

根据《北京证券交易所向不特定合格投资者公开发行股票并上市业务规则适用指引第 1 号》:发行人如存在与其控股股东、实际控制人、董事、监事、高级管理人员及其亲属直接或者间接共同设立公司情形,发行人及中介机构应主要披露及核查以下事项:

1)发行人应当披露相关公司的基本情况,包括但不限于公司名称、成立时间、注册资本、住所、经营范围、股权结构、最近一年及一期主要财务数据及简要历史沿革。

中介机构应当核查发行人与上述主体共同设立公司的背景、原因和必要性,说明发行人出资是否合法合规、出资价格是否公允。

2)如发行人与共同设立的公司存在业务或资金往来的,还应当披露相关交易的交易内容、交易金额、交易背景以及相关交易与发行人主营业务之间的关系。中介机构应当核查相关交易的真实性、合法性、必要性、合理性及公允性,是否存在损害发行人利益的行为。

3)如公司共同投资方为董事、高级管理人员及其近亲属,中介机构应核查说明公司是否符合《公司法》第 148 条规定,即董事、高级管理人员未经股东会或者股东大会同意,不得利用职务便利为自己或者他人谋取属于公司的商业机会,自营或者为他人经营与所任职公司同类的业务。

案 例 **国义招标股份有限公司**

案例简介(问询要点):

根据公开发行说明书,金沃租赁为发行人与发行人实际控制人广新集团共同投资的企业,其中广新集团持有金沃租赁 **34.00%** 股权,为其第一大股东及实际控制人,发行人持有金沃租赁31.16%股权,为其第二大股东。发行人将所持金沃租赁的股权质押给广新集团,作为广新集团对金沃租赁银行授信合同担保的反担保。

共同投资的合理性和必要性。请发行人说明:与实际控制人共同投资的背景、原因和必要性,说明发行人出资是否合法合规,出资定价是否公允,发行人主营业务与金沃租赁业务之间的关系、业务往来情况。

企业回复(回复要点):

(1)发行人与实际控制人共同投资金沃租赁的背景、原因和必要性

发行人是一家专业的招标采购代理服务商,主营业务包括招标代理服务和招标增值服务。发行人在业务开展过程中,所服务的部分设备采购客户存在具有设备采购意向但资金不足的情形。发行人于2013年6月同另外三名发起人共同发起设立金沃租赁,考虑通过融资租赁业务满足客户的上述需求。

金沃租赁经过近2年的发展,到2015年业务规模逐步增大、盈利能力逐渐增强。由于融资租赁业务对自身资金规模要求较高,金沃租赁亟需通过股东注资增加自身资金规模,以解决业务发展中的资金需求。发行人在金沃租赁设立之初为其第一大股东,但由于自身资金规模有限,难以满足金沃租赁对资金的需求;同时发行人始终致力于自身主营业务的发展,无意在融资租赁业务方面投入较多资金。

广新集团作为发行人的实际控制人,资金实力雄厚,集团下属子公司众多。2015年广新集团希望通过直接投资金沃租赁,通过直接控股方式更好的管理金沃租赁,加强其在类金融业务板块的战略布局。基于以上情况,2015年9月,广新集团通过增资方式投资金沃租赁,并成为其控股股东。

综上,发行人与实际控制人广新集团共同投资金沃租赁具有合理性及必要性。

（2）发行人对金沃租赁的出资合法合规，出资定价公允

自金沃租赁成立以来，发行人对其共有 2 次出资。第一次为 2013 年 6 月金沃租赁设立时，发行人作为发起人之一对金沃租赁进行出资；第二次为 2015 年 9 月金沃租赁第一次增资时，发行人作为增资方之一对金沃租赁进行增资。

综上，发行人对金沃租赁的出资合法合规，出资定价公允。

（3）发行人业务与金沃租赁业务之间的关系、业务往来情况

报告期内，发行人的主营业务与金沃租赁业务之间不存在重合情形；发行人除存在为金沃租赁向广新集团以发行人持有的金沃租赁股权为限提供反担保外，与金沃租赁之间不存在其他业务往来，发行人不属于金融或类金融企业，符合《全国中小企业股份转让系统精选层挂牌审查问答（一）》问题 9 对发行人所属行业的监管要求。

发行人是一家专业的招标采购代理服务商，主营业务包括招标代理服务和招标增值服务，金沃租赁的主营业务为开展融资租赁服务，两者业务相互独立。报告期内发行人对金沃租赁的持股仅为简单的财务性投资，具体情况如下：

1）控制权方面：报告期内，发行人对金沃租赁无控制权。

报告期内，发行人持有金沃租赁的股权比例为 31.16%，为第二大股东，对金沃租赁不构成控制关系；同时，发行人在已披露的报告期内各期年度报告中，仅将金沃租赁作为联营企业列示。同时，金沃租赁董事会由 7 名董事组成，其中，发行人仅委派 1 名；发行人以其在董事会中所拥有的席位，无法对金沃租赁的董事会实施控制。

2）日常经营管理方面：报告期内，发行人并不直接参与金沃租赁日常经营管理。

金沃租赁已根据其公司章程相关规定设立了董事会、监事等决策机

构，聘任了总经理、副总经理、财务总监等高级管理人员，并按照自身业务经营需要设置了相应的职能部门，金沃租赁已建立内部经营管理机构，独立行使经营管理职权。金沃租赁根据其公司章程及相关内部控制制度文件的规定，由其相应内部决策机构或职能部门根据其权限对相关事项进行决策或行使经营管理职权。发行人主要通过其在董事会中行使表决权参与金沃租赁的重大事项决策，并不直接参与金沃租赁的日常经营管理。

3）业务往来方面：报告期内，发行人与金沃租赁除存在关联担保外，不存在其他业务往来。

报告期内，发行人除存在为金沃租赁向广新集团以发行人持有的金沃租赁股权为限提供反担保的情形外，与金沃租赁之间不存在其他关联交易及业务往来。同时，报告期内，金沃租赁业务机会的获取均为其自身业务团队独立完成，与发行人无关，发行人不构成金沃租赁的主要商业机会来源。

2021 年 5 月 31 日，发行人第五届董事会第十一次会议审议通过《关于出售金沃租赁股权暨关联交易的议案》。2021 年 6 月 15 日，发行人于 2021 年第三次临时股东大会审议通过上述议案，国义招标将持有金沃租赁的股权比例降至 15.00%。

同时，发行人出具了《承诺函》，承诺今后将不再以任何方式对金沃租赁追加投资，以逐步降低对金沃租赁的持股比例。

综上，报告期内，发行人的主营业务与金沃租赁业务之间不存在重合情形；发行人除存在为金沃租赁向广新集团以发行人持有的金沃租赁股权为限提供反担保外，与金沃租赁之间不存在其他业务往来，发行人不属于金融或类金融企业，符合《全国中小企业股份转让系统精选层挂牌审查问答（一）》问题 9 对发行人所属行业的监管要求；发行人及中介机构已按照《全国中小企业股份转让系统精选层挂牌审查问答（一）》

问题 24 对相关事项进行核查及披露。

评析：在实际 IPO 审核中，经常有一些发行人在经营中存在与其控股股东、实际控制人或董事、监事、高级管理人员的相关共同投资行为。监管机构对共同投资的主要关注点有：共同投资相关公司的基本情况；共同设立公司的背景、原因和必要性，说明发行人出资是否合法合规、出资价格是否公允；发行人与共同设立的公司存在业务或资金往来的，关注相关交易的交易内容、交易金额、交易背景以及相关交易与发行人主营业务之间的关系；如公司共同投资方为董事、高级管理人员及其近亲属，关注是否利用职务便利为自己或者他人谋取属于公司的商业机会，自营或者为他人经营与所任职公司同类的业务等。

本案例中，发行人与发行人的实际控制人共同投资了企业。发行人主要从与实际控制人共同投资是为了满足客户的需求解释共同投资具有合理性及必要性。通过对增资过程的详细说明，论证发行人对共同投资方的出资合法合规，出资定价公允。同时，发行人出具了《承诺函》，承诺今后将不再以任何方式对共同投资方追加投资，以逐步降低持股比例。

15. 重大事项报告

根据《北京证券交易所向不特定合格投资者公开发行股票并上市业务规则适用指引第 1 号》：发行人及中介机构应当按照本所发行上市审核相关规定，对下列重大事项进行报告、核查并发表明确意见：

1）发行人及其实际控制人、控股股东等发生重大媒体质疑、涉及重大违法行为的突发事件或被列入失信被执行人名单。

2）发生涉及公司主要资产、核心技术等诉讼仲裁，或者公司主要资产被查封、扣押等。

3）发行人控股股东和受控股股东、实际控制人支配的股东所持发行人股份被质押、冻结、拍卖、托管、设定信托或者被依法限制表决权，或发生其他可能导致控制权变更的权属纠纷。

4）发行人发生重大资产置换、债务重组等公司架构变化的情形。

5）发生影响公司经营的法律、政策、市场等方面的重大变化。

6）发生违规对外担保、资金占用或其他权益被控股股东、实际控制人严重损害的情形，或者损害投资者合法权益和社会公共利益的其他情形。

7）披露审计报告、重大事项临时公告或者调整盈利预测。

8）发生可能导致中止或终止审核的情形。

9）存在其他可能影响发行人符合发行条件、上市条件和相应信息披露要求，或者影响投资者判断的重大事项。

案例 攀枝花秉扬科技股份有限公司

案例简介（问询要点）：

根据公开发行说明书，公司控股股东、实际控制人之一樊荣以其持有的 5 500 万股本公司股票质押给中建投租赁（天津）有限责任公司，占公司股本总额的 51.49%。

（1）股权质押情况

公司已向中建投租赁（天津）有限责任公司提出提前还款申请，双方将就后续事项进一步商议。请发行人补充披露：①上述股权质押融资的原因、基本情况、资金具体用途和质权实现条件，提前还款的协商进展情况，公司相应资金来源情况。②控股股东、实际控制人股份是否存在其他权利受限的情形，如存在，请披露具体情况。

（2）股权质押对控制权的影响

请发行人：①结合提前还款协商情况、发行人和樊荣的财务状况等，说明上述质押股份是否存在被强制处分的风险，是否可能导致控股股东、实际控制人发生变更。②说明发行人、控股股东及实际控制人维持控制权稳定已采取和拟采取的相关措施和具体时间安排，并说明其有效性。

企业回复（回复要点）：

（1）股权质押融资的原因、基本情况、资金具体用途和质权实现条件，提前还款的协商进展情况，公司相应资金来源情况

为满足生产经营中流动资金需要，发行人与中建投租赁（天津）有限责任公司于 2019 年 4 月 23 日签订了编号为 2019-LX0000002562-001-001、2019LX0000002562-001-002 的融资租赁合同，约定发行人向中建投租赁（天津）有限责任公司融资金额 5 000 万元，期限为 36 个月。为此，樊荣将其持有的公司 5 500 万股股份以及该股权因送股、配股、公积金转增等派生的股权为发行人上述融资租赁提供质押担保，并于 2019 年 4 月 23 日办理了质押登记。

根据樊荣与中建投租赁（天津）有限责任公司签订的编号为 2019-LX0000002562-001-D02 的《股权质押合同》第 8.1 条约定，质权实现的条件为：①债务人未按照主合同规定的期限、金额和币种向债权人支付租金、首付款、保证金、租赁手续费和其他应付款项；②根据主合同的约定债权人可以提前实现债权的其他情形；③主合同被确认为无效、部分无效或被撤销，债务人因返还财产或赔偿损失而形成的对债权人的债务，债务人未清偿的；④主合同履行期间，债务人破产、关闭、停产、合并、转产、股权变更、重整等情况影响债务人按主合同约定支付租金、保证金、租赁手续费、首付款和其他应付款项。

2020 年 7 月 21 日，发行人向中建投租赁（天津）有限责任公司发送《提前还款申请书》，载明为确保樊荣所持发行人 5 500 万股股份质押事宜对本次公开发行不构成实质性障碍，公司决定于 2020 年 7 月 31 日提前还款，并明确剩余本金及利息加上提前还款手续费、留购价款并扣除保证金后，发行人提前还款净额合计 35 167 581.71 元。截至 2020

年 7 月 31 日，发行人已向中建投租赁（天津）有限责任公司归还完毕 35 167 581.71 元款项。2020 年 8 月 11 日，中建投租赁（天津）有限责任公司向秉扬科技出具《租赁物所有权转移证书》，载明截至 2020 年 7 月 31 日，其已收到秉扬科技支付的 2019-LX0000002562-001-001、2019LX0000002562-001-002 号《融资租赁合同》项下全部租金及应付款项、留购价款，租赁物所有权转移至秉扬科技。2020 年 8 月 14 日，中国证券登记结算有限公司就樊荣所持发行人 5 500 万股股份办理了解除质押登记手续，且发行人于同日就樊荣所持发行人 5 500 万股股份质押解除事宜在全国中小企业股份转让系统信息披露网站发布了《关于股权解除质押的公告》（公告编号：2020-097）。

鉴于以上资金归还计划及公司生产经营中新增流动资金需求，在归还完毕前述款项前，为弥补资金缺口，公司新增借款合计不超过 9 400 万元，该等借款均不存在以发行人股权作为质押担保的情形。

（2）控股股东、实际控制人股份是否存在其他权利受限的情形

根据实际控制人承诺说明、中登公司北京分公司出具的《前 200 名全体排名证券持有人名册》（权益登记日为 2020 年 8 月 31 日）、攀枝花市市监局钒钛高新技术产业开发区分局出具的《证明》，截至 2020 年 8 月 31 日，发行人股东持有发行人的股份不存在被冻结、查封、保全或者其他设定质押的情况。

综上，公司不存在被强制处分的风险，不会导致发行人控股股东、实际控制人发生变更。

根据前述，为维持控股股东、实际控制人樊荣所持公司股权稳定，公司已提前向中建投租赁（天津）有限责任公司归还完毕融资本金及利息并解除股份质押登记，有效确保了公司控制权的稳定。

评析：《北京证券交易所向不特定合格投资者公开发行股票并上市业

务规则适用指引第 1 号》明确要求对重大事项进行报告、核查并发表明确意见，并列示了九个方面的重大事项。

本案例属于发行人的控股股东、实际控制人之一大比例股份被质押情形。监管层主要关注股权质押对控制权的影响。

发行人从股权质押融资的原因、基本情况、资金具体用途和质权实现条件等，详细分析了股权质押的过程。取得了相关部门出具的证明文件，说明发行人股东持有发行人的股份不存在被冻结、查封、保全或者其他设定质押的情况。公司不存在被强制处分的风险，不会导致发行人控股股东、实际控制人发生变更。

8.4 业务经营类问题

1. 行业属性

根据《全国中小企业股份转让系统精选层挂牌审查问答（一）》：发行人不得属于产能过剩行业或《产业结构调整指导目录（2019 年本）》中规定的限制类、淘汰类行业。产能过剩行业的认定以国务院主管部门的规定为准。

根据《北京证券交易所向不特定合格投资者公开发行股票并上市业务规则适用指引第 1 号》：发行人应当结合行业特点、经营特点、产品用途、业务模式、市场竞争力、技术创新或模式创新、研发投入与科技成果转化等情况，在招股说明书中充分披露发行人自身的创新特征。保荐机构应当对发行人的创新发展能力进行充分核查，在发行保荐书中说明核查过程、依据和结论意见。

发行人属于金融业、房地产业企业的，不支持其申报在本所发行上市。

发行人生产经营应当符合国家产业政策。发行人不得属于产能过剩行业（产能过剩行业的认定以国务院主管部门的规定为准）、《产业结构调整指导目录 2019 年本》中规定的淘汰类行业，以及从事学前教育、学科类培训等业务的企业。

案例　三门三友科技股份有限公司

案例简介（问询要点）：

根据公开发行说明书，公司率先打破了国外企业在精炼铜冶炼设备生产领域的垄断地位，公司主营产品成功实现进口替代。结合主要产品工艺、行业产能情况等，说明发行人是否存在《产业结构调整指导目录（2019 年本）》规定的限制、淘汰类产能，是否属于产能过剩行业。

企业回复（回复要点）：

（1）发行人不存在《产业结构调整指导目录（2019 年本）》规定的限制、淘汰类产能

《产业结构调整指导目录（2019 年本）》中针对有色金属行业提出，鼓励发展高效、低耗、低污染、新型冶炼技术开发，限制单系列 10 万吨/年规模以下粗铜冶炼项目（再生铜项目及氧化矿直接浸出项目除外），淘汰鼓风炉、电炉、反射炉炼铜工艺及设备和无烟气治理措施的再生铜焚烧工艺及设备，以及 50 吨以下传统固定式反射炉再生铜生产工艺及设备。

自 2002 年成立以来，公司专注于有色金属电化学精炼专用新型电极材料及成套智能装备的研发、生产和销售，公司产品主要分为阴极板和机组设备两大类，上述产品的主要生产工艺包括校平、焊接、表面处理、检测、冲压加工等，公司不存在被《产业结构调整指导目录（2019 年本）》界定为限制类、淘汰类的工艺和产品。

（2）发行人所处行业不属于产能过剩行业

发行人所处细分行业为有色金属精炼设备制造业，永久不锈钢阴极

板是公司的核心产品。有色金属精炼设备制造业属于国家鼓励类产业，近年来，国家先后颁布了多项产业政策以推动和促进有色金属精炼设备制造行业良性发展。公司产品主要应用于精炼铜的生产。由于铜具有很好的延展性、易加工，同时具备良好的导热、导电性能，因此铜在电缆和电气、电子元件中是最常用的材料。此外，铜可用作建筑材料，可以组成众多种合金，铜合金机械性能优异，电阻率很低。目前铜是世界上消耗量第二大的有色金属，仅次于铝。近年来，我国精炼铜产能稳步扩张，带动了铜精炼设备制造行业的发展。

因此，发行人所处行业不属于产能过剩行业。

评析：产能几乎是上市审查不可回避的问题。实践中，关于产能的五类问题是审查重点，分别为产能与公司产供销的匹配关系、产能利用率不足的情况下募投新增产能如何消化、进一步新增产能对独立性的影响、上下游或相关行业产能过剩对公司的影响、超产能生产的合法合规性。拟上市企业如果本身处于产能过剩的行业，一般无法上市，另外如果上下游产能过剩，也会对拟上市企业产生一定的负面影响。与产能过剩有关的政策有《关于抑制部分行业产能过剩和重复建设引导产业健康发展若干意见》和《国务院关于化解产能严重过剩矛盾的指导意见》等，拟上市企业应结合《产业结构调整指导目录（2019年本）》，从细分的产品情况论述不属于产能过剩行业。

2.核心竞争力和行业地位

发行人在申报及审核过程中，应当使用客观性的语言描述公司的产品核心竞争力及行业地位，根据《全国中小企业股份转让系统精选层挂牌审查问答（一）》，提交的文件中涉及第三方数据的（主要指涉及发行人及其交易对手之外的第三方相关交易信息），考虑到第三方数据一般较难获取并具有一定隐私性，发行人及中介机构在公开披露的文件中引用的第三方数据可以限于公开信息，并注明资料来源，一般不要求披露未公开的第三方数据。

中介机构应当核查第三方数据来源的真实性及权威性、引用数据的必要性及完整性、与其他披露信息是否存在不一致，说明第三方数据是否已公开、是否专门为本次发行准备以及发行人是否为此支付费用或提供帮助，确保直接或间接引用的第三方数据有充分、客观、独立的依据。

根据《北京证券交易所向不特定合格投资者公开发行股票并上市业务规则适用指引第1号》：第三方数据主要指涉及发行人及其交易对手之外的第三方相关交易信息，例如发行人的交易对手与其客户或供应商之间的交易单价及数量、可比公司或可比业务财务数据等。考虑到第三方数据一般较难获取并具有一定隐私性，发行人及中介机构在公开披露的文件中引用的第三方数据可以限于公开信息，并注明资料来源，一般不要求披露未公开的第三方数据。

中介机构应当核查第三方数据来源的真实性及权威性、引用数据的必要性及完整性、与其他披露信息是否存在不一致，说明第三方数据是否已公开、是否专门为本次发行准备以及发行人是否为此支付费用或提供帮助，确保直接或间接引用的第三方数据有充分、客观、独立的依据。

案例 **陕西同力重工股份有限公司**

案例简介（问询要点）：

1）公司主要产品的竞争力。根据申报材料，发行人2019年度销量占据非公路自卸车（含非公路宽体自卸车、非公路矿用自卸车）行业47.62%市场份额，处于行业龙头位置。请发行人：①说明上述数据来源、计算口径、真实性、权威性、客观性。②结合主要产品与同行业竞争对手在适应性、成熟性、稳定性、出勤率、可靠性、耐久性、环保排放、降低能耗、绿色化、宜人化、智能化等方面的异同，以及报告期内发行人市场份额变动情况，说明发行人主要产品在性能、安全、服务水平等方面是否具有先进性和市场竞争力。

2）公司行业地位的客观依据。请发行人补充披露"公司是中国非公路宽体自卸车行业的开创者和领导者""开发出了填补国内空白的非公路宽体自卸车，定义并确定了技术指标和技术路线""首创非公路宽体自卸车设计规范及标准"等的客观依据。

3）参与制定行业标准的情况。根据申报材料，发行人是国内非公路自卸车行业标准和国家标准的起草、制定参与者，主持编制或参与编制多项国家或行业标准。请发行人补充说明公司在各项行业标准制定中的具体职责及所起作用，是否为牵头起草单位，"负责起草单位"与"参加起草单位"在职责等方面的差异。

企业回复（回复要点）：

1）数据来源为中国工程机械工业协会向会员单位下发的《二零一九年工程机械主要企业主要产品产销存汇编》。中国工程机械行业综合统计年报汇编工作已开展二十余年，是行业内权威的数据发布来源，具备权威性。数据由工程机械产品制造商根据工程机械行业协会编制的年度统计报表主动上报，并非为发行人本次申报而准备，发行人亦未就此专项支付费用，具备真实性和客观性。

2）发行人自2005年开始研发生产非公路宽体自卸车，是国内首家专业研发生产非公路宽体自卸车的高新技术企业。经过十几年的技术积累和创新，建立了非公路宽体自卸车设计规范、标准，是国家标准和行业标准的制定单位。

截至报告期末，发行人共有108项专利权，其中发明专利15项，实用新型专利79项，外观设计专利14项，建有省级工程运输机械技术中心。发行人建立了非公路宽体自卸车价值评价体系，即高效、低耗、安全、可靠、环保五个维度及各个维度的权重标准，确定了影响产品核心价值的关键技术方向，开展了"非公路宽体自卸车节能减排专项课题研究及应用""非公路宽体自卸车安全系统研究及应用"等专项科研工作，为产品先进性奠定了技术基础。

根据中国工程机械工业协会发布的年度《工程机械主要企业主要产品产销存汇编》，在纳入统计的主要非公路自卸车生产企业中，2017年、2018年、2019年发行人销量占比分别为38.15%、52.32%、47.62%。处于行业领先地位。

综上，发行人产品在性能、安全、服务水平方面具有先进性和市场竞争力。

3）公司是国内非公路自卸车行业标准和国家标准的起草、制定参与者。对非公路宽体自卸车整车及零部件新产品进行型式试验及可靠性试验，产品质量进一步提升。

评析： 发行人产品的核心竞争力和其在行业内的地位，是直接影响发行人持续经营能力的一个重要因素，也是审核过程中的关注重点。发行人在对相关内容进行描述时，要尽量使用客观性的语言，并且有权威的第三方数据作为支撑，避免空泛、夸张的论述。

3. 违法行为（生产安全、食品安全、环保等）

根据《全国中小企业股份转让系统精选层挂牌审查问答（一）》，发行人及其控股股东、实际控制人在36个月内，在国家安全、公共安全、生态安全、生产安全、公众健康安全等领域，存在重大违法行为的，不得进入精选层。重大违法行为包括：被处以罚款等处罚且情节严重；导致严重环境污染、重大人员伤亡、社会影响恶劣等。

有以下情形之一且保荐机构及发行人律师出具明确核查结论的，可以不认定为重大违法：违法行为显著轻微、罚款数额较小；相关规定或处罚决定未认定该行为属于情节严重；有权机关证明该行为不属于重大违法。但违法行为导致严重环境污染、重大人员伤亡、社会影响恶劣等并被处以罚款等处罚的,不适用上述情形。

案例一　　江苏森萱医药股份有限公司

案例简介(问询要点):

根据公开发行说明书,2017年11月2日,如东县安全生产监督管理局出具"(东)安监罚[2017]s6024号"《行政处罚决定书》,由于南通公司二车间5-氟尿嘧啶品种2台甲基化反应釜发生一起冲料事故,导致2人死亡,被处以肆拾万元罚款。经查询公开信息,2016年9月9日20时05分左右,发行人多功能车间生产过程中发生反应釜冲料事故,造成5人受伤,其中公司副总经理马峰因伤势过重经医院抢救无效死亡。此外,发行人南通森萱、鲁化森萱持有的危险化学品登记证将于2020年下半年到期。请发行人披露:①发行人及子公司相关安全生产事故是否已均完成整改,安全生产制度是否健全,安全生产措施是否被有效执行。②上述生产事故的整改情况,行政处罚是否构成重大违法行为,是否导致停产停工,是否对生产经营产生重大不利影响。请保荐机构、发行人律师对上述事项核查并发表明确意见。

企业回复(回复要点):

①公司及南通公司已完成整改,现公司及子公司安全生产制度健全,安全生产措施有效执行;②根据《生产安全事故报告和调查处理条例》第三条的规定,"根据生产安全事故(以下简称事故)造成的人员伤亡或者直接经济损失,事故一般分为以下等级:……(四)一般事故,是指造成3人以下死亡,或者10人以下重伤,或者1 000万元以下直接经济损失的事故。"泰兴市安全生产监督管理局已于2019年1月18日出具《证明》,证明上述行政处罚不属于重大违法违规。

评析：公司上市过程中，环保及安全生产是中国证监会关注的重点问题。这主要涉及公司生产可持续性、拟上市主体是否已被处罚或被处罚风险、投资者对公司未来发生事故风险的预期状况等。拟上市企业发生安全事故，需从以下几方面进行充分论述说明：①具体伤亡情况；②事故原因；③能否取得政府部门确认函；④公司内控制度是否存在缺陷等。

案例二　无锡吉冈精密科技股份有限公司

案例简介（问询要点）：

根据申报材料，2018年5月，发行人因将部分废水排入市政污水管网，无锡市锡山区环境保护局向发行人下达锡山环罚决[2018]93号《行政处罚决定书》，责令发行人改正上述环境违法行为，罚款人民币20万元。请发行人补充说明：①上述违规是否构成重大违法行为，整改措施及整改后是否符合环保法律法规的规定；②根据公开发行说明书，发行人及子公司均取得排污许可证，但排污许可证有效期间未能完整覆盖报告期，请发行人补充披露发行人是否按规定取得排污许可证，是否存在未取得排污许可证或者超越排污许可证范围排放污染物等情况，是否违反《排污许可管理条例》相关规定，是否已完成整改，是否构成重大违法行为。

企业回复（回复要点）：

根据《城镇排水与污水处理条例》《城镇污水排入排水管网许可管理办法》《全国中小企业股份转让系统股票挂牌条件适用基本标准指引（试行）》等法律法规的有关规定，公司及其子公司存在因上述情形受到处罚的风险，但不构成重大违法违规行为，不会对本次发行并挂牌造成实质性法律障碍。

评析：在国家建设环境友好型社会的大背景下，环境保护成了拟上市企业需要重点关注的事项，在申报的过程中需要提前做好充分准备。存在环保处罚的，最好能直接取得环保部门无重大违法违规证明，在无法取得环保部门对违法行为"定性"说明的情况下，可以由中介机构从法条上对违法行为的情节严重程度进行论证。同时，最好也从违法行为产生的原因及后果、违法行为是否属于主观故意、整改措施的有效性、是否再犯、环保内控制度的有效性等角度解释拟上市企业对违法行为整改的态度。

除了上述问题之外，企业是否发生过环保事故或重大群体性的环保事件，有关公司环保的媒体报道，污染处理设施的运行是否正常有效、环保投入、环保设施及日常治污费用是否与处理公司生产经营所产生的污染相匹配等，均可能引起监管机构的关注。

4. 产品质量

根据《全国中小企业股份转让系统诚信监督管理指引》，主办券商及律师事务所应当充分核查申请挂牌公司及其相关主体是否存在被列入环保、食品药品、产品质量和其他领域各级监管部门公布的其他形式"黑名单"的情形，结合具体情况对申请挂牌公司是否符合"合法规范经营"的挂牌条件出具明确意见。

案例 **四川长虹新能源科技股份有限公司**

案例简介（问询要点）：

根据公开发行说明书，2018年6月，益洋新能源因电芯故障发生火灾，子公司长虹三杰为其库存电芯供应商之一，被一审法院判决承担赔偿责任。请发行人说明发行人及子公司关于电池产品质量安全的内控制度，质量控制和检测体系的运作模式与人员安排；对质量瑕疵产品的处置方式，是否建立了召回机制并配备了相应负责人员；质量控制和检测体系及召回机制是否有效；报告期内是否曾因产品质量问题发生退、换货，如有，请披露产品类别、数量、金额、客户等情况。

企业回复（回复要点）：

1）详细披露公司及子公司质量控制和检测体系。

2）发行人及子公司均建立了健全的质量控制体系。报告期内，发行人因产品质量问题发生的退换货情况较少，退换货的金额较低。报告期内，发行人的退货主要因包装、技术指标不符要求所致，具体如表8-48所示。

表8-48 情况表

产品类型	退货数量		含税退货金额	
	数量（万只）	占比	金额（万元）	占比
碱性电池	213.36	96.98%	135.01	70.03%
碳性电池	—	—	—	—
锂电池	6.65	3.02%	57.77	29.97%
合计	220.01	100%	192.78	100%

报告期内，发行人碱电、锂电的前五大客户均未发生退换货的情形。

评析： 成功企业的背后，离不开过硬的产品质量。拟上市企业应当形成自身对产品品质精益求精的内部管理文化和各个工序生产员工对上一工序和下一工序进行循环检查的良好内部监督管控机制，严把质量关，只有通过产品质量提升和品牌培育打造，才能不断增强企业核心竞争力。

5. 客户集中度高

根据《全国中小企业股份转让系统精选层挂牌审查问答（一）》：发行人存在客户集中度较高情形的，保荐机构应重点关注该情形的合理性、客户的稳定性和业务的持续性，督促发行人做好信息披露和风险揭示。

对于非因行业特殊性、行业普遍性导致客户集中度偏高的，保荐机构在执业过程中，应充分考虑相关大客户是否为关联方或者存在重大不确定性客户；该集中是否可能导致发行人未来持续经营能力存在重大不确定性。

对于发行人由于下游客户的行业分布集中而导致的客户集中具备合理性的特殊行业（如电力、电网、电信、石油、银行、军工等行业），发行人应与同行业可比公众公司进行比较，充分说明客户集中是否符合行业特性，发行人与客户的合作关系是否具有一定的历史基础，是否有充分的证据表明发行人采用公开、公平的手段或方式独立获取业务，相关的业务是否具有稳定性以及可持续性，并予以充分的信息披露。

针对因上述特殊行业分布或行业产业链关系导致的发行人客户集中的情况，保荐机构应当综合分析考量以下因素的影响：一是客户集中的原因，与行业经营特点是否一致，是否存在下游行业较为分散而发行人自身客户较为集中的情况及其合理性。二是客户在其行业中的地位、透明度与经营状况，是否存在重大不确定性风险。三是与客户合作的历史、业务稳定性及可持续性，相关交易的定价原则及公允性。四是与重大客户是否存在关联关系，发行人的业务获取方式是否影响独立性，发行人是否具备独立面向市场获取业务的能力。

保荐机构如发表意见认为发行人客户集中不对持续经营能力构成重大不利影响的，应当提供充分的依据说明上述客户本身不存在重大不确定性，发行人已与其建立长期稳定的合作关系，客户集中具有行业普遍性，发行人在客户稳定性与业务持续性方面没有重大风险。发行人应在公开发行说明书中披露上述情况，充分揭示客户集中度较高可能带来的风险。

根据《北京证券交易所向不特定合格投资者公开发行股票并上市业务规则适用指引第1号》：发行人存在客户集中度较高情形的，保荐机构应重点关注该情形的合理性、客户的稳定性和业务的持续性，督促发行人做好信息披露和风险揭示。

对于非因行业特殊性、行业普遍性导致客户集中度偏高的，保荐机构在执业过程中，应充分考虑相关大客户是否为关联方或者存在重大不确定性客户；该集中是否可能导致发行人未来持续经营能力存在重大不确定性。

对于发行人由于下游客户的行业分布集中而导致的客户集中具备合理性的特殊行业（如电力、电网、电信、石油、银行、军工等行业），发行人应与同行业可比公众公司进行比较，充分说明客户集中是否符合行业特性，发行人与客户的合作关系是否具有一定的历史基础，是否有充分的证据表明发行人采用公开、公平的手段或方式独立获取业务，相关的业务是否具有稳定性以及可持续性，并予以充分的信息披露。

针对因上述特殊行业分布或行业产业链关系导致发行人客户集中情况，保荐机构应当综合分析考量以下因素的影响：一是发行人客户集中的原因，与行业经营特点是否一致，是否存在下游行业较为分散而发行人自身客户较为集中的情况及其合理性。二是发行人客户在其行业中的地位、透明度与经营状况，是否存在重大不确定性风险。三是发行人与客户合作的历史、业务稳定性及可持续性，相关交易的定价原则及公允性。四是发行人与重大客户是否存在关联关系，发行人的业务获取方式是否影响独立性，发行人是否具备独立面向市场获取业务的能力。

保荐机构如发表意见认为发行人客户集中不对持续经营能力构成重大不利影响的，应当提供充分的依据说明上述客户本身不存在重大不确定性，发行人已与其建立长期稳定的合作关系，客户集中具有行业普遍性，发行人在客户稳定性与业务持续性方面没有重大风险。发行人应在招股说明书中披露上述情况，充分揭示客户集中度较高可能带来的风险。

案例 北京殷图网联科技股份有限公司

案例简介（问询要点）：

根据公开发行说明书，报告期内，发行人前五大客户销售占比分别为99.69%、99.86%和97.43%；其中向国家电网公司相关下属单位的销售占比分别为34.37%、85.08%和72.15%。请发行人说明客户集中度较高的原因及合理性，是否符合行业惯例。

企业回复（回复要点）：

公司是以电网运行智能辅助监控为核心的电网智能化综合解决方案提供商，业务链涵盖方案设计、软件开发、集成联调、升级改造及运行维护等各个环节。

我国电力行业寡头垄断的竞争格局、国家电网在电力行业中的突出地位以及其在电网智能化建设中的关键性角色，决定了发行人客户集中度较高，发行人客户集中度较高具有合理性，与行业经营特点一致，不属于下游行业较为分散而发行人自身客户较为集中的情形。

报告期内，同行业可比公司前五大客户销售收入占比及客户类别情况如表8-49所示。

表8-49 情况表

公司名称	2019年	2018年	2017年	主要客户类别
国电南瑞	72.01%	68.40%	61.27%	电网行业客户
亿嘉和	82.86%	48.14%	97.47%	国家电网、南方电网等
申昊科技	96.47%	95.55%	95.45%	国家电网及其下属企业
中星技术	95.38%	53.72%	59.12%	公安部、中国电信
发行人	97.43%	99.86%	99.69%	国家电网及其下属企业，各电力公司机关工会委员会下属企业

报告期内，发行人同行业可比公司客户集中度均较高。综上，发行人客户集中度较高符合行业惯例。

评析：通常来说，如果发行人客户集中度较高，对大客户严重依赖，一旦大客户发生较大的变故，对发行人的业绩等问题将产生极为不利的影响，从而对公司持续稳定的发展产生重大的不利影响。因此，在更为严格的审核中，拟上市公司背后存在客户集中度高的问题，将为发行人的独立性埋下隐患，该问题虽然不属于实质性障碍，但却是一个重要的审核风险，应引起拟上市公司及保荐机构的高度重视。但是，如果有合理的原因及解释，特别是特殊行业的拟上市公司，即使存在严重依赖大客户的情况，只要有合理解释仍然可以成功过会。

6. 大客户依赖（与主要客户的合作稳定性）

根据《首次公开发行股票并上市管理办法（2020年7月修正）》：发行人不得有下列影响持续盈利能力的情形：……（三）发行人最近1个会计年度的营业收入或净利润对关联方或者存在重大不确定性的客户存在重大依赖。

案例 **大连盖世健康食品股份有限公司**

案例简介（问询要点）：

公开发行说明书显示，报告期内，海底捞均为发行人前五大客户，其中2018年和2019年为第一大客户，对应销售收入分别为4 562.23万元和6 503.16万元，占年度营收比重分别为24%和28.32%，与海底捞的业务对公司生产经营影响较大。据海底捞中期业绩公告显示，海底捞2020年半年度营业收入同比下滑16.5%，净利润由去年同期的9.12亿元骤降到-9.6亿元。

请发行人：①补充披露报告期内与海底捞的销售合作情况，包括但不限于获取订单的方式及合法合规性、定价方式和定价原则、合同到期后如何安排，合作关系是否可持续，是否存在重大不确定性风险等。②

补充披露发行人在海底捞同类产品供应链中的销售占比，发行人在产品品质、价格、配送、售后服务等方面，与其他供应商相比有哪些优劣势，结合海底捞供应商管理体系及质量控制制度，分析是否存在被其他供应商替代的风险。③结合2020半年度数据补充说明对海底捞的销售情况，量化分析受疫情影响海底捞销售收入下降对发行人经营业绩的影响，并结合与海底捞的后续合同签订和执行情况，分析预测双方合作前景和安排。④结合上述情况，分析并补充披露发行人是否存在大客户依赖风险，结合开拓新客户方面采取的主要措施和执行效果，补充说明发行人在降低客户集中度方面的进展情况。

企业回复（回复要点）：

①报告期内，发行人与海底捞签订的框架合同及订单均能正常履行，到期后的框架合同也顺利完成续签。发行人近三年向海底捞销售金额持续扩大，与海底捞的合作关系具有可持续性，不存在重大不确定性风险。②发行人持续满足海底捞对供应商的评价与考核要求，向海底捞提供的凉菜产品满足海底捞的质量控制体系相关要求。因此，发行人与海底捞具备长期合作的条件，被其他供应商替代的风险较小。③发行人与海底捞的合作日益深入，随着海底捞国内门店数量增加、供货产品品项增加、国外区域门店的开发拓展，公司上半年向海底捞供货受疫情的影响能够得到有效弥补，发行人已制定了明确的针对海底捞的后续业务开发安排，与海底捞的后续合作前景良好。④综上，发行人在一定程度上存在大客户依赖风险，发行人正在积极开拓新客户，降低客户集中度过高的风险。

评析： 客户依赖往往是发行人缺乏市场开拓能力的表现，并导致发行人经营存在重大风险，是对发行人的持续经营能力进行核查时的关注重点之一。与重要客户的合作稳定性，直接影响发行人的业务稳定性和持续性。存在大客户依赖风险的发行人，应充分披露与大客户的合作情况，并披露相关的风险以及为降低客户集中度采取的措施。当重要客户本身发生重大不利变化，从而可能对发行人的业务稳定性和持续性造成影响时，发行人应仔细评估相应情况，并充分披露相关风险。

业内普遍认为，前5大客户给公司贡献的销售份额在50%或以下者，风险较小，过高就会有依赖大客户的嫌疑。当然，也有一些发行人，虽然存在依赖大客户嫌疑，但基于行业特殊情况进行合理说明也是可行的，只要理由充分，不会成为上市硬伤。

7. 商业贿赂（订单获取的合规性）

根据《首次公开发行股票并上市管理办法（2020年7月修正）》：发行人的生产经营要符合法律、行政法规和公司章程的规定，符合国家产业政策。发行人的内部控制制度健全且被有效执行，能够合理保证财务报告的可靠性、生产经营的合法性，以及营运的效率与效果。

根据《中华人民共和国反不正当竞争法》：经营者不得采用财物或者其他手段进行贿赂以销售或者购买商品。在账外暗中给予对方单位或者个人回扣的，以行贿论处；对方单位或者个人在账外暗中收受回扣的，以受贿论处。经营者销售或者购买商品，可以以明示方式给对方折扣，可以给中间人佣金。经营者给对方折扣、给中间人佣金的，必须如实入账。接受折扣、佣金的经营者必须如实入账。

案 例 **华维设计集团股份有限公司**

案例简介（问询要点）：

根据公开发行说明书，发行人报告期内主要通过独立投标、联合投标和直接委托三种方式获取业务。报告期各期来源于江西省内收入占比均超过75%，江西省内业务毛利率明显高于江西省外业务毛利率。请发行人说明：①报告期内三种模式的收入金额、合同数量，获取订单方式是否符合法律法规和相关客户的采购政策。②报告期内是否存在应履行公开招投标程序而未履行的情形,若是,请补充披露具体情况,是否存在合同被撤销风险,是否对发行人业绩存在重大影响。③报告期内是否存在不正当竞争或商业贿赂等违法违规行为,是否受到相关行政处罚,说明客户主要经办人员是否与发行人实际控制人、控股股东、董监高、其他核心人员存在关联关系,是否存在委托持股或其他利益安排的情形。

企业回复(回复要点):

(1)报告期内三种模式的收入金额、合同数量

报告期内,公司独立投标、联合投标和直接委托三种模式的合同数量、收入金额及占比情况如表 8-50 所示。

表 8-50 数据表

销售模式	2020 年 1-6 月			2019 年		
	合同数量	收入(万元)	收入占比	合同数量	收入(万元)	收入占比
独立投标	60	4124.51	52.24%	120	9259.38	48.7%
联合投标	9	519.68	6.58%	15	4240.85	22.3%
直接委托	303	3251.66	41.18%	600	5514.36	29%
合计	372	7895.85	100%	735	19014.59	100%
销售模式	2018 年			2017 年		
	合同数量	收入(万元)	收入占比	合同数量	收入(万元)	收入占比
独立投标	99	8472.96	53.9%	91	7370.04	54.56%
联合投标	10	2901.9	18.46%	6	2494	18.46%
直接委托	589	4346	27.64%	427	3643.58	26.97%
合计	698	15720.86	100%	524	13507.62	100%

(2)获取订单方式是否符合法律法规和相关客户的采购政策

报告期内,公司通过独立投标、联合投标和直接委托三种方式获取业务。对于项目金额较大、属于必须招投标范围项目,公司依法通过独立投标、联合投标的方式获得业务;对于标的金额较低或其他特殊原因不属于必须招标的业务,公司根据相关客户的采购政策通过直接委托方

式获得业务。报告期内公司获取订单的方式符合法律法规和相关客户的采购政策，不存在法律纠纷或者诉讼的情形。

根据相关规定，报告期内，公司无须履行招投标程序的情形如表8-51所示。

表 8-51　情况表

序号	无须履行招投标程序的情形
1	面向私营、不属于规定项目类型范围的项目
2	属于规定项目类型范围，但合同金额未达到招投标标准的项目
3	属于规定项目类型范围，项目总包方通过招标方式承接项目，采用设计劳务分包或技术服务咨询方式委托公司协助实施的项目
4	属于规定项目类型范围，原项目合同未到招标标准，设计方案变更后，签署增补合同，单个合同金额均未达到招投标标准的项目
5	属于规定项目类型范畴，原合同已招标，设计方案变更后，签署增补合同，未重复履行招投标程序的项目
6	属于规定项目类型范畴，客户对设计造型或设计技术有特殊要求，指定公司设计的项目

报告期内公司订单获取方式合规有效，不存在应招投标而未履行招投标程序的情形，不存在合同被撤销风险和被处罚的风险，对公司业绩不存在重大不利影响。

报告期内，公司制定了《项目投标管理办法》和《反商业贿赂制度》等相关制度，并严格按规章制度及法律法规要求执行。报告期内，公司在参与招投标的过程中不存在不正当竞争或商业贿赂等违法违规行为，未受到相关行政处罚；客户主要经办人员与公司实际控制人、控股股东、董监高、其他核心人员不存在关联关系，亦不存在委托持股或其他利益安排的情形。

评析：商业贿赂问题属于审核关注的焦点之一，特别是医疗行业、快消品行业、地产行业，以及通过招投标、机关部门、垄断行业开展业务的公司。结合本案例，通常而言，需要通过招投标获得客户的工程类企业如存在业务来源于非招投标途径的，则会被关注报告期内是否存在应履行招投标程序而未履行的情形,是否存在违规承接业务的情形,是否存在商业贿赂和不正当竞争情形。建议拟上市企业从以下几个方面进行解释说明:第一,如实披露通过招投标及未通过招投标获得项目的数量、收入及占比;第二,对未通过招投标方式获得项目进行分类(依法非必须履行招投标程序及应当履行未履行的情形);第三,阐述虽然存在应当履行招投标但未履行的项目,但要说明:①其已经履行完毕或执行不存在争议及纠纷;②未履行招投标并非发行人造成;③未履行招投标不影响发行人根据项目进度追索相应款项,不会对发行人的生产经营造成重大不利影响;④发行人制定了相关内控制度;⑤主管部门出具合规证明且实际控制人兜底承诺;第四,阐述发行人针对商业贿赂制定的内部控制制度,主要客户出具不存在商业贿赂额的说明,相关部门出具合规证明。

8. 供应商集中

根据《首次公开发行股票并上市管理办法(2020年7月修正)》:发行人不得有下列影响持续盈利能力的情形:……(三)发行人最近1个会计年度的营业收入或净利润对关联方或者存在重大不确定性的客户存在重大依赖。

案例 · 同享(苏州)电子材料科技股份有限公司

案例简介(问询要点):

根据公开发行说明书,报告期内发行人对前五大供应商的采购金额合计占比分别为98.37%、98.78%和96.97%,无锡锡洲电磁线有限公司和苏州云锡环保材料有限公司为发行人第一大和第二大供应商,年度采购合计占比分别为62.26%、81.26%和70.77%。

请发行人:①结合主要供应商的行业地位、经营状况、合作历史等,说明发行人与主要供应商的合作是否稳定；结合区域内其他可选供应商情况，说明当前供应商集中是否对发行人构成重大不利影响。②披露第一大和第二大供应商的采购方式与内容、合作历史、选择过程、价格确定方式、结算方式、信用政策等情况，是否与公司股东、实际控制人、董事、监事及高级管理人员存在关联关系、委托持股或其他利益安排；说明报告期内第一大和第二大供应商未发生变化的原因，是否与同行业存在差异。③苏州云锡环保材料有限公司报告期内均为公司第二大供应商，公司2019年对其采购金额为7 370.75万元。公开信息显示，该公司注册资本100万元，社保参保人数3人。请说明该公司历年销售金额是否与其自身经营规模相匹配。④结合原材料采购类别、采购数量、采购总额及单价变化情况，说明发行人采购价格是否与行业指数或同行业公司采购价格存在较大差异及其原因。⑤披露前五大供应商的基本情况，包括但不限于成立时间、注册资本及经营规模等。

企业回复（回复要点）：

①公司与主要供应商的合作不涉及外协加工情况，且主要供应商行业地位显著，经营情况稳定，合作亦较为稳定。公司区域内可选供应商较多，供应商集中的情况不构成供应商依赖。②报告期内，公司前两大供应商未发生变化，主要原因是公司与该两大供应商保持较好的合作关系，上述供应商在质量可靠性、市场价格方面均具有较强竞争力。同行业可比公司供应商亦总体稳定，公司供应商稳定的情况与同行业不存在较大差异。③苏州云锡环保材料有限公司系贸易型公司，所需营运资金较少，对注册资本无较大需求，该公司规模能够满足经营需求。④发行人采购价格与行业指数不存在较大差异，采购价格合理。

评析： 供应商依赖一般来说不构成实质障碍，除非该原材料是完全垄断的或存在明显的独立性缺陷。如何让监管机构相信不存在"重大不确定性"和"重大依赖"，是这类问题解释的重点。

9. 委托加工

根据《全国中小企业股份转让系统精选层挂牌审查问答（一）》：委托加工一般是指由委托方提供原材料和主要材料，受托方按照委托方的要求制造货物并收取加工费和代垫部分辅助材料加工的业务。当发行人与同一主体既有采购又有销售业务时，应结合业务合同的属性类别及主要条款、原材料的保管和灭失及价格波动等风险承担、最终产品的完整销售定价权、最终产品对应账款的信用风险承担、对原材料加工的复杂程度等方面判断业务作为独立购销业务，还是作为委托加工或受托加工处理。

如为委托加工，保荐机构及申报会计师应核查以下事项并发表明确意见：委托加工的主要合同条款、具体内容及必要性、交易价格是否公允，会计处理是否合规，是否存在受托方代垫成本费用的情形；受托加工方的基本情况、与发行人的合作历史以及是否与发行人及其关联方存在关联关系；发行人委托加工产品质量控制的具体措施以及公司与受托加工方关于产品质量责任分摊的具体安排；结合委托加工产品的产量占比，量化分析报告期内委托加工价格变动情况以及对发行人经营情况的影响。

根据《北京证券交易所向不特定合格投资者公开发行股票并上市业务规则适用指引第1号》：发行人业务涉及委托加工、线上销售、经销商模式、加盟模式等特殊经营模式的，具体核查要求包括但不限于：

（1）委托加工

委托加工一般是指由委托方提供原材料和主要材料，受托方按照委托方的要求制造货物并收取加工费和代垫部分辅助材料加工的业务。当发行人与同一主体既有采购又有销售业务时，应结合业务合同的属性类别及主要条款、原材料的保管和灭失及价格波动等风险承担、最终产品的完整销售定价权、最终产品对应账款的信用风险承担、对原材料加工的复杂程度等方面判断业务作为独立购销业务，还是作为委托加工或受托加工处理。

如为委托加工，保荐机构及申报会计师应核查以下事项并发表明确意见：委托加工的主要合同条款、具体内容及必要性、交易价格是否公允，会计处理是否合规，是否存在受托方代垫成本费用的情形；受托加工方的基本情况、与发行人的合作历史以及是否与发行人及其关联方存在关联关系；发行人委托加工产品质量控制的具体措施以及公司与受托加工方关于产品质量责任分摊的具体安排；结合委托加工产品的产量占比量化分析报告期内委托加工价格变动情况以及对发行人经营情况的影响。

（2）线上销售

保荐机构及申报会计师应结合客户名称、送货地址、购买数量、消费次数、消费金额及付款等实际情况，以及其他数据、指标、证明资料等，对线上销售收入确认是否符合企业会计准则规定、是否存在通过刷单虚增收入的情形以及收入的真实性等进行核查，说明采取的核查方法、程序以及核查结果或结论，并就报告期发行人线上销售收入的真实性、准确性、完整性发表明确意见。

（3）经销商模式

保荐机构及申报会计师应对经销业务进行充分核查，并对经销商模式下收入的真实性发表明确意见。主要核查事项包括但不限于：

1）采取经销商模式的必要性及经销商具体业务模式，经销商的主体资格及资信能力。

2）发行人报告期内经销商模式下的收入确认原则、费用承担原则及给经销商的补贴或返利情况，经销商模式下收入确认是否符合企业会计准则的规定。

3）发行人经销商销售模式、占比等情况与同行业可比公众公司是否存在显著差异及原因。

4）经销商管理相关内控是否健全并有效执行。

5）经销商是否与发行人存在关联关系。

6）对经销商的信用政策是否合理。

7）结合经销商模式检查经销商与发行人的交易记录及银行流水记录。

8）经销商的存货进销存情况、退换货情况及主要客户情况，经销商所购产品是否实现终端客户销售。

（4）加盟模式

保荐机构及申报会计师应结合加盟协议关键条款、行业惯例、加盟商的经营情况、终端客户销售、退换货情况等，核查加盟相关业务收入确认政策是否符合企业会计准则规定。发行人频繁发生加盟商开业或退出的，保荐机构及申报会计师应核查发行人加盟相关收入确认政策是否谨慎、对部分不稳定加盟商的收入确认是否恰当，并结合与相关加盟商的具体合作情况说明发行人会计处理是否符合企业会计准则规定。保荐机构及发行人律师应核查发行人加盟协议的主要内容、加盟业务经营过程，并对其合法合规性发表明确意见。

案例一　青岛建邦供应链股份有限公司

案例简介（问询要点）：

根据公开发行说明书，发行人将生产环节以外协加工的方式委托外部厂商进行。请发行人补充披露：①主要外协厂商的基本情况、外协内容及金额。②结合可比公司生产情况，对比分析将生产环节委托外协是否为行业惯例，报告期主要外协厂商是否发生变化及变化原因，是否对委外厂商存在重大依赖。③外协加工的合作模式和定价依据，相关价格是否公允，加工单价在报告期内以及在不同厂商之间是否存在差异及差异的原因。④公司控制外协采购产品质量的具体措施，发生质量纠纷时的责任承担机制和解决方式。⑤是否存在将污染较高、对员工健康危害较大的生产环节外协外包的情况，外协生产是否符合规定。⑥外协厂商与发行人的合作历史以及是否与发行人及其关联方存在关联关系，是否存在单一产品向单一外协厂商采购的情况。发行人生产环节全部采用外协方式是否对发行人的业务构成重大不利影响。⑦发行人委托加工采购占外协厂商收入的比例，外协厂商是否主要为发行人服务，是否存在为发行人代垫成本费用的情况。⑧外协厂商在安全生产、环保等方面的业务资质是否齐备，是否存在生产经营违法违规情况，以及对发行人经营的影响。⑨在发行人产品全部采用委托加工方式的情况下，如何将发行人关键技术应用在生产过程中，委外加工生产模式是否会导致发行人关键技术流失的风险。⑩补充说明外协加工厂商与发行人实际控制人、主要股东、董监高及关联方是否存在资金往来，是否存在代发行人支付成本费用等利益输送情形。⑪披露向供应商外协采购劳务和采购产品的金额及占比，采购劳务的主要供应商、具体业务模式。

请保荐机构及发行人律师、申报会计师对上述事项进行核查并发表意见。

企业回复（回复要点）：

1）详细披露主要外协厂商的基本情况、外协内容及金额（略）。

2）结合可比公司生产情况，对比分析将生产环节委托外协是否为行业惯例（见表8-52）。

表 8-52 情况表

序号	企业名称	是否涉及环节	委外情况
1	Dorman 公司（股票代码 DORM）	否	主要为外协
2	正裕工业（603089）	是	部分非关键工序外协
3	铁流股份（603926）	是	部分非关键工序外协
4	隆基机械 002363）	是	部分非关键工序外协
5	金麒麟（603586）	是	部分非关键工序外协

发行人与 Dorman 公司的业务模式相似，均不涉及生产环节，相关产品的生产委托第三方进行。Dorman 邀请专业制造公司根据其性能和设计规范，使用 Dorman 自有模具进行产品开发和制造，主要通过委托外协厂商进行生产。报告期内，发行人采取轻资产经营模式，将生产环节以外协加工的方式委托外部厂商进行，专注于汽车后市场零部件的开发、设计、市场开拓及供应商管理，从而拥有汽车后市场非易损零部件产品多品种、小批量、多批次、高要求的供货特点，可及时应对市场变化，满足全球不同区域、不同客户的个性化产品需求。

发行人其他可比公司如正裕工业、铁流股份、隆基机械等，属于从事汽车零部件开发、制造的公司，有自主生产环节，业务模式与发行人存在差异。仅将部分非关键工序委托外协加工。

报告期各期，发行人主要外协厂商较为稳定，不存在重大变化，前五名外协厂商的变动主要系各期采购金额变动，导致排名调整所致。

……

5）是否存在将污染较高、对员工健康危害较大的生产环节外协外包的情况，外协生产是否符合规定。

发行人致力于汽车后市场非易损零部件的开发、设计与销售，公司产品存在多品种、小批量、多批次、高要求的供货特点，将重点放在市场调研、工程设计、模具开发、产品验证上，生产环节以外协方式实现，公司主要负责对其关键技术把控及指导,并进行质量管理。

发行人委托外协厂商生产的产品主要为汽车后市场非易损零部件,该等产品的主要生产及组装过程产生少量的废水、废气和噪声,除少量涉及表面涂装工序的汽车制造行业外,相关产品的生产及组装不属于《重点排污单位名录管理规定(试行)》列举的需要纳入重点排污单位名录进行管理的行业。发行人不存在将污染较高、对员工健康危害较大的生产环节外协外包的情形。

6)发行人生产环节全部采用外协方式是否对发行人的业务构成重大不利影响。

发行人生产环节全部采用外协方式,是由发行人多品种、小批量、多批次、高要求的供货特点所决定的,外协供应商较多,对发行人的业务不构成重大不利影响,主要原因如下:

①发行人采用轻资产的运营模式,将生产环节以外协加工的方式委托外部厂商进行,可以减少固定资产投入、节约成本。发行人专注于汽车后市场零部件开发、设计、市场开拓及供应商管理等价值含量较高的环节,有利于发行人提高核心竞争力和持续盈利能力。

②发行人产品种类多、型号更新换代快,因此发行人的产品采购采取柔性化的市场需求导向型模式。将生产环节委托外部厂商进行,可以提高反应能力和灵活性,根据市场需求的变动迅速调整产品结构,及时抓住市场机遇。

③虽然生产环节全部外协,但发行人实行供应商准入管理,且对供应商生产过程中的关键技术进行严格把控和指导,并进行全面的质量管理,报告期内发行人的产品质量稳定,符合客户的要求。

……

9)在发行人产品全部采用委托加工方式的情况下,如何将发行人关键技术应用在生产过程中,委托加工生产模式是否会导致发行人关键技术流失风险。

①在发行人产品全部采用委托加工方式的情况下,如何将发行人关键技术应用在生产过程中。

在整个生产过程中,公司对包括工程设计、模具开发、产品验证、批量生产等的全套生产过程进行技术指导及质量管控,确保关键技术的有效应用。

在工程设计阶段,公司确定产品的各项参数、技术指标,在产品参数及图样确定后提供给供应商;在模具开发阶段,发行人对供应商的模具设计、开发提供指导和论证,由供应商进行开模;在产品验证阶段,通过对产品进行检测、测试,以保证达到公司对产品的要求;在批量生产阶段,通过对供应商进行质量管控、沟通解决遇到的技术问题,由供应商进行产品量产。

②委外加工生产模式是否会导致发行人关键技术流失的风险。

发行人每年新产品开发种类较多,合作的供应商数量也较多,不存在相关产品的全部关键技术集中在一家或几家供应商的情况;由于发行人的产品定制化较强,每类产品生产所需主要技术、精度、工艺要求均有所不同,供应商仅掌握其中某一个或几个型号所需的主要生产技术,无法获取全部产品型号的关键技术;同时,部分产品生产所需的关键零部件由发行人分拆给不同供应商进行采购后汇总集成,有效保护了该类零部件的生产参数信息及采购渠道等商业机密,不会导致发行人关键技术流失。

……

评析:委托加工在审核中会被认为企业无法独立完成某个制造加工任务,或者能独立完成但成本较高时,选择外部单位帮助共同完成。实践中,拟IPO企业存在委托加工情形的,一般会从以下几个方面进行解释说明:①实行委托加工的必要性;②委托生产环节是否涉及发行人产品的核心技术或核心生产环节；③委托加工价格的形成机制、定价依据及成本的占比；④控制委托加工产品质量的具体措施及公司与被委托方关于产品质量责任分摊的具体安排；⑤委托加工厂商与发行人及其关联方是否存在关联关系；⑥发行人对委托加工厂商是否构成重大依赖等。

案例二 · 翰博高新材料（合肥）股份有限公司
（同时为客户和供应商情况）

案例简介（问询要点）：

根据申报材料，报告期内，LG、台湾明基、和仁昌光电子等既是发行人的客户又是供应商。

请发行人补充披露：①向上述主体销售和采购的具体内容、定价及结算方式、金额及占同类交易的比例，结合行业特点和业务模式分析说明客户与供应商重合的原因、商业合理性及必要性，相关购销业务未来是否仍将持续。②向上述主体的销售和采购定价策略或方式与其他客户或供商是否存在差异，同类产品销售和采购单价是否存在差异，向上述主体销售毛利率与其他类客户对比是否存在差异，分析说明差异的原因及合理性。③发行人及其控股股东、实际控制人、董监高与上述主体之间是否存在关联关系或其他利益安排。

企业回复（回复要点）：

公司及子公司上述采购主要用于背光显示模组及精密注塑件生产业务，上述销售主要为公司及子公司提供偏光片委托加工服务，上述采购与销售涉及公司不同的业务模块，且上述采购与销售对象为LG集团的不同业务部门，该采购和销售具备商业合理性和必要性，公司与上述客户、供应商独立签订采购与销售合同，定价均按照市场价格执行，主要以银行转账方式结算。截至本问询函回复出具之日，公司与LG上述业务正常开展，预计未来该业务仍将持续。

评析：拟上市企业中有时候会存在同一交易方既是客户又是供应商的情形，对于此类问题，应从以下几方面进行解释说明：①合理性：报告期是否存在既是客户也是供应商的情形，其存在的必要性和合理性，是否符合行业惯例；②商业实质：发行人与交易对方的具体合作模式，交易是否具有真实的商业背景，是否属于委托加工行为；③关联关系：交易对方的基本情况，是否与发行人存在关联方关系；④独立性：发行人对交易对方的销售、采购金额及占比，是否对该客户或供应商存在重大依赖，是否影响独立性；⑤核算方法：公司选用总额法还是净额法核算，选择总额法核算是否恰当等。

10. 专利及核心技术是否具有先进性

根据《首次公开发行股票并上市管理办法（2020年7月修正）》：……（五）发行人在用的商标、专利、专有技术以及特许经营权等重要资产或技术的取得或者使用存在重大不利变化的风险。

根据《北京证券交易所向不特定合格投资者公开发行股票并上市业务规则适用指引第1号》：关于发行人的业务、资产和股份权属等事项，保荐机构、发行人律师及申报会计师应重点关注发行人报告期内的业务变化、主要股东所持股份变化以及主要资产和核心技术的权属情况，核查发行人是否符合以下要求并发表明确意见：

1）发行人的主营业务、主要产品或服务、用途及其商业模式明确、具体，发行人经营一种或多种业务的，每种业务应具有相应的关键资源要素，该要素组成应具有投入、处理和产出能力，能够与合同、收入或成本费用等相匹配。

2）对发行人主要业务有重大影响的土地使用权、房屋所有权、生产设备、专利、商标和著作权等不存在对发行人持续经营能力构成重大不利影响的权属纠纷。

3）发行人控股股东和受控股股东、实际控制人支配的股东所持有的发行人股份不存在重大权属纠纷。

案例 常州同惠电子股份有限公司

案例简介（问询要点）：

根据公开发行说明书，发行人有专利共35项，其中发明专利12项，实用新型专利21项，外观设计专利2项；在申请专利共26项，其中发明专利23项，实用新型专利3项，其中大部分是在2017—2018年申请的。发行人还拥有8项核心技术并在2019年获得了中国机械工业科学技术二等奖。

请发行人：①说明上述专利技术属于行业通用技术还是公司特有技术，结合国内主要竞争对手的研发、技术水平等情况，补充说明发行人专利技术的竞争优势及其先进性；②结合核心技术对应的发明专利较少情况，说明认定核心技术先进性的依据是否充分，相关专利是否仍具有先进性，发行人是否具有持续创新能力；③列示8项核心技术对应的关键技术指标情况、简要含义、选取依据及衡量标准，并结合与国内外同行业可比公司已达到的技术水平，说明发行人核心技术在国内和国际市场是否具有先进性。④补充披露2019年获得了中国机械工业科学技术二等奖的具体情况，公司参与了项目的哪些内容、是否为项目的主要参与方、是否与公司主营业务相关、相关技术是否已经产业化。⑤补充说明在申请专利技术长期未获得核准的原因。

企业回复（回复要点）：

1）发行人拥有的专利技术均属于公司特有技术，与行业技术情况比对分析后，确认发行人专利技术具有竞争优势及先进性。

2）发行人早期不鼓励专利申请，系发行人发明专利较少的主要原因；报告期内，虽发明专利申请数量增加显著，但由于发明专利审核周期较长，所以发明专利新增情况并不显著。上述两个原因最终导致发行人发明专利数量较少。

......

5）发行人在审发明专利申请较长，但该情况系由发明专利申请的审核周期、流程等因素决定，非因发行人个体因素决定。发行人在审专利申请审核周期符合正常规律，不存在异常。

评析： 2008年6月5日国务院印发的《国家知识产权战略纲要》指出，我国知识产权战略目标首要任务是：到2020年，把我国建设成为知识产权创造、运用、保护和管理水平较高的国家，特别将知识产权创造与运用作为战略重点。专利作为无形资产的一种，已成为企业价值越来越重要的组成部分，专利状况直接关系到拟上市企业的核心竞争优势、持续盈利能力等。拟上市企业应当加强专利申请决策、申请管理、专利权维护、培养专职知识产权人才等专利管理工作。

不管是北交所还是科创板、创业板，监管机构对核心技术主要关注以下几个方面：①发行人拥有的核心技术及其来源。②发行人现有技术在行业中的水平，与同行业公司相比较，是否具有先进性。③核心技术如何体现其竞争力及价值。④核心技术是否存在纠纷或潜在纠纷等。

核心技术的来源通常是自主研发，但也有可能来源于实际控制人、董监高的转让，若核心技术来源于实际控制人或董监高的转让，审核时几乎是必答题。例如，是否存在利用关联方或非关联方的职务发明的情形，是否存在违反与曾任职单位之间的竞业禁止协议或保密协议的情形。

本案例中，发行人回复专利技术均属于公司特有技术，来说明其竞争优势；企业发明专利近年大幅增加是普遍现象，监管机构一般也会问到，发行人从前后重视程度不同和专利审核周期进行论述，这也和近年来企业普遍重视技术积累和产权保护一致。当然的确有些企业突击申请甚至购买与主营业务毫不相关的专利。

11. 经营资质

根据《首次公开发行股票并上市管理办法（2020年7月修正）》：发行人的生产经营符合法律、行政法规和公司章程的规定，符合国家产业政策。

案例 广东永顺生物制药股份有限公司

案例简介（问询要点）：

根据公开发行说明书，发行人拥有兽药GMP证书、兽药生产许可证、兽药经营许可证、生物安全生产资质、新兽药注册证书、兽药产品批准文号等有关生产经营资质。其中，实验动物使用许可证和15项兽药产品批准文号将于2020年到期。

请发行人：①补充披露通过GMP重新认证、兽药生产许可证、兽药经营许可证、实验动物使用许可证续期所需必要条件或因素，持有期间需要具备的条件等。②补充披露即将到期的新兽药证书、兽药产品批准文号的续期条件和程序，并逐条说明发行人是否存在续期障碍以及续期进展。如对其生产经营存在影响，请有针对性地进行风险揭示。③说明资质申请、持有、续期和开展生产经营过程中，是否存在不符合《中华人民共和国农产品质量安全法》《兽药管理条例》《兽药注册办法》《新兽药研制管理办法》等行业法律法规规定及主管部门监管要求的情形，是否存在撤销、吊销、注销相关生产经营资质的风险。

企业回复（回复要点）：

1）行业相关资质续期及持有期间需具备的条件。

①根据《兽药管理条例》第十二条的有关规定，兽药生产许可证有效期为5年；有效期届满，需要继续生产兽药的，应当在许可证有效期届满前6个月到发证机关申请换发兽药生产许可证。

②根据《兽药管理条例》第二十三条的有关规定，兽药经营许可证有效期为5年。有效期届满，需要继续经营兽药的，应当在许可证有效期届满前6个月到发证机关申请换发兽药经营许可证。

③根据《实验动物许可证管理办法》有关规定，实验动物使用许可证的有效期为5年，到期需重新审查发证；换领许可证的单位需在有效期满前6个月内向所在省、自治区、直辖市科技厅（科委）提出申请。

2）发行人持有《兽药生产许可证》的生产范围为"胚毒活疫、细胞毒活疫苗（2条）、禽流感灭活疫苗（2条）、胚毒灭活疫苗（2条）、细胞毒活疫苗（含水产用）、细菌活疫苗（含水产用）、细胞毒灭活疫苗（含水产用）、细菌灭活疫苗（含水产用）（2条）"，有效期至2021年6月28日。发行人各项将在2020年到期的兽药产品批准文号所涉及兽药均在其《兽药生产许可证》载明的生产范围内，同时，发行人不存在被撤销兽药产品批准文号的记录，其各项将在2020年到期的兽药产品批准文号不存在申请续期的障碍。

3）发行人已确认其不存在提供虚假资料、样品或采取其他欺骗手段取得兽药GMP证书和兽药生产许可证、兽药经营许可证、新兽药注册证书、兽药产品批准文号批件、生物安全生产资质证明文件等的情形，其取得相关资质文件过程合法，相关资质文件持证过程中未发生依法应撤销、吊销、注销的情形。根据广东省农业农村厅、广州市农业农村局、广州市黄埔区农业农村局出具的证明，发行人报告期内未发生因违反法律法规而受到行政处罚的情形；发行人报告期内经营规范，不存在因违反行业法律法规规定和主管部门要求而受到行政处罚的情形，不存在《兽药管理条例》等法律法规规定的被依法撤销、吊销、注销相关生产经营资质的情形。

评析：经营资质问题直接影响发行人生产经营的合法合规性，尤其是食品、生物医药、军工、危险化学品等企业。如果发行人的经营合规性无法保证，那么发行人的经营业绩也无法保证真实、准确、完整，这样的企业也不应上市成为公众公司。拟上市企业应当做好相关经营资质的管理，包括但不限于生产许可证、GMP认证、安全生产许可证、危险化学品登记证书、经营许可证、GSP认证、食品经营许可证等。如涉及进出口，还须获得相关对外贸易进出口资质。

结合本案例，针对生物医药行业，监管机构对生产经营资质相关问题的审核要点和问题如下：①发行人是否已取得全部相关资质、许可、认证及其合规性。②生产经营过程中需要的资质是否存在续证风险。③取得正在办理过程中的资质、许可、认证是否存在法律障碍，是否存在超越许可范围从事生产经营的情形。④本次募投项目所需各类行业资质或许可是否已齐备等。

本案例发行人首先从行业资质续期及持有期间需具备的条件展开，阐述不存在被撤销批准文号的可能性，也不存在申请续期的障碍。然后发行人从真实、合法、合规等方面进一步论证，公司不存在法律法规规定的被依法撤销、吊销、注销相关生产经营资质的情形。

12. 经销商模式

根据《全国中小企业股份转让系统精选层挂牌审查问答（一）》：保荐机构及申报会计师应对经销业务进行充分核查，并对经销商模式下收入的真实性发表明确意见。主要核查事项包括但不限于：①采取经销商模式的必要性及经销商具体业务模式，经销商的主体资格及资信能力；②发行人报告期内经销商模式下的收入确认原则、费用承担原则及给经销商的补贴或返利情况，经销商模式下收入确认是否符合企业会计准则的规定；③发行人经销商销售模式、占比等情况与同行业可比公众公司是否存在显著差异及原因；④经销商管理相关内控是否健全并有效执行；⑤经销商是否与发行人存在关联关系；⑥对经销商的信用政策是否合理；

⑦结合经销商模式检查经销商与发行人的交易记录及银行流水记录；⑧经销商的存货进销存情况、退换货情况及主要客户情况，经销商所购产品是否实现终端客户销售。

案例一　　常州同惠电子股份有限公司

案例简介（问询要点）：

申报材料显示，报告期内发行人存在四种销售模式。其中，以经销模式为主，2017 年至 2020 年 1—3 月，经销模式下销售占比分别为54.03%、58.53%、59.80%、61.67%。

请发行人：①补充披露公司对经销商的管控制度和筛选机制，说明是否存在与销售额挂钩的返利政策，公司是否禁止一级经销商之间或一级经销商与公司子公司之间交易公司产品，若未禁止，请说明报告期内是否存在上述交易情形；②补充披露报告期各期前十大经销商名称、注册资本、注册地址、成立时间、合作历史、销售产品类型、销售金额、销售占比；③请说明报告期内发行人经销商客户与公司是否存在关联关系，是否由公司离职员工设立或担任重要岗位。

企业回复（回复要点）：

（1）经销模式的基本情况

1）补充披露公司对经销商的管控制度和筛选机制。

2）说明是否存在与销售额挂钩的返利政策。

除一级经销商预付款可享受商业折扣外，公司不存在其他与销售额挂钩的返利政策，亦不存在对经销商的营销费用支持。

3）公司未明文禁止一级经销商之间交易公司产品，公司主要通过价格管理、销售报备、跨区域销售限制等经销商管控措施对经销商终端销售价格、对象和区域进行管控。

（2）部分经销商自成立伊始即开始经销发行人产品

（3）报告期内发行人经销商客户与公司不存在关联关系

评析：经销商作为发行人的销售渠道，与发行人合作紧密，很容易存在舞弊风险，所以监管机构对于经销商模式的核查和披露尤为重视。

存在经销商模式的拟上市企业，应当对以下方面进行关注：①制定和执行符合商业逻辑、能促进业务良性发展、业界有竞争力的经销商渠道发展计划；②制定和执行有效的经销商渠道管理制度，确保经销商渠道内控管理体系完善；③制定符合《企业会计准则》，符合公司业务实质的收入确认会计政策（包括返利及补贴、退货、售后服务成本、运费等的会计处理）及收入确认操作流程，确保收入确认真实、准确、证据清晰、可核查；④拟定关联交易管理规定，在经销商渠道选择环节谨慎，有合理的商业逻辑，不存在收入操纵嫌疑，符合独立交易原则及上述制度规定；⑤注重日常管理制度回顾及多维度数据分析，异常问题及时处理；⑥制度、流程关键控制点到位，管理留痕，过程清晰。

案例二 安徽伊普诺康生物技术股份有限公司

案例简介（问询要点）：

根据公开发行说明书，报告期内发行人在产品销售环节采用"直销和经销相结合"模式。请发行人补充披露：①直销、经销模式下前五大客户情况，包括但不限于名称、销售金额、销售产品、合作历史、与发行人是否签订框架协议及相关协议的主要条款内容、订单获取方式、定价原则、信用政策等，上述客户与发行人及相关方是否存在关联关系或其他利益安排。②报告期内经销商新增与退出的具体情况（如有）、原因及合理性；经销模式下的收入确认原则、费用承担原则及给经销商的补贴或返利情况，相关收入确认是否符合企业会计准则的规定。③发行人对经销商管理控制情况，包括主要经销商是否具备相应的主体资格及资信能力，是否存在个人经销商及个人经销商的数量、销售占比情况等，经销商管理相关内控是否健全并有效执行，是否存在通过经销商压货调节发行人经营业绩的情形。④经销商的存货进销存情况、退换货情况及主要客户情况，经销商所购产品是否实现终端客户销售。

企业回复（回复要点）：

1）直销、经销模式下前五大客户与发行人及相关方不存在关联关系或其他利益安排。

2）报告期内公司经销商新增主要系通过业务推广、行业展会、学术会议等渠道开发和拓展的。经销商退出主要因双向选择、偶发性交易等因素影响，不存在因产品质量纠纷、不满足销售资质等退出的情形。报告期内，经销商各年新增及退出具有商业合理性。

3）公司经销模式为买断式销售，公司制定了经销商准入标准，公司经销商一般为区域性的试剂流通企业，具有相应主体资格和资信能力，对于产品采购和周转有严格管控，其根据自身销售情况向公司采购，公司不存在通过经销商压货调节经营业绩的情形。

4）报告期内，公司退换货金额均较小，占经销收入比例较低。公司退换货主要原因系产品运输过程中受挤压导致包装变形、跌落破损，客户因多下订单、下错订单以及下错型号等原因要求进行退换货。报告期内，相关退换货均具有真实的业务背景。

评析： 企业的销售模式主要可分为两种：直接销售模式和经销模式。经销模式下企业将其产品销售给经销商，由经销商实现最终的对外销售。在经销模式下，企业更加具备进行收入调节及利益输送的可能性，因此经销模式是否具有业务必然性、经销商的具体情况、与企业合作稳定性、与企业的关联关系，都是审核中的关注重点。如突击新增买断式销售模式且无合理解释，则可能会被质疑虚增业务收入或虚增利润。经销商数量变动频繁，报告期内经销商存在较多新增与退出情况，可能会被质疑影响持续盈利能力等。经销商是否为发行人的离职或现任员工，也是关注重点。存在经销商的最终销售客户为发行人关联方的情形，以及发行人经销模式下的销售是否实现真实销售。

本案例中，发行人被问及客户是否存在关联关系或其他利益安排；经销商资质以及是否存在压货调节发行人经营业绩的情形。企业回复侧重于论证不存在利益安排，经销商是双向选择等，阐述了经销商的新增和退出均属市场行为。

13. 国家秘密、商业秘密

根据《北京证券交易所向不特定合格投资者公开发行股票并上市业务规则适用指引第1号》：发行人有充分依据证明拟披露的某些信息涉及国家秘密、商业秘密的，发行人及其保荐机构、证券服务机构应当在提交发行上市申请文件或问询回复时，一并提交关于信息披露豁免的申请文件（以下简称豁免申请）。

1）豁免申请的内容发行人应在豁免申请中逐项说明需要豁免披露的信息，认定国家秘密或商业秘密的依据和理由，并说明相关信息披露文件是否符合招股说明书准则及相关规定要求，豁免披露后的信息是否对投资者决策判断构成重大障碍。

2）涉及国家秘密的要求发行人从事军工等涉及国家秘密业务的，应当符合以下要求：

①按规定提供国家主管部门关于发行人申请豁免披露的信息为涉密信息的认定文件。

②提供发行人全体董事、监事、高级管理人员出具的关于公开发行股票并上市的申请文件不存在泄密事项且能够持续履行保密义务的声明。

③提供发行人控股股东、实际控制人对其已履行和能够持续履行相关保密义务出具的承诺文件。

④在豁免申请中说明相关信息披露文件是否符合《军工企业对外融资特殊财务信息披露管理暂行办法》及有关保密规定。

⑤说明内部保密制度的制定和执行情况，是否符合《保密法》等法律法规的规定，是否存在因违反保密规定受到处罚的情形。

⑥说明中介机构是否符合《军工涉密业务咨询服务安全保密监督管理办法》及其他相关规定对中介机构军工涉密业务咨询服务的安全保密要求。

⑦对审核中提出的信息豁免披露或调整意见，发行人应相应回复、补充相关文件的内容，有实质性增减的，应当说明调整后的内容是否符合相关规定、是否存在泄密风险。

3）涉及商业秘密的要求发行人因涉及商业秘密提交豁免申请的，应当符合以下要求：

①发行人应当建立相应的内部管理制度，并明确相关内部审核程序，审慎认定豁免披露事项。

②发行人的董事长应当在豁免申请中签字确认。

③豁免披露的信息应当尚未泄漏。

4）中介机构核查要求保荐机构及发行人律师应当对发行人信息豁免披露符合相关规定、不影响投资者决策判断、不存在泄密风险出具专项核查报告。申报会计师应当对发行人审计范围是否受到限制、审计证据的充分性、豁免披露相关信息是否影响投资者决策判断出具核查报告。

案例 南通通易航天股份有限公司

案例简介（问询要点）：

发行人因从事军工等涉及国家秘密业务，申请本次公开发行并进入精选层信息披露豁免所履行的审批程序是否合规；公开发行说明书豁免披露范围与主管部门批复是否一致。

企业回复（回复要点）：

作为军工企业，公司已依据《军工企业对外融资特殊财务信息披露管理暂行办法》的规定，于 2016 年 10 月 27 日取得国家国防科技工业局出具的《国防科工局关于南通通易航天科技股份有限公司在全国中小企业股份转让系统挂牌特殊财务信息豁免披露有关事项的批复》（以下简称"豁免批复"）。

由于以上豁免批复没有有效期的限制，且未就是否仅适用于公司股票于全国股转系统挂牌并公开转让事项做出约定，因此 2020 年 8 月，公司就本次精选层公开发行事宜是否需获得新的国防科工局的豁免披露申请而现场访谈江苏国防科工办相关人员，其回复确认"如果没有新增应披露但是无法披露的项目，那么还可以沿用之前的批复，不用再提交新的豁免披露申请，之前的批复没有有效期的限制，通易航天可以前次批复为依据向全国股转公司和中国证监会等证券监督管理机构申请涉密信息豁免披露"。

在本次申请公开发行并进入精选层过程中，公司豁免披露的内容主要为军品客户及供应商名称、军品型号、名称、军品研发项目及军品合同，相较 2016 年 10 月出具的豁免批复中的项目，未豁免披露"新增应披露但是无法披露的项目"，因此通易航天于 2016 年 10 月获得的由国家国防科技工业局出具的豁免披露仍适用于本次申请公开发行并进入精选层的过程。

公司作为军工企业，严格按照《军工企业对外融资特殊财务信息披露管理暂行办法》的要求履行了信息披露豁免的审批程序，由于豁免批复无有效期限制，公司需持续按照相关规定的要求，自获得豁免批复起即需严格遵守保密规定，避免涉密信息的泄漏。

综上，公司申请本次公开发行并进入精选层信息披露豁免所履行的审批程序合规。

评析：根据《涉军企事业单位改制重组上市及上市后资本运作军工事项审查工作管理暂行办法》的规定，涉军企事业单位是指已取得武器装备科研生产许可的企事业单位。因涉军企业所生产和销售产品的特殊性，在业务资质、保密要求、采购与销售及公司的内部治理等方面均受限于严格的行业监管要求。对于军工类企业而言，其业务较多涉及国家秘密及国家安全。

本案例中，发行人详细说明了《豁免批复》的时限并辅之以访谈记录，论证了披露豁免所履行的审批程序合规。公司严格遵守了保密规定，避免涉密信息的泄漏。